U0627591

2024年版全国一级建造师执业资格考试辅导

建设工程经济

全国一级建造师执业资格考试辅导编写委员会　编写

中国建筑工业出版社
中国城市出版社

图书在版编目（CIP）数据

建设工程经济章节刷题/全国一级建造师执业资格
考试辅导编写委员会编写．—北京：中国城市出版社，
2024.3

2024年版全国一级建造师执业资格考试辅导

ISBN 978-7-5074-3692-1

Ⅰ．①建…　Ⅱ．①全…　Ⅲ．①建筑经济—资格考试—
习题集　Ⅳ．①F407.9-44

中国国家版本馆CIP数据核字（2024）第047411号

责任编辑：李　璇
责任校对：姜小莲

2024年版全国一级建造师执业资格考试辅导

建设工程经济章节刷题

全国一级建造师执业资格考试辅导编写委员会　编写

*

中国建筑工业出版社、中国城市出版社出版、发行（北京海淀三里河路9号）

各地新华书店、建筑书店经销

北京云浩印刷有限责任公司印刷

*

开本：787毫米×1092毫米　1/16　印张：18　字数：438千字
2024年4月第一版　　2024年4月第一次印刷
定价：**68.00**元（含增值服务）
ISBN 978-7-5074-3692-1
（904710）

如有内容及印装质量问题，请联系本社读者服务中心退换
电话：（010）58337283　　QQ：2885381756
（地址：北京海淀三里河路9号中国建筑工业出版社604室　邮政编码：100037）

版权所有　翻印必究

请读者识别、监督：

本书封面有网上增值服务码，环衬为有中国建筑工业出版
社水印的专用防伪纸，封底贴有中国建筑工业出版社专用防伪
标，否则为盗版书。

举报电话：（010）58337026；举报QQ：3050159269

本社法律顾问：上海博和律师事务所许爱东律师

出 版 说 明

为了满足广大考生的应试复习需要，便于考生准确理解考试大纲的要求，尽快掌握复习要点，更好地适应考试，根据"一级建造师执业资格考试大纲"（2024 年版）（以下简称"考试大纲"）和"2024 年版全国一级建造师执业资格考试用书"（以下简称"考试用书"），我们组织全国著名院校和企业以及行业协会的有关专家教授编写了"2024 年版全国一级建造师执业资格考试辅导——章节刷题"（以下简称"章节刷题"）。此次出版的章节刷题共 13 册，涵盖所有的综合科目和专业科目，分别为：

- 《建设工程经济章节刷题》
- 《建设工程项目管理章节刷题》
- 《建设工程法规及相关知识章节刷题》
- 《建筑工程管理与实务章节刷题》
- 《公路工程管理与实务章节刷题》
- 《铁路工程管理与实务章节刷题》
- 《民航机场工程管理与实务章节刷题》
- 《港口与航道工程管理与实务章节刷题》
- 《水利水电工程管理与实务章节刷题》
- 《矿业工程管理与实务章节刷题》
- 《机电工程管理与实务章节刷题》
- 《市政公用工程管理与实务章节刷题》
- 《通信与广电工程管理与实务章节刷题》

《建设工程经济章节刷题》《建设工程项目管理章节刷题》《建设工程法规及相关知识章节刷题》包括单选题和多选题，专业工程管理与实务章节刷题包括单选题、多选题、实务操作和案例分析题。章节刷题中附有参考答案、难点解析、案例分析以及综合测试等。为了帮助应试考生更好地复习备考，我们开设了在线辅导课程，考生可通过中国建筑出版在线网站（wkc.cabplink.com）了解相关信息，参加在线辅导课程学习。

为了给广大应试考生提供更优质、持续的服务，我社对上述 13 册图书提供网上增值服务，包括在线答疑、在线视频课程、在线测试等内容。

章节刷题紧扣考试大纲，参考考试用书，全面覆盖所有知识点要求，力求突出重点，解释难点。题型参照考试大纲的要求，力求练习题的难易、大小、长短、宽窄适中。各科目考试时间、分值见下表：

序 号	科 目 名 称	考试时间（小时）	满 分
1	建设工程经济	2	100
2	建设工程项目管理	3	130
3	建设工程法规及相关知识	3	130
4	专业工程管理与实务	4	160

　　本套章节刷题力求在短时间内切实帮助考生理解知识点，掌握难点和重点，提高应试水平及解决实际工作问题的能力。希望这套章节刷题能有效地帮助一级建造师应试人员提高复习效果。本套章节刷题在编写过程中，难免有不妥之处，欢迎广大读者提出批评和建议，以便我们修订再版时完善，使之成为建造师考试人员的好帮手。

中国建筑工业出版社

中国城市出版社

2024 年 2 月

购正版图书　享超值服务

　　凡购买我社章节刷题的读者，均可凭封面上的增值服务码，免费享受网上增值服务。增值服务包括在线答疑、在线视频、在线测试等内容，使用方法如下：

1．计算机用户

访问 wkc.cabplink.com → 注册用户并登录 → 进入会员中心点击"兑换增值服务" → 输入封面增值服务码涂层下的卡号（ID）和密码（SN），激活 → 在会员中心点击"我的增值服务"，享受增值服务

2．移动端用户

微信扫描封面二维码 → 关注"建工社微课程"服务号 → 刮开封面增值服务码涂层，扫描涂层下条形码验证 → 通过验证，享受增值服务

　　读者如果对图书中的内容有疑问或问题，可关注微信公众号【建造师应试与执业】，与图书编辑团队直接交流。

建造师应试与执业

目　　录

第3篇 工程计价

第1篇 工程经济

第1章 资金时间价值计算及应用

复习要点

微信扫一扫
在线做题+答疑

1.1 利息的计算

1. 利息和利率

利息是资金收益或使用代价的绝对数，利率是资金收益或使用代价的相对数，表示资金的增值程度。

在资金债权债务关系中，债务人支付给债权人的资金总额超过其最初从债权人所获资金数额的部分，称为利息。

利率，也称利息率，是单位时间内应得或应付利息额与本金之比，一般用百分数表示。

2. 利息的计算方法

1) 单利计息

单利计息是指在计算一个周期的利息时，仅用最初本金为基数计算当期利息，"本金"不计入先前计息周期中所累积增加的利息，即通常所说的"利不生利"的计息方法。

第 t 个计息周期利息计算表达式为：

$$I_t = P \times i$$

式中　I_t——第 t 个计息周期利息额；

　　　P——最初本金；

　　　i——计息周期利率。

利率不变的情况下，每个计息周期的利息额相同，第 n 个计息周期末本利和的计算表达式为：

$$F = P + n \times P \times i = P(1 + n \times i)$$

运用公式计算本利和 F 时，式中 n 和 i 表示的计息周期长度要一致。如 i 为年利率，则 n 应为计息的年数，依此类推。

2) 复利计息

复利计息是指在计算某一计息周期的利息额时，其先前计息周期所累积的利息要作为计算本期利息的基数，即"利生利""利滚利"的计息方式。

第 t 个计息周期利息计算表达式为：

$$I_t = F_{t-1} \times i$$

式中　I_t——第 t 个计息周期利息额；

　　F_{t-1}——第（$t-1$）个计息周期末本利和；

　　i——计息周期利率。

1.2　名义利率与有效利率计算

利率是有时间概念的，在复利计息中，计息周期小于一年时，需要区分名义利率与有效利率。

1. 名义利率的计算

名义利率 r 是指计息周期利率 i 乘以一年内的计息周期数 m 所得的年利率。计算公式为：$r = i \times m$。

2. 有效利率的计算

有效利率是指资金在计息中所发生的实际利率，包括计息周期有效利率和年有效利率两种情况。

计息周期有效利率，即计息周期利率 i（名义利率和有效利率相同），由名义利率计算式可得：$i = r/m$。

若用计息周期利率来计算年有效利率，并将年内产生的利息考虑进去，这时所得的年利率称为年有效利率，计算公式为：$i = \dfrac{I}{P} = \left(1 + \dfrac{r}{m}\right)^m - 1$，$P$ 为年初本金。

1.3　资金等值计算及应用

资金的时间价值来源于资金在生产运营中发挥作用带来的增值。资金的时间价值直接受到资金使用的时机、资金的使用时长、投入运营的资金数量和资金周转速度的影响。

1. 现金流量图

现金流量图应反映现金流量的三要素，即：现金流量的大小（现金流量数额）、方向（现金流入或现金流出）和作用点（现金流量发生的时点）。

2. 资金等值计算公式

工程经济分析中，资金等值计算常用复利系数，且现值比终值使用范围更广。一次支付现金流量是指某一时间序列内只发生一次收付的现金流量。等额支付系列现金流量是指各年的现金流量序列是连续的且数额相等的。资金等值计算公式汇总表（见表1-1）是本节重点，需要正确认识等值计算系数，准确把握各变量的等值换算关系。

表1-1　资金等值计算公式汇总表

符号	复利系数	公式编号	用途	计算公式
$(F/P, i, n)$	一次支付终值系数 $(1+i)^n$	式（1.3-1） 式（1.3-2）	已知 P，求 F	$F = P(1+i)^n$

续表

符号	复利系数	公式编号	用途	计算公式
$(P/F, i, n)$	一次支付现值系数 $(1+i)^{-n}$	式（1.3-3） 式（1.3-4）	已知 F，求 P	$P = F(1+i)^{-n}$
$(F/A, i, n)$	年金终值系数 $\dfrac{(1+i)^n - 1}{i}$	式（1.3-5） 式（1.3-6）	已知 A，求 F	$F = A\dfrac{(1+i)^n - 1}{i}$
$(A/F, i, n)$	偿债基金系数 $\dfrac{i}{(1+i)^n - 1}$	式（1.3-7） 式（1.3-8）	已知 F，求 A	$A = F\dfrac{i}{(1+i)^n - 1}$
$(P/A, i, n)$	年金现值系数 $\dfrac{(1+i)^n - 1}{i(1+i)^n}$	式（1.3-9） 式（1.3-10）	已知 A，求 P	$P = A\dfrac{(1+i)^n - 1}{i(1+i)^n}$
$(A/P, i, n)$	资金回收系数 $\dfrac{i(1+i)^n}{(1+i)^n - 1}$	式（1.3-11） 式（1.3-12）	已知 P，求 A	$A = P\dfrac{i(1+i)^n}{(1+i)^n - 1}$

一　单项选择题

1. 在复利计息中，若利率的时间单位为年，需要区分年名义利率和有效利率的情形是（　　）。

　　A. 计息周期小于一年　　　　　　B. 计息周期等于一年

　　C. 计息周期大于半年　　　　　　D. 计息周期小于半年

2. 已知年名义利率为 8%，按季度复利计息，则年有效利率为（　　）。

　　A. 4.04%　　　　　　　　　　　B. 8.24%

　　C. 12.36%　　　　　　　　　　 D. 16.98%

3. 某公司年初投资 1000 万元，预计 5 年内等额回收本利。若年收益率为 7%，按复利计算，则该公司每年年末应回收的资金是（　　）万元。

　　A. 200　　　　　　　　　　　　B. 215

　　C. 244　　　　　　　　　　　　D. 287

4. 计算资金时间价值时，若 i 和 n 为定值，则下列式子不成立的是（　　）。

　　A. $(F/P, i, n) = (A/P, i, n) \times (F/A, i, n)$

　　B. $(P/A, i, n) = (F/A, i, n) \times (P/F, i, n)$

　　C. $(F/A, i, n) = (F/P, i, n) \times (P/A, i, n)$

　　D. $(A/P, i, n) = (A/F, i, n) - i$

5. 某企业投资 200 万元，预计 5 年后一次性回收本金和利息。若年基准收益率为 i，已知 $(P/F, i, 5) = 0.6806$，$(A/P, i, 5) = 0.2505$，$(F/A, i, 5) = 5.8666$，该企业第 5 年末可收回资金为（　　）万元。

　　A. 213.80　　　　　　　　　　 B. 254.32

　　C. 280.30　　　　　　　　　　 D. 293.86

6. 关于现值 P、终值 F、年金 A、利率 i、计息期数 n 之间关系的说法，不正确的是（　　）。

A. F 一定、n 相同时，i 越高、P 越小

B. P 一定、n 相同时，i 越高、F 越大

C. i、n 相同时，F 与 P 呈反向变化

D. F 一定、i 相同时，n 越大、A 越小

7. 某公司希望借款 1000 万元，借款期限 5 年，到期一次性还本。现有甲、乙、丙、丁四家银行提供贷款，年名义利率均为 6%。其中，甲要求按月计息并支付利息，乙要求按季度计息并支付利息，丙要求按半年计息并支付利息，丁要求按年计息并支付利息。若其他条件相同，该公司应优先选择的银行是（   ）。

A. 甲   B. 乙

C. 丙   D. 丁

8. 某金融机构现有四套存款方案，相关数据如下表所示。对于公司来说最有利的选择是（   ）。

存款方案	年计息次数	年名义利率
方案一	1	8%
方案二	2	6%
方案三	4	3%
方案四	12	2%

A. 方案一   B. 方案二

C. 方案三   D. 方案四

9. 考虑资金的时间价值，下列情形中，两笔资金不可能等值的是（   ）。

A. 金额相等，发生在不同时间点

B. 金额不等，但分别发生在期初和期末

C. 金额不等，发生在不同时间点

D. 金额相等，发生在相同时间点

10. 某公司年初向银行贷款 500 万元，承诺按季度计息，季度利率 2%，则年名义利率为（   ）。

A. 0.6%   B. 0.8%

C. 6.0%   D. 8.0%

11. 某公司计划每年年末在银行存款 10 万元，银行年利率 6%，若以半年复利计息，第 5 年年末该公司存款的本利和为（   ）万元。

A. 56.47   B. 72.26

C. 83.88   D. 131.81

12. 某施工单位承建一工程，建设期 2 年，运营期 10 年，建成后可立即投入运营。银行贷款年利率为 8%，复利计息，建设期内不还款，借款期限为 6 年。若选择从运营期开始，在借款期内每年年末等额还款 400 万元，则该施工单位在该工程建设期初贷款金额为（   ）万元。

A. 997.500   B. 1135.846

C. 1208.000   D. 1365.390

13. 某公司第 1 至 5 年每年年初等额投资某项目，该项目年收益率 10%，按年复利计息，该公司若想在第 5 年年末一次性回收投资本息 1000 万元，应在每年年初投资（　　）万元。

    A. 96.99　　　　　　　　　　　B. 124.18

    C. 148.91　　　　　　　　　　D. 163.72

14. 某项目建设期 2 年，第 1 年年初投资 300 万元，第 2 年年初投资 400 万元，银行贷款年利率 4%，则该项目的投资估算为（　　）万元。

    A. 700.10　　　　　　　　　　B. 728.00

    C. 740.48　　　　　　　　　　D. 757.12

15. 某企业年初向银行贷款 1000 万元，年利率 8%，贷款期限为 5 年。该企业于第 1 年年末偿还 100 万，第 3 年年末偿还 200 万，则其第 5 年年末应偿还的本利和为（　　）万元。

    A. 943.07　　　　　　　　　　B. 970.70

    C. 1100.00　　　　　　　　　　D. 1169.33

16. 某公司年初向银行借入一笔资金，借期 3 年。已知年名义利率 8%，按季度复利计算，第 3 年年末共归还本利和 1268.24 万元，则该公司第 1 年年初借款金额是（　　）万元。

    A. 1000.09　　　　　　　　　　B. 1006.75

    C. 1017.85　　　　　　　　　　D. 1024.11

17. 某公司计划从年初开始，每半年末向某项目投资 100 万元，该项目年收益率 8%，按季度复利计算，该公司第 5 年年末可回收的投资本息和为（　　）万元。

    A. 1127.29　　　　　　　　　　B. 1202.84

    C. 1400.00　　　　　　　　　　D. 1469.33

18. 现金流量图是一种现金收付状态的工具，下列要素中不属于现金流量图要素的是（　　）。

    A. 现金流量的数额　　　　　　B. 现金流入或现金流出

    C. 现金流量发生的时点　　　　D. 现金流量的期限

19. 某公司在第 1 年年初和年末分别向银行借款 30 万元，年利率均为 5%，按年复利计息，则该公司在第 3-5 年每年年末等额本息偿还（　　）万元。

    A. 20.94　　　　　　　　　　　B. 23.03

    C. 23.71　　　　　　　　　　　D. 24.10

20. 关于资金等值计算的说法，正确的是（　　）。

    A. 资金等值计算时，在预计或实际现金流量一定的情况下，资金时间价值只受收益率 i 影响

    B. 运用等值计算系数进行资金等值计算不会导致预计或实际现金流量发生时间（时点）发生变动，也不会改变现金流量的方向

    C. 按年或半年划分收付周期时，等额支付系列的现金流量可按年金看待，采用等额支付现值系数计算

    D. 等额支付系列等值计算中，年金现值系数和资金回收系数相对关系是现值

位于时间序列的终点

21．利率是单位时间内应得或应付利息额与本金之比，大多数情况下，利率的最高界限是（　　）。

    A．社会平均利润率　　　　　　　B．银行贷款利率

    C．社会最高利润率　　　　　　　D．通货膨胀率

22．某企业向银行贷款 1000 万元，年利率 8%，按季度复利计息。该企业计划未来 3 年每年年末等额投入一笔资金用于偿还第 3 年年末需要偿还的本息和，年收益率 10%，按复利计算，则未来 3 年每年年末投资的金额为（　　）万元。

    A．243.36　　　　　　　　　　　B．383.12

    C．417.53　　　　　　　　　　　D．448.86

23．某企业，投资 1000 万元改造某烂尾楼盘，计划从投资日起未来 7 年等额收回投资。若基准收益率为 3%，复利计息，则每年年初应获得的净现金流入的计算式为（　　）。

    A．$1000 \times (A/P, 3\%, 7)(P/F, 3\%, 7)$

    B．$1000 \times (P/A, 3\%, 8)$

    C．$1000 \times (A/P, 3\%, 7)(P/F, 3\%, 1)$

    D．$1000 \times (A/P, 3\%, 7)$

24．若 $i = 10\%$ 为定值，期初 100 万元的资金价值等于 5 年后的（　　）万元。

    A．161.05　　　　　　　　　　　B．177.32

    C．1614.80　　　　　　　　　　D．1629.90

25．某公司贷款 1000 万元，一年后共还本息和为 1040 万元，则年利率为（　　）。

    A．4%　　　　　　　　　　　　　B．6%

    C．8%　　　　　　　　　　　　　D．12%

二　多项选择题

1．关于现金流量图绘制规则的说法，正确的有（　　）。

    A．箭线与时间轴的交点表示现金流量发生的时点

    B．箭线长短相对表示现金流量的大小，必须严格按比例绘制其长度

    C．横轴为时间轴，向右延伸表示时间的延续

    D．在时间轴上，除起点 0 和终点 n 外，其他时点既表示一个时间单位的结束，也表示下一个时间单位的开始

    E．现金流量图中，某一期发生的资金流汇总必须在期初标注清楚

2．关于利率影响因素的说法，正确的有（　　）。

    A．利率与社会平均利润率同向波动，社会平均利润率是利率的最高界限

    B．债务资金使用期限越长，不可预见因素越多，风险越大，利率就越高

    C．社会平均利润率不变的情况下，市场上资金供过于求会导致利率上升

    D．如果市场环境处于经济繁荣阶段，利率将会上升

    E．政府通过信贷政策调控宏观经济，影响市场利率波动

3. 关于资金等值计算公式的说法，正确的有（　　）。

A. 一次支付等值计算系数中的 n 是时间序列中的期数，即从时间序列起点（0 期）到终点（n 期末）之间的期数

B. F 和 A 换算系数相对关系是 F 位于时间序列的起点

C. P 是在第一计息期开始时（0 期）发生

D. 各期的等额支付 A，发生在各期期末

E. 当问题包括 P 与 A 时，系列的第一个 A 与 P 同时发生

4. 某公司连续 n 年每年年初向某银行贷款 M 万元，若借款年利率为 i，每半年复利计息一次，下列表达式中，可以正确表示该公司第 n 年年末一次偿还贷款金额的有（　　）。

A. $M(F/A, i, n)(1+i)$

B. $M(F/A, i/2, n)(1+i)$

C. $M(F/A, (1+i/2)^2-1, n)(1+i/2)^2$

D. $M(A/P, i/2, 2)(F/A, i/2, 2n)$

E. $M[(F/P, i/2, 2n)+(F/P, i/2, 2n-2)+(F/P, i/2, 2n-4)+\cdots+(F/P, i/2, 2)]$

5. 关于年有效利率与名义利率的说法，正确的有（　　）。

A. 名义利率与有效利率的差别受计息周期数的影响

B. 当每年计息周期数大于 1 时，名义利率大于年有效利率

C. 名义利率一定，计息周期越短，年有效利率与名义利率差异越小

D. 当每年计息周期数等于 1 时，年有效利率等于名义利率

E. 年名义利率为 r，一年内计息 m 次，则计息周期利率为 $i=r\times m$

【答案与解析】

一、单项选择题（有答案解析的题号前加 ∗，全书同）

*1. A；　　*2. B；　　*3. C；　　*4. D；　　*5. D；　　*6. C；　　*7. D；　　*8. A；

*9. A；　　*10. D；　　*11. A；　　*12. B；　　*13. C；　　*14. C；　　*15. C；　　*16. A；

*17. B；　　*18. D；　　*19. C；　　*20. B；　　*21. A；　　*22. B；　　*23. C；　　*24. A；

*25. A

【解析】

1.【答案】A

在复利计息中，计息周期小于一年时，就需要区分名义利率和有效利率（单利计息不需要区分名义利率和有效利率，计息周期长于一年的情形通常包含其他考量因素，不在此讨论）。故选项 A 正确。

2.【答案】B

若用计息周期利率来计算年有效利率，并将年内产生的利息考虑进去，这时所得的年利率称为年有效利率。$i=\dfrac{I}{P}=\left(1+\dfrac{r}{m}\right)^m-1=\left(1+\dfrac{8\%}{4}\right)^4-1=8.24\%$，故选项

B 正确。

3.【答案】C

资金回收是指现在投入一笔资金，在资金时间价值作用下，一定期限内每年年末等额回收一笔资金，使收回的资金总额等于现在投入的资金及其增值额之和。$A = P\dfrac{i(1+i)^n}{(1+i)^n-1} = 1000 \times \dfrac{0.07 \times (1+0.07)^5}{(1+0.07)^5-1} = 244$ 万元，故选项 C 正确。

4.【答案】D

本题考查 A 和 P、F 换算相对关系。$(A/P, i, n) = (A/F, i, n) \times (1+i)^n$。故选项 D 的式子不成立。

5.【答案】D

本题考查终值和现值的计算。根据一次支付现金流量终值公式 $F = P(1+i)^n$，5 年后终值 $F = 200 \times (F/P, i, 5) = 200/(P/F, i, 5) = 200 \div 0.6806 = 293.86$ 万元，故选项 D 正确。

6.【答案】C

本题考查 A 和 P、F 换算相对关系。如图 1-1 所示，对于 F 和 P 来说，当 i、n 相同时，F 与 P 呈同向变化。故选项 C 不正确。

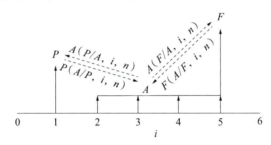

图 1-1 A 和 P、F 换算相对关系图

7.【答案】D

复利计息是指在计算某一计息周期的利息额时，其先前计息周期所累积的利息要作为计算本期利息的基数，即"利生利""利滚利"的计息方式。$F_n = P(1+i)^n$，复利计息时，利息和最初本金之间存在 $(1+i)^n$ 的指数关系，因此本金相同的情况下，计息周期数越多（即计息周期越短），所需还贷款越多，因此选择丁更合适。故选项 D 正确。

8.【答案】A

方案一：年有效利率 = 8%；方案二：年有效利率 = $\left(1 + \dfrac{6\%}{2}\right)^2 - 1 = 6.09\%$；方案三：年有效利率 = $\left(1 + \dfrac{3\%}{4}\right)^4 - 1 = 3.03\%$；方案四：年有效利率 = $\left(1 + \dfrac{2\%}{12}\right)^{12} - 1 = 2.02\%$，故方案一最优。故选项 A 正确。

9.【答案】A

资金的价值是随时间变化而变化的，是时间的函数，随时间的推移而增值，资金的增值部分就是原有资金的时间价值。因此即使金额相同，发生时间不同，资金的价值也会产生变化，故选项 A 不可能等值。

10.【答案】D

名义利率 r 是指计息周期利率 i 乘以一年内的计息周期数 m 所得的年利率。即：$r = i \times m = 2\% \times 4 = 8\%$。故选项 D 正确。

11.【答案】A

根据复利计息计算公式，年有效利率为：$i = \dfrac{I}{P} = \left(1 + \dfrac{r}{m}\right)^m - 1 = \left(1 + \dfrac{6\%}{2}\right)^2 - 1 = 0.0609$，

利用年金终值公式计算五年本利和为：$F = A\dfrac{(1+i)^n - 1}{i} = 10 \times \dfrac{(1 + 0.0609)^5 - 1}{0.0609} = $

56.74 万元。故选项 A 正确。

12.【答案】B

本题考查资金时间价值的计算方法。该施工单位期初贷款数额 $= A(P/A, 8\%,$

$6-2) \times (P/F, 8\%, 2) = 400 \times \dfrac{(1 + 8\%)^{6-2} - 1}{8\% \times (1 + 8\%)^{6-2}} \times (1 + 8\%)^{-2} = 1135.846$ 万元。

故选项 B 正确。

13.【答案】C

本题考查等额支付，第一步首先求出第 5 年年初回收本息值 $P = 1000 \times (P/F,$

$10\%, 1) = 1000 \times (1 + 10\%)^{-1} = 909.1$ 万元，第二步已知终值求年金 $A = F \times (A/F,$

$10\%, 5) = 909.1 \times \dfrac{10\%}{(1 + 10\%)^5 - 1} = 148.91$ 万元。故选项 C 正确。

14.【答案】C

投资估算 $= 300 \times (1 + 4\%)^2 + 400 \times (1 + 4\%) = 740.48$ 万元。故选项 C 正确。

15.【答案】C

第 1 年年末还款后剩余本利和 $= 1000 \times (1 + 8\%) - 100 = 980$ 万元；

第 3 年年末还款后剩余本利和 $= 980 \times (1 + 8\%)^2 - 200 = 943.072$ 万元；第 5 年需还本利和 $= 943.072 \times (1 + 8\%)^2 = 1100.00$ 万元。故选项 C 正确。

16.【答案】A

本题考查有效利率的计算和终值与现值的计算。年有效利率 $i = \dfrac{I}{P} = \left(1 + \dfrac{r}{m}\right)^m - 1 = $

$\left(1 + \dfrac{8\%}{4}\right)^4 - 1 = 0.0824$；$P = F(1 + i)^{-n} = 1268.24 \times (1 + 0.0824\%)^{-3} = 1000.088$ 万元。

故选项 A 正确。

17.【答案】B

本题考查计息周期小于资金收付周期时的等值计算。计息期利率 $i = \dfrac{r}{m} = \dfrac{8\%}{4} = $

2%，半年期有效利率 $= (1 + 2\%)^2 - 1 = 4.04\%$，则 $F = 100 \times (F/A, 4.04\%, 2 \times 5) = $

$100 \times 12.0284 = 1202.84$ 万元。故选项 B 正确。

18.【答案】D

现金流量图是一种现金收付状态的工具，应反映现金流量的三要素，即：现金流量的大小（现金流量数额）、方向（现金流入或现金流出）和作用点（现金流量发生的

时点）。故选项 D 正确。

19.【答案】C

复利是指在计算某一计算周期的利息时，其先前周期上所累积的利息要计算利息，即"利生利""利滚利"的计息方式。

第一步，现将第 1 年年初的 30 万元和第 1 年年末的 30 万元按复利分别计算其第 2 年年末（第 3 年年初）的终值：

$F_1 = 30 \times (1 + 5\%)^2 = 33.075$

$F_2 = 30 \times (1 + 5\%) = 31.5$

第 2 年年末（第 3 年年初的现值）的终值 $F = 33.075 + 31.5 = 64.575$ 万元

第二步，已知现值 P，求年金 A：

$A = 64.575 \times \dfrac{5\% \times (1 + 5\%)^3}{(1 + 5\%)^3 - 1} = 23.71$ 万元

故选项 C 正确。

20.【答案】B

资金等值计算时，在预计或实际现金流量一定的情况下，影响资金时间价值的因素是收益率 i 和时间点 n，选项 A 错误。等值计算系数的作用在于将预计或实际现金流量换算到设定的同一个时点进行综合经济分析，运用等值计算系数进行资金等值计算不会导致预计或实际现金流量发生时间（时点）发生变动，也不会改变现金流量的方向，选项 B 正确。按半年划分收付周期后，原本为等额支付系列的现金流量不能按年金看待，因为年金的定义是发生在（或折算为）某一特定时间序列各计息期末（不包括第 1 期期初，即 0 期）的等额资金系列的价值，选项 C 错误。等额支付系列等值计算中，P 和 A 换算系数（年金现值系数和资金回收系数）相对关系是 P 位于时间序列的起点，即等额支付系列现金流量中第 1 期的起点，选项 D 错误。故选项 B 正确。

21.【答案】A

利率与社会平均利润率同向波动，社会平均利润率是利率的最高界限，社会平均利润率是决定利率水平的首要因素。故选项 A 正确。

22.【答案】B

本题考查偿债基金公式的应用。偿债基金是为了未来某一时点清偿某笔债务或积聚一定数额的资金而必须分次等额形成的资金，也就是为使等额支付系列终值达到既定金额的年金数额。

年有效利率 $i = \dfrac{I}{P} = \left(1 + \dfrac{r}{m}\right)^m - 1 = \left(1 + \dfrac{8\%}{4}\right)^4 - 1 = 0.0824$；3 年本息和 $= 1000 \times (1 + 0.0824)^3 = 1268.13$ 万元；结合偿债基金 $A = F \dfrac{i}{(1 + i)^n - 1} = 1268.13 \times \dfrac{10\%}{(1 + 10\%)^3 - 1} = 383.12$ 万元。故选项 B 正确。

23.【答案】C

$1000 \times (A/P, 3\%, 7)$ 是已知现值，求年金 A，因此 $1000 \times (A/P, 3\%, 7)(P/F, 3\%, 1)$。故选项 C 正确。

24.【答案】A

考查终值计算。5 年后资金价值 $= 100 \times (F/P, 10\%, 5) = 100 \times (1 + 10\%)^5 = 161.05$ 万元。故选项 A 正确。

25.【答案】A

年利率 $= (1040 - 1000)/1000 = 4\%$。故选项 A 正确。

二、多项选择题

*1. A、C、D;　　　*2. A、B、D、E;　　　*3. A、C、D;　　　*4. C、D、E;

*5. A、D

【解析】

1.【答案】A、C、D

本题考查现金流量图的绘制规则。（1）箭线与时间轴的交点表示现金流量发生的时点（作用点）。（2）箭线长短相对表示现金流量的大小。由于分析对象多项资金收付差额可能较大，难以在现金流量图中严格按比例绘制其长度，在现金流量图中，只要箭线长短能相对体现各时点现金流量数值的差异即可。（3）现金流量图横轴为时间轴，向右延伸表示时间的延续，时间轴上每一刻度表示一个时间单位，可取年、半年、季或月等。（4）时间轴上的点称为时点，其中 0 表示时间序列的起点；n 表示时间序列的终点，除起点 0 和终点 n 外，其他时点既表示一个时间单位的结束（期末），也表示下一个时间单位的开始（期初）。（5）实际工作中，资金收付具有随机性，并不一定发生在某一时间单位的期初或者期末（如年末、月末等），但当期发生的资金收付计入当期期初或期末不会对时间价值计算产生显著影响，因此，现金流量图中，某一期发生的资金流汇总在期末标注，而不是期初。故选项 A、C、D 正确。

2.【答案】A、B、D、E

（1）利息来源于资金运营过程中的增值，是利润的一部分，如果利率高于利润率，企业无利可图就不会去借款或发行债券，利率与社会平均利润率同向波动，社会平均利润率是利率的最高界限。社会平均利润率是决定利率水平的首要因素。（2）债务资金使用期限长短也会影响利率水平。期限越长，不可预见因素越多，风险越大，利率就高；反之利率就低。（3）在社会平均利润率不变的情况下，市场上资金供过于求，利率下降；求过于供，利率上升。（4）在经济周期的扩张期利率上升，而在经济衰退期利率下降。（5）政府通过信贷政策调控宏观经济，影响市场利率波动。故选项 A、B、D、E 正确。

3.【答案】A、C、D

（1）一次支付等值计算系数中的 n 是时间序列中的期数，即从时间序列起点（0 期）到终点（n 期末）之间的期数。（2）P 是在第一计息期开始时（0 期）发生。（3）F 和 A 换算系数相对关系是 F 位于时间序列的终点。（4）各期的等额支付 A，发生在各期期末。（5）当问题包括 P 与 A 时，系列的第一个 A 与 P 隔一期。即 P 发生在系列 A 的前一期。（6）当问题包括 A 与 F 时，系列的最后一个 A 是与 F 同时发生。不能把 A 定在每期期初，与公式不符。故选项 A、C、D 正确。

4.【答案】C、D、E

（1）有效利率为 $(1 + i/2)^2 - 1$，将等额支付系列折算到期末为 $M(1 + i/2)^2$，再

根据公式 $F = A(F/A, i, n)$ 计算，所以选项 C 正确。（2）计息期利率为 $i/2$，n 年的计息期为 $2n$。首先根据公式 $A = P(A/P, i, n)$ 求年金 A，则 $A = M(A/P, i/2, 2)$，然后根据等额支付的终值计算公式可得，$F = A(F/A, i/2, 2n) = M(A/P, i/2, 2)(F/A, i/2, 2n)$，所以选项 D 正确。（3）根据公式 $F = P(F/P, i, n)$，求出各年贷款 M 到 n 年末的终值并进行累加，所以选项 E 正确。故选项 C、D、E 正确。

5.【答案】A、D

（1）从年有效利率计算公式可知，名义利率与有效利率的差别受计息周期数的影响。（2）计息周期数越多（即计息周期越短），则年名义利率和有效利率的差别越大。（3）已知年初资金数额为 P，年名义利率为 r，一年内计息 m 次，则计息周期利率为 $i = r/m$，年有效利率计算公式为：$i = \dfrac{I}{P} = \left(1 + \dfrac{r}{m}\right)^{m} - 1$。故选项 A、D 正确。

第 2 章　经济效果评价

复习要点

微信扫一扫
在线做题＋答疑

2.1　经济效果评价内容

（1）经济效果评价的内容一般包括财务评价（也称财务分析）和经济分析两方面。其中，财务评价主要侧重于盈利能力、偿债能力及财务可持续能力三方面；经济分析主要评价项目在宏观经济上的合理性。

（2）经济效果评价方法可依据不同标准进行分类：按评价结果的确定程度，可分为确定性评价和不确定性评价；按方法性质，可分为定量分析和定性分析；按是否考虑时间因素，可分为静态分析和动态分析；按是否考虑融资因素影响，可分为融资前分析和融资后分析。对同一个方案必须同时进行确定性评价和不确定性分析。

（3）方案经济评价采用的计算期包括建设期和运营期，建设期可按合理工期或预计的建设进度确定，运营期一般以方案主要设备的经济寿命期确定。财务分析应采用以市场价格体系为基础的预测价格，一般采用简化的方法进行预测，例如在不影响评价结论的前提下，只需对在生产成本中影响特别大的货物和主要产出物的价格进行预测。

2.2　经济效果评价指标体系

1. 评价指标体系

常用经济效果评价指标体系如图 2-1 所示。

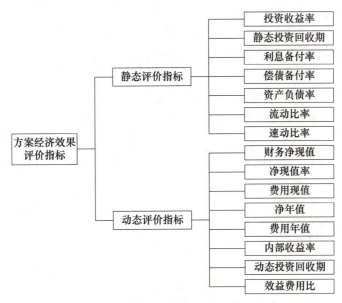

图 2-1　经济效果评价指标体系

2. 投资回收期分析

投资回收期是反映方案投资回收能力的重要指标，分为静态投资回收期和动态投资回收期。静态投资回收期是方案投资现金流量表中累计净现金流量曲线与时间轴的交点，可根据净现金流量计算。将计算出的静态投资回收期 P_t 与所确定的基准投资回收期 P_c 进行比较：若 $P_t \leqslant P_c$，表明方案投资能在规定的时间内收回，则方案可以考虑接受；若 $P_t > P_c$，则方案不可行。

3. 财务净现值分析

财务净现值（$FNPV$）是反映方案在计算期内盈利能力的动态评价指标，是指用设定的基准收益率 i_c，分别把整个计算期内各年所发生的净现金流量折现到方案开始实施时的现值之和。当 $FNPV > 0$ 时，该方案在满足基准收益率要求的盈利外，还能获得超额收益，故该方案财务上可行；当 $FNPV = 0$ 时，该方案正好能满足基准收益率要求的盈利水平，故该方案财务上可行；当 $FNPV < 0$ 时，说明该方案不能满足基准收益率要求的盈利水平，故该方案财务上不可行。

4. 财务内部收益率分析

财务内部收益率（$FIRR$）是使投资方案在计算期内各年净现金流量的现值累计等于零时的折现率。将计算出的财务内部收益率与基准收益率进行比较。若 $FIRR \geqslant i_c$，则方案在经济上可以接受；若 $FIRR < i_c$，则方案在经济上应予拒绝。

5. 基准收益率的确定

基准收益率也称基准折现率，是企业或行业投资者以动态的观点所确定的、可接受的方案最低标准的收益水平。基准收益率在本质上体现了投资决策者对方案资金时间价值的判断和对方案风险程度的估计。对于产出物由政府定价的方案，其财务基准收益率根据政府政策导向确定；对于产出物由市场定价的方案，其财务基准收益率根据资金成本和收益由投资者自行测定。

6. 偿债能力分析

偿债能力是论证方案计算期内是否有足够的现金流量，按照债务偿还期限、还本付息方式偿还方案的债务资金，从而判断方案支付利息、偿还到期债务的能力。其主要指标包括利息备付率、偿债备付率和资产负债率等。

7. 财务可持续能力分析

财务可持续能力分析也称财务生存能力分析，是在方案的财务计划现金流量表基础上，综合考察方案计算期内各年度的投资活动、融资活动和经营活动所产生的各项现金流入和流出，计算净现金流量和累计盈余资金，判断方案是否有足够的净现金流量维持其正常运营，对于在经营期出现经营净现金流量不足的方案，应研究提出现金流接续方案。

2.3 多方案比选

根据多方案之间的经济关系类型，一组备选方案之间一般存在着三种关系：独立关系、互斥关系和相关关系。方案比选方法按照类型可以划分为局部比选和整体比选，也可以划分为定性方案比选和定量方案比选。独立方案是否可接受，主要取决于方案自身的经济性，即方案的经济效果是否达到或超过了预定的评价标准，是一种绝对经济效果的检验。互斥方案比选则是在若干备选方案中找到经济性最优的方案，需要先进行绝对效果分析，再进行相对效果分析。常用的互斥方案比选方法包括评价指标直接对比法和增量指标对比法两类。

一 单项选择题

1. 方案经济效果评价的主要内容是分析论证方案的（　　）。
    A. 技术先进性和经济合理性　　B. 技术可靠性和财务可行性
    C. 财务盈利性和抗风险能力　　D. 财务可行性和经济合理性

2. 项目建设方案的经济效果评价可分为财务分析和经济分析两部分，其中经济分析应重点分析拟定方案的（　　）。
    A. 对技术进步的贡献　　　　B. 对投资者的价值贡献
    C. 对经济发展的贡献　　　　D. 对国家和社会的贡献

3. 下列工程经济效果评价指标中，属于盈利能力分析动态指标的是（　　）。
    A. 投资收益率　　　　　　　B. 财务净现值
    C. 借款偿还期　　　　　　　D. 流动比率

4. 下列指标中，不能直接反映技术方案偿债能力的指标是（　　）。
    A. 利息备付率　　　　　　　B. 偿债备付率
    C. 财务内部收益率　　　　　D. 资产负债率

5. 在技术方案经济效果评价中，技术方案计算期的两个阶段分别指的是（　　）。
    A. 研发期和建设期　　　　　B. 研发期和投产期
    C. 建设期和投产期　　　　　D. 建设期和运营期

6. 将技术方案经济效果评价区分为静态分析和动态分析依据的是（　　）。
    A. 评价方法是否考虑主观因素　　B. 评价指标能否量化
    C. 评价方法是否考虑时间因素　　D. 评价方法是否考虑融资的影响

7. 下列经济效果评价指标中，属于静态评价指标的是（　　）。
    A. 财务净现值　　　　　　　B. 费用年值
    C. 资产负债率　　　　　　　D. 内部收益率

8. 采用评价指标直接对比法进行互斥方案比选时，最适宜采用的指标类型为（　　）。
    A. 时间型　　　　　　　　　B. 价值型
    C. 比率型　　　　　　　　　D. 定性型

9. 某项目建设投资为 4500 万元（不含建设期贷款利息），建设期贷款利息为 400 万元，全部流动资金为 500 万元，项目投产期年息税前利润为 900 万元，达到设计生产能力的正常年份年息税前利润为 1000 万元，则该项目正常年份的总投资收益率为（　　）。
    A. 16.7%　　　　　　　　　B. 18.5%
    C. 20.0%　　　　　　　　　D. 21.5%

10. 某技术方案的净现金流量如表2-1所示，则该方案的静态投资回收期为（　　）年。

表2-1 某技术方案净现金流量表

计算期（年）	1	2	3	4	5	6
净现金流量（万元）	-1500	400	400	400	400	400

  A．3.25   B．3.75

  C．4.25   D．4.75

11. 某项目估计建设投资为1200万元，全部流动资金为240万元，建设当年即投产并达到设计生产能力，各年净收益均为280万元。则该项目的静态投资回收期为（　　）年。

  A．4.28   B．4.80

  C．5.00   D．5.14

12. 某技术方案的静态投资回收期为P_t，确定的基准投资回收期为P_c，则从投资回收期指标考虑接受该技术方案的条件是（　　）。

  A．$P_t \leqslant P_c$ B．$P_t > P_c$

  C．$P_t \geqslant 0$ D．$P_t < 0$

13. 某技术方案的净现金流量和财务净现值如表2-2所示，则关于该方案经济效果评价的说法，正确的是（　　）。

表2-2 某技术方案净现金流量表　　　　　　　　　　　单位：万元

年末	1	2	3	4	5	6	7
净现金流量	-420	-470	200	250	250	250	250
财务净现值（$i_c = 8\%$）	24.276						

  A．累计净现金流量大于0 B．财务内部收益率可能小于8%

  C．静态投资回收期大于6年 D．项目在经济上不可行

14. 某技术方案的静态回收期为6.5年，行业基准值为7年，关于该技术方案经济效果评价的说法，正确的是（　　）。

  A．静态回收期短于行业基准值，说明该方案净现值一定大于0

  B．静态回收期短于行业基准值，不能说明该方案内部收益率大于行业基准收益率

  C．从静态回收期可以判断，该技术方案前6年各年均不盈利

  D．静态回收期短于行业基准值，说明该方案资金周转的速度慢

15. 关于投资回收期的说法，正确的是（　　）。

  A．技术上更新迅速的方案不适宜采用投资回收期指标进行分析

  B．资金特别短缺的方案不适宜采用投资回收期指标进行分析

  C．需要全面衡量整个计算期内经济效果的方案适宜采用投资回收期指标进行分析

  D．未来情况很难预测而投资者又特别关心资金补偿的方案适宜采用投资回收

期指标进行分析

16．某技术方案计算期内的现金流量如表 2-3 所示，若基准收益率为 8%，则该方案的财务净现值为（　　）万元。

表 2-3　某技术方案计算期内现金流量表

计算期（年）	0	1	2	3
净现金流量（万元）	−1000	200	400	800

A．151.10　　　　　　　　　　B．163.19

C．256.24　　　　　　　　　　D．317.53

17．某技术方案现金流量如表 2-4 所示，若基准收益率为 8%，则该方案的财务净现值为（　　）万元。

表 2-4　某技术方案财务现金流量表　　　　　　　　　单位：万元

年末	1	2	3	4	5	6
现金流入	—	1200	5000	3200	6000	5000
现金流出	3200	4000	2000	3000	2500	3000

A．807.37　　　　　　　　　　B．871.96

C．1701.46　　　　　　　　　　D．1837.57

18．关于财务净现值的说法，正确的是（　　）。

A．仅考虑了方案在建设期内现金流量的时间分布状况

B．可以直接以货币额表示方案的盈利水平

C．可以直接反映方案单位投资的收益水平

D．可以直接反映方案投资回收的速度

19．关于财务内部收益率的说法，正确的是（　　）。

A．其大小受项目外部参数的影响较大

B．可直接用于互斥方案之间的比选

C．考虑了技术方案在整个计算期内的经济状况

D．独立方案用财务内部收益率和财务净现值评价的结论不一致

20．具有常规现金流量的技术方案，经计算 $FNPV(i_1 = 14\%) = 160$ 万元，$FNPV(i_2 = 16\%) = -90$ 万元，则该方案财务内部收益率的取值范围是（　　）。

A．< 14%　　　　　　　　　　B．14%～15%

C．15%～16%　　　　　　　　D．> 16%

21．某具有常规现金流量的技术方案，经计算 $FNPV(i = 16\%) = 150$ 万元、$FNPV(i = 18\%) = -80$ 万元，则该技术方案的财务内部收益率为（　　）。

A．16.0%　　　　　　　　　　B．17.3%

C．17.7%　　　　　　　　　　D．18.0%

22．在技术方案经济效果评价中，计算出的投资收益率为 R，确定的基准投资收益率为 R_c，同期银行贷款利率为 R_1。如果技术方案可以考虑接受，则下列关系一定成立

的是（　　）。

　　A. $R < R_c$
　　B. $R_c > R_1$
　　C. $R \geqslant R_c$
　　D. $R_c \leqslant R_1$

23. 某企业拟新建一项目，有甲、乙两个备选方案技术上均可行。甲方案投资5000万元，计算期15年，财务净现值为200万元；乙方案投资8000万元，计算期20年，财务净现值为300万元。关于两方案比选的说法，正确的是（　　）。

　　A. 甲、乙方案必须构造一个相同的分析期限才能比选

　　B. 甲方案投资少于乙方案，故甲方案较优

　　C. 乙方案净现值大于甲方案，故乙方案较优

　　D. 甲方案计算期短，说明甲方案的投资回收速度快于乙方案

24. 在项目财务评价中，若某一方案可行，则该方案的经济效果评价指标最优的是（　　）。

　　A. $P_t \leqslant P_c$，$FNPV \geqslant 0$，$FIRR \geqslant i_c$

　　B. $P_t \leqslant P_c$，$FNPV \leqslant 0$，$FIRR \leqslant i_c$

　　C. $P_t \geqslant P_c$，$FNPV \geqslant 0$，$FIRR \geqslant i_c$

　　D. $P_t \geqslant P_c$，$FNPV \leqslant 0$，$FIRR \leqslant i_c$

25. 对于特定的技术方案，若基准收益率变小，则技术方案评价指标的变化情况是（　　）。

　　A. 财务净现值与财务内部收益率均减小

　　B. 财务净现值与财务内部收益率均增大

　　C. 财务净现值减小，财务内部收益率不变

　　D. 财务净现值增大，财务内部收益率不变

26. 某技术方案的财务净现值大于0，则该方案的财务内部收益率（　　）。

　　A. 等于基准收益率
　　B. 一定小于基准收益率
　　C. 一定大于基准收益率
　　D. 与基准收益率的大小关系不确定

27. 如果某技术方案在经济上是可以接受的，则其财务内部收益率必须满足的条件是（　　）。

　　A. 小于基准收益率
　　B. 小于银行贷款利率
　　C. 大于基准收益率
　　D. 大于银行贷款利率

28. 企业或行业投资者以动态的观点所确定的、可接受的技术方案最低标准的收益水平为（　　）。

　　A. 社会平均收益率
　　B. 基准收益率
　　C. 社会折现率
　　D. 内部收益率

29. 关于基准收益率测定的说法，正确的是（　　）。

　　A. 基准收益率的最低限度不应小于资金成本

　　B. 政府投资项目基准收益率的测定可以不考虑投资的机会成本

　　C. 当资金供应充足时，基准收益率的测定可以不考虑投资风险因素

　　D. 基准收益率的测定不应考虑通货膨胀因素

30. 对于完全由企业自有资金投资的技术方案，自主测定其基准收益率的基础主

要是（　　　）。

  A．资金机会成本   B．资金成本

  C．投资风险   D．通货膨胀

 31．关于财务基准收益率的说法，正确的是（　　　）。

  A．测定境外投资项目的基准收益率时无需考虑国家风险因素

  B．财务基准收益率必须由政府投资主管部门统一确定

  C．测定财务基准收益率时应考虑资金成本、投资机会成本、通货膨胀和风险因素

  D．项目的财务基准收益率是投资项目可能获得的最高盈利水平

 32．某技术方案在满足基准收益率要求的盈利之外，还能得到超额收益，则该方案的（　　　）。

  A．财务净现值小于 0   B．投资回收期等于行业平均水平

  C．财务净现值大于 0   D．投资回收期大于行业平均水平

 33．某技术方案的现金流量为常规现金流量，当基准收益率为 7% 时，财务净现值为 300 万元。若基准收益率变为 9% 时，该技术方案的财务净现值将（　　　）。

  A．小于 300 万元   B．等于 300 万元

  C．大于 300 万元   D．与 300 万元的相对大小关系不确定

 34．使技术方案在计算期内各年净现金流量的现值累计为零时的折现率为（　　　）。

  A．总投资收益率   B．财务内部收益率

  C．利益备付率   D．基准收益率

 35．现有甲、乙两个具有常规现金流量的互斥方案，对于任意折现率 i，甲方案的财务净现值均大于乙方案的财务净现值，则下列说法正确是（　　　）。

  A．甲方案的财务内部收益率始终小于乙方案的财务内部收益率

  B．甲方案的财务内部收益率始终等于乙方案的财务内部收益率

  C．甲方案的财务内部收益率始终大于乙方案的财务内部收益率

  D．甲、乙两方案财务内部收益率的关系不能确定

 36．对于常规的技术方案，在采用直线内插法近似求解财务内部收益率时，近似解与精确解之间存在的关系是（　　　）。

  A．近似解＜精确解   B．近似解＞精确解

  C．近似解＝精确解   D．不确定关系

 37．在进行财务基准收益率的测定时，在境外投资的技术方案比国内投资方案要额外考虑的因素是（　　　）。

  A．企业经营成本   B．国家风险因素

  C．企业投资风险   D．通货膨胀风险

 38．在多方案比选中，某一方案的采用与否对其他方案的现金流量会带来一定的影响，进而影响其他方案的采用或拒绝，则该方案与其他方案间的关系为（　　　）。

  A．互斥关系   B．独立关系

  C．相关关系   D．混合关系

 39．在多方案比选中，如果任一方案的采用与否均不影响其他方案是否采用，则

方案间的关系为（   ）。

    A．互斥关系　　　　　　　　　B．独立关系

    C．相关关系　　　　　　　　　D．混合关系

40．在多方案比选中，如果仅能在其中选择一个方案采用，其余的方案均必须放弃，则方案间的关系为（   ）。

    A．互斥关系　　　　　　　　　B．独立关系

    C．相关关系　　　　　　　　　D．混合关系

41．现有甲、乙两个互斥的技术方案，两方案在各自计算期内的财务净现值分别为 $FNPV_1$ 和 $FNPV_2$，均大于 0。将甲方案作为初始方案，增量投资方案"乙，甲"的增量财务净现值为 $\Delta FNPV_{乙,甲}$，下列说法正确的是（   ）。

    A．若 $FNPV_1 > FNPV_2$，说明甲方案优于乙方案

    B．若 $FNPV_1 < FNPV_2$，说明甲方案优于乙方案

    C．若 $\Delta FNPV_{乙,甲} > 0$，说明甲方案优于乙方案

    D．若 $\Delta FNPV_{乙,甲} < 0$，说明甲方案优于乙方案

42．技术方案的财务计划现金流量表主要用于分析方案的（   ）。

    A．盈利能力　　　　　　　　　B．偿债能力

    C．财务生存能力　　　　　　　D．不确定性

43．采用财务净现值指标进行互斥方案比选时，甲、乙两个技术方案的计算期分别为 3 年和 4 年。若采用方案重复法构造共同计算期，则甲方案的重复次数是（   ）。

    A．3 次　　　　　　　　　　　B．4 次

    C．7 次　　　　　　　　　　　D．12 次

44．对于效益基本相同，但效益难以用货币具体估算的互斥技术方案，在方案比选时可采用的指标是（   ）。

    A．费用现值　　　　　　　　　B．增量投资

    C．净现值率　　　　　　　　　D．净年值

45．现有甲、乙两个互斥的技术方案，两方案均可行且计算期相同，甲方案的投资额大于乙方案。若采用增量投资财务内部收益率法对甲、乙两方案进行比选，则甲方案优于乙方案的判断标准是（   ）。

    A．增量投资财务内部收益率大于 0

    B．增量投资财务内部收益率小于 0

    C．增量投资财务内部收益率大于基准收益率

    D．增量投资财务内部收益率小于基准收益率

二　多项选择题

1．在对经营性方案进行财务评价时，应主要分析拟定方案的（   ）。

    A．盈利能力　　　　　　　　　B．偿债能力

    C．财务生存能力　　　　　　　D．财务上的可行性

    E．宏观经济上的合理性

2. 下列经济效果评价指标中，直接反映偿债能力的指标有（　　　）。

    A．投资收益率　　　　　　　　B．投资回收期

    C．财务内部收益率　　　　　　D．利息备付率

    E．资产负债率

3. 下列经济效果评价指标中，属于盈利能力分析指标的有（　　　）。

    A．财务净现值　　　　　　　　B．速动比率

    C．资产负债率　　　　　　　　D．总投资收益率

    E．静态投资回收期

4. 技术方案经济效果评价中的计算期包括技术方案的（　　　）。

    A．投资前策划期　　　　　　　B．投资建设期

    C．投产期　　　　　　　　　　D．达产期

    E．运营终止的后评价期

5. 关于基准收益率的说法，正确的有（　　　）。

    A．基准收益率是投资资金应获得的最低盈利水平

    B．测定基准收益率应考虑资金成本因素

    C．测定基准收益率无需考虑通货膨胀因素

    D．对债务资金比例高的项目应降低基准收益率取值

    E．基准收益率取值高低应体现对项目风险程度的估计

6. 投资者自行测定技术方案的最低可接受的财务收益率时，应考虑的因素有（　　　）。

    A．自身的发展战略和经营策略　　B．资金成本

    C．技术方案的特点　　　　　　D．沉没成本

    E．机会成本

7. 若某技术方案的财务内部收益率小于基准收益率，则下列说法正确的有（　　　）。

    A．该方案的财务净现值大于零　　B．该方案的财务净现值等于零

    C．该方案的财务净现值小于零　　D．该方案一定无法盈利

    E．该方案在经济上应予拒绝

8. 某常规技术方案当折现率为 10% 时，财务净现值为 −320 万元；当折现率为 8% 时，财务净现值为 50 万元，则关于该方案经济效果评价的说法，正确的有（　　　）。

    A．内部收益率在 8%~9% 之间

    B．当行业基准收益率为 8% 时，方案可行

    C．当行业基准收益率为 9% 时，方案不可行

    D．当折现率为 9% 时，财务净现值一定大于 0

    E．当行业基准收益率为 10% 时，内部收益率小于行业基准收益率

9. 关于技术方案经济效果评价方法的说法，正确的有（　　　）。

    A．投资收益率、资产负债率和盈亏平衡分析都是确定性评价方法

    B．对于经营性方案可以只进行确定性分析，不进行不确定分析

    C．定性分析是指对无法精确度量的重要因素实行估量分析的方法

D．静态分析需要将不同时间发生的现金流量折算到同一时点

E．融资前分析应以动态分析为主，静态分析为辅

10．关于财务净现值指标特点的说法，正确的有（　　　）。

A．不受基准收益率等外部因素的影响

B．考虑了资金的时间价值

C．能够直接反映投资回收的速度

D．全面考虑了技术方案在整个计算期内现金流量的时间分布状况

E．能够直接以货币额表示技术方案的盈利水平

11．关于静态投资回收期特点的说法，正确的有（　　　）。

A．静态投资回收期无法准确衡量整个计算期内的经济效果

B．静态投资回收期在一定程度上能反映资本的周转速度

C．静态投资回收期越长，说明资本的周转速度越快

D．静态投资回收期可以单独用来评价方案是否可行

E．静态投资回收期大于基准投资回收期，表明该方案可以接受

12．关于财务内部收益率的特点，说法正确的是（　　　）。

A．考虑了资金的时间价值

B．考虑了技术方案在整个计算期内的现金流量

C．内部收益率的大小不受基准收益率影响

D．能够直接以货币额表示技术方案的盈利水平

E．某些情况下技术方案的财务内部收益率可能不存在或有多个解

13．如果方案在经济上可行，则一定存在（　　　）。

A．财务内部收益率大于基准收益率

B．财务内部收益率小于银行贷款利率

C．静态投资回收期大于基准投资回收期

D．财务净现值大于零

E．财务净现值小于零

14．进行方案的多方案比选时，关于多方案之间经济关系的说法，正确的有（　　　）。

A．若一组方案中任一方案的采用与否均仅与其自身的可行性相关，则该组方案间为独立关系

B．若一组方案中仅有一个方案能被采用，其余方案均必须放弃，则该组方案间为互斥关系

C．互斥型关系要求备选的方案之间有足够的差异性，无法相互替代

D．具有正相关关系的方案比选可以采用独立方案比选方法

E．相关关系的形成主要是由资源限制和方案的不可分割性造成的

15．在对项目的建设方案进行财务评价时，适合采用静态评价指标评价的情形包括（　　　）。

A．评价精度要求较高　　　　　　B．项目年收益大致相等

C．项目寿命期较短　　　　　　　D．项目现金流量变动大

E．可以不考虑资金的时间价值

16. 在进行计算期不同的互斥方案比选时，适宜直接采用的方法有（　　）。

A．净现值法　　　　　　　　　B．财务内部收益率法

C．年值法　　　　　　　　　　D．最小公倍数法

E．研究期法

17. 甲、乙、丙三个互斥方案的期初投资和年净现金流量见表2-5，三个方案的计算期均为 10 年，设定基准收益率为 9%。采用增量财务净现值指标进行互斥方案的比选，则下列说法正确的有（　　）。

表 2-5　甲、乙、丙三方案的现金流量表　　　　　　　单位：万元

方案	期初投资	各年净现金流量
甲	3000	900
乙	4000	1000
丙	5000	1100

注：表中各年的净现金流量在各年年末发生。

A．三个方案的绝对经济效果评价结果均为可行

B．乙方案相对甲方案的增量财务净现值大于 0，说明乙方案优于甲方案

C．丙方案相对乙方案的增量财务净现值大于 0，说明丙方案优于乙方案

D．甲方案相对丙方案的增量财务净现值大于 0，说明甲方案优于丙方案

E．三个方案中的最优方案是甲方案

【答案与解析】

一、单项选择题

1. D；　*2. C；　3. B；　4. C；　5. D；　*6. C；　7. C；　*8. B；

*9. B；　*10. D；　*11. D；　12. A；　*13. A；　*14. B；　15. D；　*16. B；

*17. A；　*18. B；　19. C；　*20. C；　*21. B；　*22. C；　*23. A；　*24. A；

25. D；　*26. C；　27. C；　28. B；　*29. A；　*30. A；　31. C；　*32. C；

*33. A；　*34. B；　*35. C；　*36. B；　37. B；　38. C；　39. B；　40. A；

*41. D；　*42. C；　*43. B；　*44. A；　*45. C

【解析】

2.【答案】C

经济分析是在合理配置资源的前提下，从国家经济整体利益的角度出发，计算拟建项目对国民经济的贡献，分析项目的经济效率、效果和对社会的影响，评价项目在宏观经济上的合理性。故选项 C 正确。

6.【答案】C

方案经济效果评价可依据是否考虑时间因素，划分为静态分析和动态分析两类。故选项 C 正确。

8.【答案】B

评价指标直接对比的方法要求所选用的指标是价值型，选用其他类型的指标可能

会导致错误的结论。故选项 B 正确。

9.【答案】B

总投资收益率是达到设计生产能力的正常年份的年息税前利润总额与方案投资总额的比率。根据定义，分子应采用达到设计生产能力的正常年份的年息税前利润总额 1000 万元；分母应采用投资总额，即固定资产投资 4000 万元、流动资金 500 万元和贷款利息 400 万元之和。总投资收益率 = 1000÷（4500 + 400 + 500）= 18.5%。故选项 B 正确。

10.【答案】D

该方案的累计净现金流量见表 2-6。

表 2-6   某技术方案累计净现金流量表

计算期（年）	1	2	3	4	5	6
净现金流量（万元）	−1500	400	400	400	400	400
累计净现金流量（万元）	−1500	−1100	−700	−300	100	500

利用公式计算 P_t =（5−1）+ 300÷400 = 4.75（年），故选项 D 正确。

11.【答案】D

当方案实施后各年的净收益均相同时，可利用公式计算 P_t =（1200 + 240）÷280 = 5.14 年，故选项 D 正确。

13.【答案】A

该方案的累计净现金流量见表 2-7，可见方案的累计净现金流量＞0。财务净现值＞0，方案在经济上可行。净现值与内部收益率的评价结论一致，所以财务内部收益率＞基准收益率。计算静态投资回收期，P_t =（6−1）+ 190÷250 = 5.76 年，短于 6 年。故选项 A 正确。

表 2-7   某技术方案累计净现金流量表

年末	1	2	3	4	5	6	7
净现金流量（万元）	−420	−470	200	250	250	250	250
累计净现金流量（万元）	−420	−890	−690	−440	−190	60	310

14.【答案】B

静态投资回收期只能反映投资回收前的经济情况，无法准确衡量整个计算期内的经济效果，因此虽然该方案的静态回收期短于行业基准值，但是可能存在整个计算期内净现值小于等于 0 的情况，也可能存在整个计算期内内部收益率小于等于行业基准收益率的情况。该方案在前 6 年中整体上不盈利，但可能存在某年净现金流量为正的情况，即方案在当年是盈利的。静态回收期短于行业基准值，说明该方案资金周转的速度快。故选项 B 正确。

16.【答案】B

按照财务净现值的计算公式，有 $FNPV = -1000 + \dfrac{200}{1 + 8\%} + \dfrac{400}{(1 + 8\%)^2} +$

$$\frac{800}{(1+8\%)^3} = 163.19。故选项 B 正确。$$

17.【答案】A

净现金流量表见表 2-8。

表 2-8　某技术方案财务净现金流量表

年末	1	2	3	4	5	6
现金流入（万元）	—	1200	5000	3200	6000	5000
现金流出（万元）	3200	4000	2000	3000	2500	3000
净现金流量（万元）	-3200	-2800	3000	200	3500	2000

$$FNPV = \frac{-3200}{1+8\%} - \frac{2800}{(1+8\%)^2} + \frac{3000}{(1+8\%)^3} + \frac{200}{(1+8\%)^4} + \frac{3500}{(1+8\%)^5} +$$

$$\frac{2000}{(1+8\%)^6} = 807.37。故选项 A 正确。$$

18.【答案】B

财务净现值指标全面考虑了方案在整个计算期内现金流量的时间分布的状况；能够直接以货币额表示方案的盈利水平，但是并不能直接反映方案单位投资的收益水平，也不能反映投资回收的速度。故选项 B 正确。

20.【答案】C

首先采用排除法排除 A 和 D，再根据 $FNPV（14\%）$ 大于 $FNPV（16\%）$ 的绝对值，说明内部收益率离 16% 比离 14% 要更近，故选项 C 正确。

21.【答案】B

采用内插法求解内部收益率的近似值，有 $FIRR = 16\% + 150 \div（150 + 80）\times（18\% - 16\%）= 17.3\%$，故选 B 正确。

22.【答案】C

在方案经济效果评价中，若方案计算出的投资收益率大于等于基准投资收益率，则该方案可以考虑接受，反之则该方案不可行。故选项 C 正确。

23.【答案】A

采用财务净现值指标对计算期不同的互斥方案进行比选时，需要对各备选方案的计算期和计算公式进行适当的处理，构造一个相同的分析期限再进行比较。故选项 A 正确。

24.【答案】A

在经济评价的指标中，采用静态投资回收期、财务净现值与财务内部收益率进行经济可行的判别标准分别为静态投资回收期小于等于基准投资回收期、财务净现值大于等于 0 和财务内部收益率大于等于基准收益率。故选项 A 正确。

26.【答案】C

对于单一方案的评价分析，采用财务净现值和采用内部收益率指标得到的结论是一致的，财务净现值大于零，表示该方案可以接受，而采用内部收益率判断方案可以接受的条件是内部收益率大于基准收益率。故选项 C 正确。

29.【答案】A

在进行基准收益率的测定时，资金成本、机会成本、投资风险和通货膨胀都是应该考虑的因素。故选项 A 正确。

30.【答案】A

当方案完全由企业自有资金投资时，基准收益率的测定可考虑参考行业平均收益水平，这可以理解为一种资金的机会成本。故选项 A 正确。

32.【答案】C

财务净现值大于 0，说明该技术方案除了满足基准收益率要求的盈利之外，还能得到超额收益。故选项 C 正确。

33.【答案】A

具有常规现金流量的方案，其净现值随着利率的增加而减小。如果利率（基准收益率）为 7% 时，净现值为 300 万元，那么当利率（基准收益率）增加为 9% 时，净现值一定小于 300 万元。故选项 A 正确。

34.【答案】B

财务内部收益率是使方案在计算期内各年净现金流量的现值累计等于零时的折现率。故选项 B 正确。

35.【答案】C

对于任意给定的折现率 i，甲方案的财务净现值均大于乙方案，说明甲方案的净现值函数曲线始终在乙方案的上方。因此，如果两曲线与坐标横轴有交点，甲方案曲线的交点一定在乙方案曲线交点的右边，即甲方案的财务内部收益率一定大于乙方案的财务内部收益率。故选项 C 正确。

36.【答案】B

对于常规方案，财务净现值函数曲线如图 2-2 所示，呈下凹状。可以看出，近似解大于精确解。故选项 B 正确。

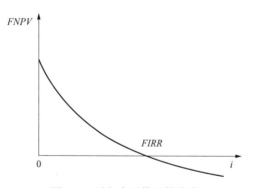

图 2-2 财务净现值函数曲线

41.【答案】D

采用财务净现值指标对计算期不同的互斥方案进行比选时，不能直接比较净现值的大小判断方案优劣，需要构造一个相同的分析期限再进行比较。采用增量财务净现值方法对比甲、乙两方案时，可将甲方案作为初始方案，乙方案可以看作是在甲方案基础上的增量投资方案"乙，甲"，对应的增量财务净现值＜0，说明甲方案优于乙方案。

故选项 D 正确。

42.【答案】C

财务可持续能力分析也称财务生存能力分析，是在方案的财务计划现金流量表基础上，计算净现金流量和累计盈余资金，判断方案是否有足够的净现金流量维持其正常运营。故选项 C 正确。

43.【答案】B

方案重复法，又称最小公倍数法，是以备选方案计算期的最小公倍数作为各方案的共同计算期，假设各个方案均在这样一个共同的计算期内重复进行。甲、乙两方案的共同计算期为 12 年，所以甲方案的重复次数为 12/3 ＝ 4 次。故选项 B 正确。

44.【答案】A

对效益相同或效益基本相同但难以具体估算的方案进行比选时，可采用费用现值指标和费用年值指标。故选项 A 正确。

45.【答案】C

按照增量指标分析法的基本步骤，将两方案按照投资额由小到大的顺序排列，以投资额较小的乙方案作为基础方案，计算得到甲方案相对乙方案的增量投资内部收益率。若增量指标满足评判准则的要求，则投资较大的方案优于投资较小的方案，对于增量投资内部收益率，其判别准则即为大于基准收益率。故选项 C 正确。

二、多项选择题

*1. A、B、C、D；　　2. D、E；　　　　3. A、D、E；　　*4. B、C、D；

*5. A、B、E；　　*6. A、B、C、E；　　*7. C、E；　　　　*8. A、B、C、E；

*9. C、E；　　　*10. B、D、E；　　11. A、B；　　　*12. A、B、C、E；

13. A、D；　　　14. A、B、D、E；　15. B、C、E；　　*16. C、D、E；

*17. A、D、E

【解析】

1.【答案】A、B、C、D

对于经营性的方案，财务分析需要分析项目的盈利能力、偿债能力和财务生存能力，判断财务可接受性，为项目财务上的可行性决策提供依据。而宏观经济上的合理性属于经济分析的内容。故选项 A、B、C、D 正确。

4.【答案】B、C、D

方案经济效果评价采用的计算期是指经济效果评价中为进行动态分析所设定的期限，包括方案的建设期和运营期，其中运营期一般又可以分为投产期和达产期两个阶段。故选项 B、C、D 正确。

5.【答案】A、B、E

基准收益率本质上体现了投资决策者对方案资金时间价值的判断和对方案风险程度的估计，所以对于债务资金比例高的项目应适当提高基准收益率取值。基准收益率是投资资金应当获得的最低盈利率水平。测定基准收益率时应考虑投资风险和通货膨胀率，故选项 A、B、E 正确。

6.【答案】A、B、C、E

若投资者自行测定方案的最低可接受的财务收益率，除了应考虑企业各类方案经济效果评价中选用的行业财务基准收益率涉及的因素外，还应该根据自身的发展战略、经营策略、方案的特点与风险、资金成本、机会成本等因素综合测定。故选项 A、B、C、E 正确。

7.【答案】C、E

财务内部收益率小于基准收益率，则方案在经济上应予拒绝。由于对于单一方案采用财务净现值和采用财务内部收益率指标得到的结论是一致的，所以该方案的财务净现值小于零，说明该方案达不到事先设定的收益水平，但这并不意味着项目一定不盈利。故选项 C、E 正确。

8.【答案】A、B、C、E

因为 $|FNPV(10\%)| > FNPV(8\%)$，所以 $FIRR$ 距离 8% 比距离 10% 更近，所以内部收益率在 8%～9% 之间；当基准收益率为 8% 时，该方案的内部收益率大于基准收益率，方案可行；当基准收益率为 9% 时，该方案的内部收益率小于基准收益率，方案不可行；当基准收益率为 10% 时，净现值小于零，对应内部收益率的判别条件即有内部收益率小于行业基准收益率。故选项 A、B、C、E 正确。

9.【答案】C、E

投资收益率、资产负债率属于确定性评价，盈亏平衡分析属于不确定性分析。对于经营性方案必须同时进行确定性评价和不确定性分析。动态分析是将发生在不同时间的现金流量折算成同一时点的数值再进行计算分析指标。融资前分析应以动态分析（即折现现金流量分析）为主，静态分析为辅（如计算静态投资回收期指标）。故选项 C、E 正确。

10.【答案】B、D、E

财务净现值指标的优点是：考虑了资金的时间价值，并全面考虑了方案在整个计算期内现金流量的时间分布状况；经济意义明确直观，能够直接以货币额表示方案的盈利水平；判断直观。不足之处是：必须首先确定一个符合经济现实的基准收益率，而基准收益率的确定往往是比较困难的；该指标并不能直接反映方案单位投资的收益水平，也不能反映投资回收的速度。故选项 B、D、E 正确。

12.【答案】A、B、C、E

财务内部收益率指标考虑了资金的时间价值及方案在整个计算期内的现金流量，其大小完全取决于方案投资过程净现金流量系列的情况，不受外部参数影响。同时，财务内部收益率是一个考察方案盈利能力的相对值指标。对于非常规现金流量的方案来讲，在某些情况下财务内部收益率可能不存在或有多个解。故选项 A、B、C、E 正确。

16.【答案】C、D、E

当方案的计算期不同时，不能直接采用净现值法、差额投资内部收益率法进行比较，可以直接采用年值法比较，或采用最小公倍数法、研究期法构造一个相同的计算期再进行比较。故选项 C、D、E 正确。

17.【答案】A、D、E

采用增量财务净现值指标法进行甲、乙、丙方案的比选。有 $\Delta FNPV_{甲,0} = -3000 + 900 \times (P/A, 9\%, 10) = 2775.93$ 万元 > 0，所以甲方案可行。$\Delta FNPV_{乙,甲} = -1000 +$

$100 \times FNPV(P/A, 9\%, 10) = -358.23$ 万元 < 0，所以甲方案比乙方案更优。$\Delta FNPV_{丙, 乙} =$ $-1000 + 100 \times FNPV(P/A, 9\%, 10) = -358.23$ 万元 < 0，所以乙方案比丙方案更优。$\Delta FNPV_{丙, 0} = -5000 + 1100 \times FNPV(P/A, 9\%, 10) = 2059.47$ 万元 > 0，所以丙方案也可行。因此，三个方案在绝对经济效果上均可行，甲方案为最优方案，乙方案次之，丙方案最末。故选项 A、D、E 正确。

第3章   不确定性分析

复习要点

微信扫一扫
在线做题 + 答疑

3.1   盈亏平衡分析

1. 不确定性分析方法

不确定性分析方法主要包括盈亏平衡分析和敏感性分析。盈亏平衡分析可分为线性盈亏平衡分析（也称量本利分析）和非线性盈亏平衡分析，只适用于财务分析。敏感性分析可分为单因素敏感性分析和多因素敏感性分析，适用于财务分析和经济分析。投资者应选择盈亏平衡点低、敏感程度小、抗风险能力高的方案实施。

2. 盈亏平衡分析

盈亏平衡分析是研究方案的产品利润与成本费用、产销量、销售收入、税金及附加之间的函数关系，以找到方案的盈亏平衡点（BEP）的方法。在盈亏平衡点上，销售收入（扣除税金及附加）等于总成本费用，刚好达到盈亏平衡。

1）线性盈亏平衡分析

（1）假设条件

① 产量等于销售量；② 产量变化，单位可变成本不变；③ 产量变化，产品售价不变。

（2）总成本费用

根据成本费用与产量的关系，总成本费用可分解为可变成本和固定成本两类。可变成本是指随产品产量的增减而成正比例变化的成本，如原材料、燃料、动力费、包装费、计件工资、单位产品税金及附加（不包含增值税）等。固定成本是指在一定的产量范围内不受产品产量影响的成本，如固定工资及福利费（计件工资除外）、固定资产折旧费、修理费、无形资产及其他资产摊销费、长期借款利息支出等。

（3）盈亏平衡点（BEP）

盈亏平衡点（BEP）可以用产量、产品售价、单位可变成本和年总固定成本等绝对量表示，也可以用生产能力利用率等相对值表示。盈亏平衡点（BEP）越低，表明方案抗风险能力越强。

（4）相关计算公式与评价

已知某技术方案的设计年生产能力 Q_d，单位产品售价 P，产销量 Q，年固定成本 C_f，单位产品可变成本 C_u，单位产品税金及附加 T_u，年利润 L，以上成本及售价等均不考虑增值税。盈亏平衡点（BEP）的计算公式如下：

① 盈亏平衡点产销量 $BEP(Q)$

$$BEP(Q) = \frac{C_f}{P - C_u - T_u}$$

② 盈亏平衡点生产能力利用率 $BEP(\%)$

$$BEP(\%) = \frac{BEP(Q)}{Q_d} \times 100\%$$

盈亏平衡点生产能力利用率 $BEP(\%)$ 是指盈亏平衡点产销量占正常产销量的比重，一般用设计生产能力表示正常产销量。当 $BEP(\%) \leqslant 70\%$ 时，方案运营基本安全。

③ 盈亏平衡点产品售价 $BEP(P)$

$$BEP(P) = \frac{C_f}{Q_d} + C_u + T_u$$

④ 达到设计生产能力时的年利润 L

$$L = Q_d \times (P - C_u - T_u) - C_f$$

2）盈亏平衡分析的优缺点

① 优点：计算简便，可直接对方案最关键的盈利性问题进行初步分析，可预估方案对市场需求变化的适应能力和承受风险的程度。② 缺点：不能揭示产生方案风险的根源。

3.2　敏感性分析

1. 敏感性分析的分类

敏感性分析是用以考察方案涉及的各种不确定因素对方案经济效果评价指标的影响，找出敏感因素，估计方案效益对它们的敏感程度，粗略预测方案可能承担的风险，为风险分析打下基础。

单因素敏感性分析是指每次只改变一个不确定因素的数值，估算单个不确定因素的变化对方案经济效果的影响。多因素敏感性分析是指同时改变两个或两个以上相互独立的不确定因素的数值，估算多个不确定因素同时变化对方案经济效果的影响。

2. 敏感性分析的步骤

敏感性分析的步骤如下：（1）确定分析指标；（2）选取不确定因素；（3）计算不确定因素的变化对分析指标的影响；（4）确定敏感性因素；（5）对敏感性分析结果进行分析。

1）确定敏感性因素

判别敏感性因素的方法有相对测定法和绝对测定法，其中相对测定法主要是通过敏感度系数确定，绝对测定法主要是通过临界点确定。

① 敏感度系数 S_{AF}

敏感度系数 S_{AF} 是指方案分析指标 A 变化的百分率与不确定因素 F 变化的百分率之比，计算公式如下：

$$S_{AF} = \frac{\Delta A/A}{\Delta F/F}$$

S_{AF} 绝对值越大，表示分析指标对该不确定因素越敏感。$S_{AF} > 0$，表示分析指标与不确定因素同向变化；$S_{AF} < 0$，表示分析指标与不确定因素反向变化。

② 临界点

临界点是指不确定因素的变化极限值，即不确定因素的变化使方案由可行变为不可行的临界数值。临界点绝对值越低，表示分析指标对该不确定因素越敏感。临界点的确定可以通过敏感性分析图求得临界点的近似值。临界点的高低与设定的指标判断标准有关，对同一技术方案，随着设定基准收益率的提高，临界点会变低。

2）敏感性分析图

在敏感性分析图中，每一条直线的斜率反映分析指标对该不确定因素的敏感程度，斜率绝对值越大的直线所代表的不确定因素越敏感。

3. 局限性

敏感性分析的局限性在于虽然可以找出方案分析指标对之敏感的不确定因素，并估计其对方案分析指标的影响程度，但却并不能得知这些影响发生的可能性有多大，还要借助概率分析等方法。

一　单项选择题

1. 在技术方案的不确定性分析法中，只适用于财务分析的是（　　　）。

　　A. 盈亏平衡分析　　　　　　　　B. 敏感性分析

　　C. 概率分析　　　　　　　　　　D. 风险分析

2. 在盈亏平衡分析中，某技术方案的总成本费用不包括（　　　）。

　　A. 原材料费用　　　　　　　　　B. 人工工资成本

　　C. 固定资产折旧费用　　　　　　D. 平均成本

3. 下列总成本费用中，属于可变成本的是（　　　）。

　　A. 修理费　　　　　　　　　　　B. 原材料费

　　C. 固定资产折旧费　　　　　　　D. 长期借款利息支出

4. 下列总成本费用中，属于固定成本的是（　　　）。

　　A. 计件工资　　　　　　　　　　B. 包装费

　　C. 无形资产摊销费　　　　　　　D. 燃料、动力费

5. 某技术方案有一笔长期借款500万元，年利率8%，每年付息，到期一次还本。该技术方案正常生产年份的原材料费用1700万元/年，管理人员工资福利费300万元/年。该技术方案的固定成本为（　　　）万元/年。

　　A. 340　　　　　　　　　　　　B. 1740

　　C. 2000　　　　　　　　　　　　D. 2040

6. 关于盈亏平衡点性质的说法，正确的是（　　　）。

　　A. 盈亏平衡点越低，表明方案的抗风险能力越强

　　B. 盈亏平衡点越高，表明方案的抗风险能力越强

　　C. 盈亏平衡点越低，表明方案的盈利可能性越小

　　D. 方案在盈亏平衡点处的固定成本等于可变成本

7. 已知某技术方案的设计生产能力为 Q_d/年，单位产品售价为 P，年固定成本为 C_f，单位产品可变成本为 C_u，单位产品税金及附加为 T_u，以上成本及售价等均不考虑增

值税，则下列公式可以表示盈亏平衡点（*BEP*）的是（　　　）。

A. $\dfrac{C_f}{Q_d} + C_u + T_u$　　　　　B. $C_f / (P - C_u)$

C. $C_f \times Q_d / (P - C_u - T_u)$　　　D. $(C_f + C_u - T_u) / P$

8. 某技术方案的设计生产能力为 50 万吨／年，产品售价为 700 元／吨，年固定成本为 150 万元，产品可变成本为 550 元／吨，产品税金及附加为 25 元／吨，以上成本及售价等均不考虑增值税。根据线性盈亏平衡分析，该技术方案的盈亏平衡点产销量为（　　　）吨。

A. 8571　　　　　　　　　　B. 9000

C. 10000　　　　　　　　　　D. 12000

9. 某技术方案的设计生产能力为 3 万件／年，单位产品售价为 380 元，年固定成本为 285 万元，单位产品可变成本为 120 元，单位产品税金及附加为 70 元，以上成本及售价等均不考虑增值税。根据线性盈亏平衡分析，当产销量为 15000 件时，该技术方案处于（　　　）状态。

A. 盈利　　　　　　　　　　B. 亏损

C. 盈亏平衡　　　　　　　　D. 不确定

10. 某技术方案的设计年生产能力为 25 万台，单位产品售价为 1000 元，年固定成本为 2500 万元，单位产品可变成本为 775 元，单位产品税金及附加为 8 元，以上成本及售价等均不考虑增值税。根据线性盈亏平衡分析，该技术方案的盈亏平衡点生产能力利用率为（　　　）。

A. 42.92%　　　　　　　　　B. 44.44%

C. 45.12%　　　　　　　　　D. 46.08%

11. 当某技术方案的运营处于基本安全状态时，盈亏平衡点生产能力利用率 *BEP*（%）通常（　　　）。

A. 不超过 70%　　　　　　　B. 不超过 80%

C. 不超过 85%　　　　　　　D. 不超过 90%

12. 某技术方案的设计产量为 12 万吨／年，单位产品售价为 700 元，年固定成本为 1500 万元，单位产品可变成本为 250 元，单位产品税金及附加为 165 元，以上成本及售价等均不考虑增值税。根据线性盈亏平衡分析，以产品售价表示的盈亏平衡点为（　　　）元／吨。

A. 290　　　　　　　　　　　B. 375

C. 510　　　　　　　　　　　D. 540

13. 某技术方案的产品售价为 500 元／件，有甲、乙两套可行方案，其盈亏平衡点产品售价分别为 250 元／件和 450 元／件，不考虑其他因素，下列说法正确的是（　　　）。

A. 方案甲的抗风险能力强

B. 方案乙的抗风险能力强

C. 两方案的抗风险能力相同

D. 方案乙产品提高产量后的抗风险能力强

14. 敏感性分析是考察确定评价指标对不确定因素的敏感程度，从而判断技术方案的（   ）。

    A．盈利能力   B．偿债能力

    C．抗风险能力   D．财务生存能力

15. 进行单因素敏感性分析的正确步骤是（   ）。

    A．选取不确定因素→确定分析指标→确定敏感性因素→计算不确定因素的变化对分析指标的影响

    B．选取不确定因素→确定分析指标→计算不确定因素的变化对分析指标的影响→确定敏感性因素

    C．确定分析指标→确定敏感性因素→选取不确定因素→计算不确定因素的变化对分析指标的影响

    D．确定分析指标→选取不确定因素→计算不确定因素的变化对分析指标的影响→确定敏感性因素

16. 某技术方案设计年生产能力为 1000 台，盈亏平衡点产量为 500 台，方案投产后，前 4 年的达产率分别为 30%、50%、70%、90%，则该方案首次实现盈利的年份为投产后的第（   ）年。

    A．1   B．2

    C．3   D．4

17. 利用临界点判别敏感性因素的方法属于（   ）。

    A．相对测定法   B．绝对测定法

    C．解析法   D．图解法

18. 在单因素敏感性分析中，设甲、乙、丙、丁四个不确定因素分别产生 5%、15%、10%、20% 的变化，使方案分析指标相应地分别产生 15%、30%、35%、30% 的变化，则最敏感的因素是（   ）。

    A．甲   B．乙

    C．丙   D．丁

19. 某投资方案的财务内部收益率为 20%，选择 4 个影响因素对其进行单因素敏感性分析。当建设投资上涨 5%、产品价格下降 5%、原材料价格上涨 5%、人民币汇率上涨 5% 时，内部收益率分别降至 12%、17%、15%、18%，则对财务内部收益率来说最敏感的因素是（   ）。

    A．建设投资   B．产品价格

    C．原材料价格   D．人民币汇率

20. 对某技术方案的财务净现值（$FNPV$）进行单因素敏感性分析，投资额、产品价格、经营成本、汇率 4 个因素的敏感性分析如图 3-1 所示，则对财务净现值来说最敏感的因素是（   ）。

    A．投资额   B．产品价格

    C．经营成本   D．汇率

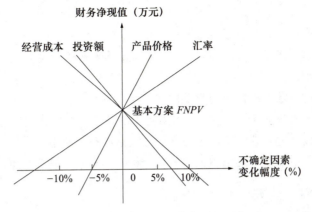

图 3-1　单因素敏感性分析图

21. 敏感度系数（S_{AF}）指方案分析指标变化的百分率与不确定因素变化的百分率之比。下列表示分析指标与不确定因素同向变化的是（　　）。

A. $|S_{AF}| > 1$
B. $|S_{AF}| < 1$
C. $S_{AF} < 0$
D. $S_{AF} > 0$

22. 根据图 3-2 所示单因素敏感性分析图，原材料价格、产品价格、经营成本 3 个不确定因素对方案的影响程度由高到低依次是（　　）。

A. 原材料价格→产品价格→经营成本
B. 原材料价格→经营成本→产品价格
C. 产品价格→原材料价格→经营成本
D. 经营成本→原材料价格→产品价格

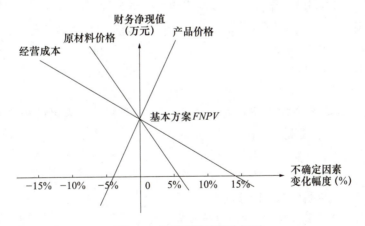

图 3-2　单因素敏感性分析图

23. 根据对不同技术方案的不确定性分析，投资者应选择（　　）的方案实施。

A. 盈亏平衡点低，敏感程度大
B. 盈亏平衡点高，敏感程度大
C. 盈亏平衡点低，敏感程度小
D. 盈亏平衡点高，敏感程度小

24. 在盈亏平衡分析中，若其他条件不变，下列做法不能降低盈亏平衡点产量的是（　　）。

A．提高产品营业税金及附加　　　B．提高产品售价

C．降低单位产品可变成本　　　　D．降低产品固定成本

25．关于敏感度系数的说法，正确的是（　　）。

A．敏感度系数可以用于对敏感因素敏感性程度的排序

B．敏感度系数大于0，表示分析指标与不确定因素反方向变化

C．利用敏感度系数判别敏感因素的方法是绝对测定法

D．敏感度系数的绝对值越大，表示分析指标对于不确定因素越不敏感

二　多项选择题

1．技术方案不确定性分析的基本方法包括（　　）。

A．非线性盈亏平衡分析　　　　B．风险分析

C．线性盈亏平衡分析　　　　　D．敏感性分析

E．偿债能力分析

2．关于技术方案盈亏平衡分析的说法，正确的有（　　）。

A．盈亏平衡分析无法得知方案的产品利润与总成本之间的函数关系

B．盈亏平衡分析计算复杂，无法直接对方案最关键的盈利性问题进行分析

C．盈亏平衡分析可预先估计方案对市场需求变化的适应能力，有助于了解方案可承受风险的程度

D．盈亏平衡分析适用于方案的财务评价和经济评价

E．盈亏平衡分析无法揭示产生方案风险的根源

3．当产销量（　　）盈亏平衡点时，销售收入线与总成本线之间形成的区域为（　　）。

A．等于，盈利区　　　　　　　B．大于，盈利区

C．小于，盈利区　　　　　　　D．大于，亏损区

E．小于，亏损区

4．某技术方案经济评价指标对甲、乙、丙三个不确定因素的敏感度系数分别为 -0.1、0.05、0.09，据此可以得出的结论有（　　）。

A．经济评价指标对乙因素最敏感

B．甲因素下降10%，方案达到盈亏平衡

C．经济评价指标与丙因素同方向变化

D．丙因素上升9%，方案由可行转为不可行

E．经济评价指标对甲因素最敏感

5．某技术方案的设计年生产能力50万件，产品售价1800元/件，生产人员固定工资及福利费1800万元/年，设备折旧费850万元/年，修理费150万元/年，原材料费18000万元/年，包装费1500万元/年，燃料费850万元/年，产品销售税金及附加250元/件，以上成本及售价等均不考虑增值税。根据线性盈亏平衡分析，下列说法正确的有（　　）。

A．年固定成本为2800万元

B．单位产品可变成本为 412 元／件

C．以产品售价表示的盈亏平衡点为 713 元／件

D．以生产能力利用率表示的盈亏平衡点为 10%

E．以产品产销量表示的盈亏平衡点为 24497 件

6．某技术方案的设计年生产能力 1.5 万吨，售价 3000 元／吨，销售税金及附加 138 元／吨，年总成本 3600 万元，其中年固定成本 1500 万元。根据线性盈亏平衡分析，下列说法正确的有（　　）。

A．单位产品可变成本为 1400 元／吨

B．以售价表示的盈亏平衡点为 2538元／吨

C．当产销量为 1.1 万吨时，方案亏损

D．当产销量为 1.2 万吨时，方案盈利

E．达到设计生产能力时的年利润为 693 万元

7．在敏感性分析中，确定敏感性因素可以通过计算（　　）来判断。

A．盈亏平衡点　　　　　　　　B．财务净现值

C．敏感度系数　　　　　　　　D．内部收益率

E．临界点

8．关于技术方案敏感性分析的说法，正确的有（　　）。

A．敏感性分析可以估算多个不确定因素同时发生变化对方案经济效果的影响

B．敏感性分析只适用于方案的财务评价

C．敏感度系数越大，表明分析指标对不确定因素越不敏感

D．在单因素敏感性分析图中，斜率绝对值越大的直线所代表的不确定因素越敏感

E．敏感性分析可以说明不确定因素发生变动的可能性有多大

9．关于敏感性分析中的临界点的说法，正确的有（　　）。

A．临界点是不确定因素的变化使方案由可行变为不可行的临界数值

B．临界点可以通过敏感性分析图求得临界点的近似值的方法来确定

C．临界点绝对值越小，所对应的不确定因素越敏感

D．对同一技术方案，随着设定基准收益率的提高，临界点也会变高

E．临界点的高低与设定的指标判断标准有关

10．下列条件中，属于线性盈亏平衡分析模型假设条件的有（　　）。

A．产量等于销售量　　　　　　B．产量变化，单位可变成本不变

C．产量和单位可变成本均不变　D．产量变化，产品售价不变

E．产量和产品售价均不变

【答案与解析】

一、单项选择题

*1．A；　　*2．D；　　*3．B；　　*4．C；　　*5．A；　　*6．A；　　*7．A；　　*8．D；

*9．C；　　*10．D；　　*11．A；　　*12．D；　　*13．A；　　*14．C；　　*15．D；　　*16．C；

*17. B；　*18. C；　*19. A；　*20. B；　*21. D；　*22. C；　*23. C；　*24. A；
*25. A

【解析】

1.【答案】A

不确定性分析方法主要包括盈亏平衡分析和敏感性分析，其中盈亏平衡分析只适用于财务分析，敏感性分析适用于财务分析和经济分析。概率分析又称风险分析，是通过研究各种不确定因素发生不同变动幅度的概率分布及其对项目经济效益指标的影响，对项目可行性和风险性以及方案优劣作出判断，与不确定性分析有联系但又有区别。故选项A正确。

2.【答案】D

总成本费用是产量的线性函数。根据成本费用与产量的关系可以将总成本费用分解为可变成本和固定成本两大类，通常可变成本是随项目产品产量的增减而成正比例变化的成本，如原材料、燃料、动力费、包装费、计件工资、单位产品税金及附加（不包含增值税）等。在产量发生变化时，假设单位产品的可变成本不发生变化。固定成本是指在一定的产量范围内不受产品产量影响的成本，如固定工资及福利费（计件工资除外）、固定资产折旧费、修理费、无形资产及其他资产摊销费、长期借款利息支出等。故选项D正确。

3.【答案】B

可变成本是指随产品产量的增减而成正比例变化的成本，如原材料、燃料、动力费、包装费、计件工资、单位产品税金及附加（不包含增值税）等。故选项B正确。

4.【答案】C

固定成本是指在一定的产量范围内不受产品产量影响的成本，如固定工资及福利费（计件工资除外）、固定资产折旧费、修理费、无形资产及其他资产摊销费、长期借款利息支出等。故选项C正确。

5.【答案】A

长期借款利息支出属于固定成本，原材料费用属于可变成本，管理人员工资福利费属于固定成本。由题可知，该技术方案的固定成本＝长期借款利息支出＋管理人员工资福利费＝$500 \times 8\% + 300 = 40 + 300 = 340$万元／年。故选项A正确。

6.【答案】A

盈亏平衡点越低，表明方案适应市场变化的能力越大，盈利可能性越大，抗风险能力越强。技术方案在盈亏平衡点处的销售收入等于总成本，但是固定成本和可变成本的关系不确定。故选项A正确。

7.【答案】A

在盈亏平衡点上，方案刚好达到盈亏平衡，即销售收入（扣除税金及附加）等于产品总成本，用公式可表示为$P \times Q = C_f + (C_u + T_u) \times Q$。推导上式得，可以表示盈亏平衡点（$BEP$）的计算公式包括：盈亏平衡点产销量$BEP(Q) = \dfrac{C_f}{P - C_u - T_u}$，盈亏平衡点生产能力利用率$BEP(\%) = \dfrac{BEP(Q)}{Q_d} \times 100\%$，盈亏平衡点产品售价$BEP(P) =$

$\dfrac{C_\mathrm{f}}{Q_\mathrm{d}} + C_\mathrm{u} + T_\mathrm{u}$。故选项 A 正确。

8.【答案】D

由题可知，产品售价 $P = 700$ 元 / 吨，年固定成本 $C_\mathrm{f} = 150$ 万元，产品可变成本 $C_\mathrm{u} = 550$ 元 / 吨，产品税金及附加 $T_\mathrm{u} = 25$ 元 / 吨，则该技术方案的盈亏平衡点产销量

$$BEP(Q) = \frac{C_\mathrm{f}}{P - C_\mathrm{u} - T_\mathrm{u}} = \frac{150 \times 10^4}{700 - 550 - 25} = 12000 \text{ 吨}。$$ 故选项 D 正确。

9.【答案】C

由题可知，单位产品售价 $P = 380$ 元，年固定成本 $C_\mathrm{f} = 285$ 万元，单位产品可变成本 $C_\mathrm{u} = 120$ 元，单位产品税金及附加 $T_\mathrm{u} = 70$ 元，则该技术方案的盈亏平衡点产销量 $BEP(Q) = \dfrac{C_\mathrm{f}}{P - C_\mathrm{u} - T_\mathrm{u}} = \dfrac{285 \times 10^4}{380 - 120 - 70} = 15000$ 件。当产销量为 15000 件时，该技术方案处于盈亏平衡点（BEP），即盈亏平衡状态。故选项 C 正确。

10.【答案】D

由题可知，设计年生产能力 $Q_\mathrm{d} = 25$ 万台，单位产品售价 $P = 1000$ 元，年固定成本 $C_\mathrm{f} = 2500$ 万元，单位产品可变成本 $C_\mathrm{u} = 775$ 元，单位产品税金及附加 $T_\mathrm{u} = 8$ 元，则该技术方案的盈亏平衡点产销量 $BEP(Q) = \dfrac{C_\mathrm{f}}{P - C_\mathrm{u} - T_\mathrm{u}} = \dfrac{2500}{1000 - 775 - 8} = 11.5207$ 万台，生产能力利用率 $BEP(\%) = \dfrac{BEP(Q)}{Q_\mathrm{d}} \times 100\% = \dfrac{11.5207}{25} \times 100\% = 46.08\%$。故选项 D 正确。

11.【答案】A

一般盈亏平衡点生产能力利用率越低，表明方案适应市场需求变化的能力越大，抗风险能力越强。通常认为盈亏平衡点生产能力利用率 $BFP(\%)$ 不超过 70%，方案运营是基本安全的。故选项 A 正确。

12.【答案】D

由题可知，设计年产量 $Q_\mathrm{d} = 12$ 万吨，单位产品售价 $P = 700$ 元，年固定成本 $C_\mathrm{f} = 1500$ 万元，单位产品可变成本 $C_\mathrm{u} = 250$ 元，单位产品税金及附加 $T_\mathrm{u} = 165$ 元，则该技术方案以产品售价表示的盈亏平衡点 $BEP(P) = \dfrac{C_\mathrm{f}}{Q_\mathrm{d}} + C_\mathrm{u} + T_\mathrm{u} = \dfrac{1500 \times 10^4}{12 \times 10^4} + 250 + 165 = 540$ 元 / 吨。故选项 D 正确。

13.【答案】A

盈亏平衡点产品售价越低，表明方案适应市场价格下降的能力越大，抗风险能力越强。由题可知，方案甲的盈亏平衡点产品售价低于方案乙的，因此方案甲的抗风险能力强。故选项 A 正确。

14.【答案】C

敏感性分析是用以考察方案涉及的各种不确定因素对方案经济效果评价指标的影响，找出敏感性因素，估计方案效益对它们的敏感程度，粗略预测方案可能承担的风险，为进一步的风险分析打下基础。故选项 C 正确。

15.【答案】D

单因素敏感性分析的步骤如下：（1）确定分析指标；（2）选取不确定因素；（3）计算不确定因素的变化对分析指标的影响；（4）确定敏感性因素。故选项 D 正确。

16.【答案】C

由题可知，该技术方案在第 2 年时达到盈亏平衡点，第 3 年开始盈利。故选项 C 正确。

17.【答案】B

敏感性分析中判别敏感性因素的方法有相对测定法和绝对测定法，其中相对测定法主要是通过敏感度系数确定，绝对测定法主要是通过临界点确定。故选项 B 正确。

18.【答案】C

敏感度系数是指方案分析指标变化的百分率与不确定因素变化的百分率之比，系数越大，表示分析指标对于该不确定因素越敏感。甲的敏感度系数 = 15%/5% = 3，乙的敏感度系数 = 30%/15% = 2，丙的敏感度系数 = 35%/10% = 3.5，丁的敏感度系数 = 30%/20% = 1.5，则丙是最敏感的因素。故选项 C 正确。

19.【答案】A

当不确定因素变化相同时，使方案分析指标产生的变化越大，表示分析指标对于该不确定因素越敏感。建设投资、产品价格、原材料价格、人民币汇率 4 个不确定因素使方案分析指标产生的变化分别为 8%、3%、5%、2%，则建设投资是最敏感的因素。故选项 A 正确。

20.【答案】B

在单因素敏感性分析图中，斜率绝对值越大的直线所代表的不确定因素越敏感。由图可知，四条直线中产品价格的斜率绝对值最大，是最敏感的因素。故选项 B 正确。

21.【答案】D

S_{AF} 绝对值越大，表示分析指标对于该不确定因素越敏感。$S_{AF} > 0$，表示分析指标与不确定因素同向变化；$S_{AF} < 0$，表示分析指标与不确定因素反向变化。故选项 D 正确。

22.【答案】C

在单因素敏感性分析图中，斜率绝对值越大的直线所代表的不确定因素越敏感。

23.【答案】C

投资者应选择盈亏平衡点低、抗风险能力高，敏感程度小、承受风险能力强、可靠性大的方案实施。故选项 C 正确。

24.【答案】A

根据盈亏平衡点产销量 $BEP(Q) = \dfrac{C_f}{P - C_u - T_u}$ 可知，提高产品售价与降低产品可变成本会导致分母变大，从而使 $BEP(Q)$ 降低；提高产品营业税金及附加会导致分母变小，从而使 $BEP(Q)$ 提高；降低产品固定成本会导致分子变小，从而使 $BEP(Q)$ 降低。故选项 A 正确。

25.【答案】A

通常判别敏感因素的方法有相对测定法和绝对测定法两种，其中相对测定法主要是通过敏感度系数确定。S_{AF} 绝对值越大，表示分析指标对于该不确定因素越敏感。$S_{AF} > 0$，表示分析指标与不确定因素同向变化；$S_{AF} < 0$，表示分析指标与不确定因素反向变化。故选项 A 正确。

二、多项选择题

*1. A、C、D;　　*2. C、E;　　*3. B、E;　　*4. C、E;

*5. A、C、E;　　*6. A、B、D、E;　　*7. C、E;　　*8. A、D;

*9. A、B、C、E;　　*10. A、B、D

【解析】

1.【答案】A、C、D

不确定性分析方法主要包括盈亏平衡分析和敏感性分析，其中盈亏平衡分析又可分为线性盈亏平衡分析（也称量本利分析）和非线性盈亏平衡分析。故选项 A、C、D 正确。

2.【答案】C、E

盈亏平衡分析是研究方案的产品利润与成本费用、产销量、销售收入、税金及附加之间的函数关系，以找到方案的盈亏平衡点（BEP）的方法，只适用于财务评价。盈亏平衡分析的优点是计算简便，可直接对方案最关键的盈利性问题进行初步分析，还可预先估计方案对市场需求变化的适应能力，有助于了解方案可承受风险的程度；缺点是不能揭示产生方案风险的根源。故选项 C、E 正确。

3.【答案】B、E

在保本点基础上，当产销量大于盈亏平衡点时，销售收入超过总成本，销售收入线与总成本线之间的垂直距离为利润值，形成盈利区；反之，当产销量小于盈亏平衡点时，形成亏损区。故选项 B、E 正确。

4.【答案】C、E

S_{AF} 绝对值越大，表示分析指标对于该不确定因素越敏感。$S_{AF} > 0$，表示分析指标与不确定因素同向变化；$S_{AF} < 0$，表示分析指标与不确定因素反向变化。故选项 C、E 正确。

5.【答案】A、C、E

生产人员基本工资及福利费、设备折旧费、修理费属于固定成本，原材料费、包装费、燃料费属于可变成本，则该技术方案的年固定成本 $C_f = 1800 + 850 + 150 = 2800$ 万元，单位产品可变成本 $C_u = \dfrac{18000 + 1500 + 850}{50} = 407$ 元/件。由题可知，设计年生产能力 $Q_d = 50$ 万件，产品售价 $P = 1800$ 元/件，产品销售税金及附加 $T_u = 250$ 元/件，则该技术方案以售价表示的盈亏平衡点 $BEP(P) = \dfrac{C_f}{Q_d} + C_u + T_u = \dfrac{2800 \times 10^4}{50 \times 10^4} + 407 + 250 = 713$ 元/件，以产品产销量表示的盈亏平衡点 $BEP(Q) = \dfrac{C_f}{P - C_u - T_u} = \dfrac{2800 \times 10^4}{1800 - 407 - 250} = 24497$ 件，以生产能力利用率表示的盈亏平衡点 $BEP(\%) = \dfrac{BEP(Q)}{Q_d} \times 100\% = \dfrac{24497}{50 \times 10^4} \times 100\% = 4.9\%$。故选项 A、C、E 正确。

6.【答案】A、B、D、E

由题可知，设计年生产能力 $Q_d = 1.5$ 万吨，售价 $P = 3000$ 元／吨，销售税金及附加 $T_u = 138$ 元／吨，年总成本 $C = 3600$ 万元，年固定成本 $C_f = 1500$ 万元，单位产品可变成本 $C_u = \dfrac{C - C_f}{Q_d} = \dfrac{3600 - 1500}{1.5} = 1400$ 元／吨，则该技术方案以售价表示的盈亏平衡点 $BEP(P) = \dfrac{C_f}{Q_d} + C_u + T_u = \dfrac{1500 \times 10^4}{1.5 \times 10^4} + 1400 + 138 = 2538$ 元／吨，以产销量表示的盈亏平衡点 $BEP(Q) = \dfrac{C_f}{P - C_u - T_u} = \dfrac{1500 \times 10^4}{3000 - 1400 - 138} = 10260$ 吨，以生产能力利用率表示的盈亏平衡点 $BEP(\%) = \dfrac{BEP(Q)}{Q_d} \times 100\% = \dfrac{10260}{1.5 \times 10^4} \times 100\% = 68.4\%$，达到设计生产能力时的年利润 $= Q_d \times (P - C_u - T_u) - C_f = 1.5 \times (3000 - 1400 - 138) - 1500 = 693$ 万元。故选项 A、D、E 正确。

7.【答案】C、E

敏感性分析的目的是寻找敏感因素。通常判别敏感因素的方法有相对测定法和绝对测定法，其中相对测定法主要是通过敏感度系数确定，绝对测定法主要是通过临界点确定。故选项 C、E 正确。

8.【答案】A、D

多因素敏感性分析可以估算多个不确定因素同时发生变化对方案经济效果的影响。敏感性分析适用于方案的财务评价和经济评价。敏感度系数绝对值越大，表示分析指标对于该不确定因素越敏感。在单因素敏感性分析图中，每一条直线的斜率反映分析指标对该不确定因素的敏感程度，斜率绝对值越大的直线所代表的不确定因素越敏感。敏感性分析的局限性在于虽然可以找出方案分析指标对之敏感的不确定因素，并估计其对方案分析指标的影响程度，但却并不能得知这些影响发生的可能性有多大。故选项 A、D 正确。

9.【答案】A、B、C、E

临界点是指不确定因素的变化极限值，即不确定因素的变化使方案由可行变为不可行的临界数值。临界点的确定可以通过敏感性分析图求得临界点的近似值，最好采用试算法或函数求解。临界点绝对值越小，所对应的不确定因素越敏感。临界点的高低与设定的指标判断标准有关，对同一技术方案，随着设定基准收益率的提高，临界点就会变低。故选项 A、B、C、E 正确。

10.【答案】A、B、D

线性盈亏平衡分析的假设条件包括以下三点：① 产量等于销售量，即当年生产的产品当年全部销售。② 产量变化，单位可变成本不变，即总成本费用是产量的线性函数。③ 产量变化，产品售价不变，即销售收入是销售量的线性函数。故选项 A、B、D 正确。

第 4 章　设备更新分析

微信扫一扫
在线做题＋答疑

复习要点

4.1　设备磨损与补偿

1. 设备磨损的类型

1）有形磨损（又称物质磨损）

（1）第 I 类有形磨损。设备在使用过程中，因受到外力作用导致实体产生的磨损、变形或损坏。通常表现为：① 设备零部件的原始尺寸或形状发生变化；② 设备零部件的精度降低；③ 零部件损坏。

（2）第 II 类有形磨损。设备在闲置过程中，因受自然力作用而导致的实体磨损，如金属性零部件生锈、腐蚀、橡胶件老化等。此磨损与设备闲置的时间长短和所处环境有关，与设备生产过程中的使用无关。

2）无形磨损（又称精神磨损、经济磨损）

（1）第 I 类无形磨损

由于科学技术进步的影响，设备制造工艺不断改进，劳动生产效率不断提高，使生产同样结构或性能的设备所需的社会必要劳动时间相应减少，设备制造成本和价格不断降低，致使原设备相对贬值。后果只是现有设备原始价值部分贬值，设备本身的技术特性和功能并未发生变化，故不会影响现有设备的使用。

（2）第 II 类无形磨损

由于科学技术的进步，市场上出现了结构更先进、性能更完善、生产效率更高、耗费原材料和能源更少的新型设备，使原有设备在技术上显得陈旧落后，其经济效益相对降低而发生贬值。后果不仅是使原有设备价值降低，而且会使原有设备生产精度和能耗达不到新的标准和要求，致使其局部或全部失去使用价值。

3）综合磨损

设备的综合磨损是指设备同时存在有形磨损和无形磨损的情况。对任何设备，这两种类型磨损必然同时发生和同时互相影响。某些方面的技术要求可能会加快设备有形磨损的速度。同时，某些方面的技术进步又可提供耐热、耐磨、耐腐蚀、耐振动、耐冲击的新材料，使设备的有形磨损减缓，但是其无形磨损会加快。

2. 设备磨损的补偿方式

由于设备遭受磨损的形式不同，补偿磨损的方式也存在差异。补偿分局部补偿和完全补偿。设备有形磨损的局部补偿是大修理，设备无形磨损的局部补偿是现代化改装。设备有形磨损和无形磨损的完全补偿是更新。设备磨损的补偿方式如图 4-1 所示。

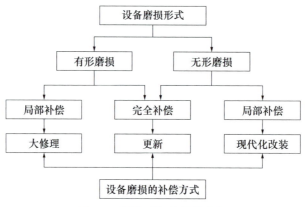

图 4-1　设备磨损的补偿方式

4.2　设备经济寿命确定

1. 设备寿命的类型

1）设备的自然寿命。自然寿命是指设备从全新状态下开始使用，直到因实体磨损严重而不能继续使用、报废为止所经历的全部时间，主要是由设备的有形磨损决定。

2）设备的技术寿命。技术寿命是指设备从投入使用到因技术落后而被淘汰所持续的时间。技术寿命主要由设备的无形磨损决定，一般比自然寿命要短，而且科学技术进步越快，技术寿命越短。

3）设备的经济寿命。经济寿命是指设备从全新状态投入使用开始，到继续使用在经济上不合理而被更新所经历的时间，即设备从投入使用开始，到年平均使用成本最低的使用年限。经济寿命是从经济角度衡量设备最合理的使用年限，由有形磨损和无形磨损共同决定。

2. 设备经济寿命的估算

设备的经济寿命就是包括实际价值（购置成本）和各年运行成本在内的设备年平均使用成本最低对应的使用年限。设备年平均使用成本由两部分组成：一是设备的平均年度资产消耗成本；二是年平均设备运行成本。确定设备经济寿命的方法根据是否考虑资金的时间价值，分为静态模式和动态模式两种。

公式法计算设备的经济寿命：$\bar{C}_N = \dfrac{P-L_N}{N} + \dfrac{1}{N}\sum_{t=1}^{N}C_t$。

4.3　设备更新方案经济分析

1. 设备更新策略

通常优先考虑更新策略的设备条件是：（1）设备损耗严重，大修后性能、精度仍不能满足规定工艺要求的；（2）设备损耗虽在允许范围之内，但技术已经陈旧落后，能耗高、对环境污染严重，技术经济效果不好的；（3）设备役龄长，大修虽然能恢复精度，但经济效果比更新方案差的。

2. 设备更新方案的比选原则

1）设备更新分析只考虑未来发生的现金流量。

2）设备更新分析应站在咨询者（第三方）的视角分析问题。

3）设备更新分析以费用年值法为主。

3. 设备更新的技术经济分析

1）原型设备更新分析

原型设备更新的时机应该选择在原设备经济寿命期结束的时间。这样，原型设备更新的决策问题就可以转化为设备经济寿命的计算问题。设备使用到经济寿命结束就应该及时进行原型设备更新。

2）新型设备更新分析

新型设备更新分析通常可采用年值法。分为无限期情况下的设备更新分析（年值法）和有限研究期的设备更新分析。

4.4　设备租赁方案经济分析

1. 设备租赁方式

（1）经营租赁。经营租赁是指在一定期限内，承租人支付租金而拥有设备使用权的行为。租赁时，出租人除向承租人提供租赁设备外，还要承担设备的维修保养，承租人不需要获得该设备的所有权，只是支付相应的租金来取得该设备的使用权。具有可撤销性、短期性、租金高等特点。

（2）融资租赁。融资租赁是指双方明确租赁的期限和付费义务，出租人按照要求提供规定的设备，然后以租金形式回收设备的全部资金，出租人对设备的维修保养等不承担责任。融资租赁是以融通资金和对设备的长期使用为前提，租赁期相当于设备的寿命期，具有不可撤销性、周期长等特点。融资租赁设备的费用由两部分组成，即初始直接费用和资产本身价值。

2. 设备租赁优缺点

（1）对于承租人，与设备购置相比，设备租赁的优越性：节省设备投资；加快设备更新速度；提高设备的利用率；设备租金可在所得税前扣除，能享受税费上的利益；可以保持资金的流动状态，不会使企业资产负债状况恶化；可避免通货膨胀和利率波动的冲击，减少投资风险。

（2）对于承租人，与设备购置相比，设备租赁的不足之处：不能随意对设备进行技术改造或处置；资金成本高；租赁合同规定严格，毁约要赔偿损失，罚款较多。

3. 影响设备租赁与购置的主要因素

（1）设备租赁或购置都需要考虑的影响因素：① 设备的寿命周期及经济寿命、技术寿命；② 企业需要占有设备的时间长短；③ 设备的技术性能和生产效率、安全性及对工程质量（产品质量）的保证程度；④ 设备的成套性、灵活性、耐用性、环保性和维修的难易程度；⑤ 设备的资金预算计划、融资方式，融资资金时借款利息或利率高低。

（2）设备租赁需考虑的影响因素：除考虑前述"（1）"中的因素外，还应考虑如下影响因素：① 租赁期长短及租赁期满后资产的处理方式；② 设备租金额及租金的支付方式；③ 企业经营费用减少与折旧费和利息减少的关系、租赁的节税优惠；④ 预付资金、租赁保证金和租赁担保费用；⑤ 维修方式；⑥ 租赁机构的信用度、经济实力，与承租人的配合情况。

（3）设备购置需考虑的影响因素：除考虑前述"（1）"中的因素外，还应考虑如下影响因素：① 设备的购置价格，设备价款的支付方式、支付币种和支付利率等；② 设备的年运转费用和维修方式、维修费用；③ 保险费。

4. 设备租赁费用

（1）租赁保证金。

（2）担保费。

（3）租金，影响租金的因素很多，如设备的价格、融资的利息及费用、各种税金、租赁保证金、运费、租赁利差、各种费用的支付时间，以及租金采用的计算公式等。租金的计算主要有附加率法和年金法。

5. 设备租赁与购置方案的比较

如果设备带来的收入相同，则只需要比较租赁费用和购置费用。当设备寿命相同时，一般可以采用净现值法；设备寿命不同时，可以采用年值法。计算设备租赁方案的现值时应扣除租金产生的免税金额。借款购置设备的成本现值应扣除折旧和利息支付产生的免税金额。

一 单项选择题

1. 设备磨损程度与使用强度和使用时间长短有关的磨损类型是（   ）。

  A. 第Ⅰ类有形磨损   B. 第Ⅰ类无形磨损

  C. 第Ⅱ类有形磨损   D. 第Ⅱ类无形磨损

2. 由于科学技术的进步，市场上出现了结构更先进、性能更完善、生产效率更高、耗费原材料和能源更少的新型设备，使原有设备在技术上显得陈旧落后，其经济效益相对降低而发生贬值，则该磨损属于（   ）。

  A. 第Ⅰ类无形磨损   B. 第Ⅱ类无形磨损

  C. 第Ⅰ类有形磨损   D. 第Ⅱ类有形磨损

3. 造成设备无形磨损的原因是（   ）。

  A. 精度降低   B. 设备闲置

  C. 自然力作用   D. 技术进步

4. 对于材料消耗高、性能差、使用操作条件不好、对环境污染严重的设备，其综合磨损后最适宜的补偿方式是（   ）。

  A. 大修理   B. 更新

  C. 局部补偿   D. 现代化改装

5. 若设备磨损太严重而无法修复，或虽然修复但其精度仍达不到要求的，则应该采取的补偿方式是（   ）。

  A. 更新   B. 局部修理

  C. 大修理   D. 现代化改装

6. 在设备补偿方式中，对设备进行现代化改装属于（　　　）。

　　A．有形磨损的局部补偿　　　　　B．无形磨损的局部补偿

　　C．有形磨损的完全补偿　　　　　D．无形磨损的完全补偿

7. 对整机性能尚可，有局部缺陷，个别技术经济指标落后的设备，适宜的补偿方式是（　　　）。

　　A．小修理　　　　　　　　　　　B．大修理

　　C．更新　　　　　　　　　　　　D．现代化改造

8. 设备的综合磨损是指同时存在有形磨损和无形磨损的损坏和（　　　）。

　　A．变形　　　　　　　　　　　　B．贬值

　　C．腐蚀酸　　　　　　　　　　　D．老化

9. 设备从全新状态下开始使用，直到因实体磨损严重而不能继续使用、报废为止所经历的全部时间为设备的（　　　）。

　　A．自然寿命　　　　　　　　　　B．技术寿命

　　C．经济寿命　　　　　　　　　　D．折旧期限

10. 关于设备技术寿命的说法，正确的是（　　　）。

　　A．是设备从投入使用到因经济上不划算所持续的时间

　　B．主要由设备的无形磨损决定

　　C．一般比自然寿命要长

　　D．科学技术进步越快，技术寿命越长

11. 由于设备使用时间越长，设备的有形磨损和无形磨损越加剧，从而导致每年运行成本递增，这种逐年递增的运行成本称为设备的（　　　）。

　　A．折旧　　　　　　　　　　　　B．损耗值

　　C．残值　　　　　　　　　　　　D．劣化值

12. 设备随着使用年限的延长，平均每年分摊的实际成本减少的效果会被运行成本的增加抵消，直至实际成本减少不足以抵消运行成本的增加，就存在（　　　）。

　　A．自然寿命　　　　　　　　　　B．技术寿命

　　C．使用寿命　　　　　　　　　　D．经济寿命

13. 某设备目前的实际价值为 80000 元，预计残值 8000 元。第一年设备运行成本 6000 元、每年设备的劣化增量是均等的，年劣化值为 3000 元，则该设备的经济寿命是（　　　）年。

　　A．5　　　　　　　　　　　　　　B．6

　　C．7　　　　　　　　　　　　　　D．8

14. 某设备原始价值是 80000 元，不论使用多久，其残值均为零，使用费第一年为 2000 元，以后每年增加 1000 元，若不考虑利息，则该设备的经济寿命为（　　　）年。

　　A．2　　　　　　　　　　　　　　B．3

　　C．4　　　　　　　　　　　　　　D．5

15. 某设备目前实际价值为 20 万元，预计残值为 2 万元，第 1 年设备运行成本为 1600 元，每年设备的劣化增量均为 400 元，则该设备的经济寿命是（　　　）年。

　　A．10　　　　　　　　　　　　　B．20

C. 30   D. 40

16. 从经济观点看，确定设备更新的最佳时刻是设备的（   ）。

A. 正常使用情况下报废时刻   B. 年度费用最低对应的时刻

C. 年运行成本最低对应的时刻   D. 资产消耗成本最低对应的时刻

17. 某企业 2018 年引入一条生产线，使用 4 年后大修一次，累计使用 6 年后出现技术更先进的生产线，但原生产线再次改造后又使用了 4 年便报废。则该生产线的自然寿命为（   ）年。

A. 4   B. 6

C. 8   D. 10

18. 关于设备更新中沉没成本的说法，正确的是（   ）。

A. 设备的原值与市场价值的差额为沉没成本

B. 是更新的旧设备任何未回收的价值，是当前决策的结果

C. 当初购买设备的决策以及折旧方法和折旧年限决策的结果

D. 是历年折旧费和当前市场价值的差额

19. 在进行设备更新方案比较时，对原设备价值的计算应该按照（   ）。

A. 设备原值   B. 资产净值

C. 市场实际价值   D. 账面价值

20. 某设备 3 年前的原始成本是 15 万元，目前的账面价值是 8 万元，现在的净残值为 2 万元，则在进行设备更新分析时，该设备的价值为（   ）万元。

A. 2   B. 7

C. 8   D. 15

21. 某企业 5 年前购买的一台设备价值 60 万元，目前账面价值为 16 万元，若现在出售价格为 10 万元，该设备还可使用 8 年，8 年末的估计价值为 1 万元，则该设备的沉没成本为（   ）万元。

A. 1   B. 6

C. 10   D. 16

22. 某设备 4 年前的原始成本是 25 万元，目前的账面价值是 11 万元，现在的市场价值为 6 万元，在进行设备更新分析时，该设备的沉没成本是（   ）万元。

A. 5   B. 6

C. 11   D. 14

23. 若旧设备继续使用 1 年的年成本低于新设备的年成本，应采取的措施是（   ）。

A. 更新或继续使用旧设备均可   B. 继续使用旧设备 1 年

C. 更新旧设备   D. 继续多年使用旧设备

24. 在比较设备更新方案时，若设备产生的收益相同，只需对其费用进行比较时通常采用的方法是（   ）。

A. 费用年值法   B. 收益现值法

C. 静态模式法   D. 动态模式法

25. 设备更新方案的经济比选本质上是互斥方案优选，对于寿命期相同的设备，优选时不宜采用的方法是（   ）。

　　A．财务净年值法　　　　　　　　B．财务净现值法

　　C．投资回收期法　　　　　　　　D．费用年值法

26．若在一定时期内没有出现更先进的设备，只是设备运行成本及修理费用不断增加，从经济上比较合算的角度，较为适宜的处理方式是（　　）。

　　A．使用原型设备替换　　　　　　B．进行日常维护

　　C．进行新型设备更新　　　　　　D．进行大修理

27．新型设备更新分析通常可采用的方法是（　　）。

　　A．投资收益率法　　　　　　　　B．投资回收期法

　　C．财务内部收益率法　　　　　　D．财务净年值法

28．下列设备类型中，适宜采用融资租赁的是（　　）。

　　A．临时使用的设备　　　　　　　B．一般的车辆

　　C．重型机械设备　　　　　　　　D．单价较低的仪器

29．下列设备类型中，适宜采用经营租赁的是（　　）。

　　A．重型机械设备　　　　　　　　B．使用时间长的设备

　　C．贵重设备　　　　　　　　　　D．临时使用的设备

30．下列经营性租赁设备方案产生的支出中，可以直接计入成本的费用是（　　）。

　　A．进项税额　　　　　　　　　　B．税金

　　C．租赁费　　　　　　　　　　　D．应纳增值税

31．在设备使用方案的选择中，对技术过时风险大、保养维护复杂、使用时间短的设备，可以考虑的方案是（　　）。

　　A．购买　　　　　　　　　　　　B．经营租赁

　　C．现代化改装　　　　　　　　　D．融资租赁

32．下列表述中，对于承租人来说，不属于设备租赁缺点的是（　　）。

　　A．对租用设备无所有权，只有使用权

　　B．无权随意对设备进行改造

　　C．使企业资产负债状况恶化

　　D．不能用于担保、抵押贷款

33．在对设备比选方案进行定性分析时，经营租赁方案考虑的因素不包括（　　）。

　　A．技术过时的风险　　　　　　　B．保养维护的复杂程度

　　C．使用时间的长短　　　　　　　D．价款的支付方式

34．设备的租赁费用通常不包括（　　）。

　　A．租赁保证金　　　　　　　　　B．租金

　　C．进项税额　　　　　　　　　　D．担保费

35．某租赁公司出租一台设备，设备价格为 68 万元，租赁保证金在租赁期届满退还，租期为 5 年，每年年末支付租金，租赁保证金为 5 万元，担保费为 4 万元，折现率为 10%，附加率为 4%，租赁保证金与担保费的资金时间价值忽略不计，每年租赁费用为（　　）万元。

　　A．23.12　　　　　　　　　　　B．23.92

　　C．24.12　　　　　　　　　　　D．24.92

36. 对设备租赁方案与购置方案进行经济比选时，若寿命期相同时，可以采用的比选指标是（   ）。

    A. 净现值指数   B. 财务内部收益率

    C. 投资回收期   D. 财务净现值

37. 某企业需要某种设备，该设备经济寿命为7年，企业与租赁公司商定的融资租赁期限为4年，在不考虑物价变动及技术进步因素时，设备租赁与购买方案可直接使用的比选指标是（   ）。

    A. 净现值   B. 内部收益率

    C. 净年值   D. 投资回收期

38. 在进行设备购买与设备租赁方案经济比较时，应将购买方案与租赁方案视为（   ）。

    A. 独立方案   B. 相关方案

    C. 互斥方案   D. 组合方案

二 多项选择题

1. 关于设备第Ⅰ类有形磨损的说法，正确的有（   ）。

    A. 因设备受到外力作用导致实体产生的磨损、变形或损坏

    B. 磨损的程度与设备使用强度和使用时间长短无关

    C. 可导致设备零部件精度降低，劳动生产率下降

    D. 可导致设备故障频发，产品废品率提高

    E. 磨损程度与设备闲置的时间长短和所处环境有关

2. 设备的第Ⅰ类有形磨损通常表现的情况有（   ）。

    A. 设备零部件的原始尺寸或形状发生变化

    B. 设备零部件的精度降低

    C. 零部件损坏

    D. 设备生产精度和能耗达不到新的标准和要求

    E. 生产同样结构的设备所需的社会必要劳动时间减少

3. 造成设备第Ⅰ类无形磨损的原因主要有（   ）。

    A. 技术进步   B. 社会劳动生产率水平提高

    C. 自然力的作用产生磨损   D. 同类设备的再生产价值降低

    E. 过度使用磨损

4. 设备第Ⅱ类无形磨损产生的后果表现为（   ）。

    A. 设备故障频发，产品废品率提高

    B. 使原有设备价值降低

    C. 使原有设备生产精度和能耗达不到新的标准和要求

    D. 使其局部或全部失去使用价值

    E. 设备零部件精度降低，劳动生产率下降

5. 若设备的磨损主要体现为无形磨损，则应采取的补偿方式是（   ）。

A. 局部修理   B. 大修理

C. 现代化改装   D. 更新

E. 经常性维护

6. 关于设备磨损补偿方式的说法，正确的有（   ）。

A. 根据设备遭受磨损的形式，补偿磨损的方式存在差异

B. 设备有形磨损和无形磨损的局部补偿分别是大修理和现代化改装

C. 设备有形磨损和无形磨损的完全补偿是更新

D. 大多数设备通过修理可延长有形磨损期和无形磨损期

E. 第二类无形磨损越大，表示社会技术进步越快

7. 关于设备自然寿命的说法，正确的有（   ）。

A. 设备的自然寿命主要由有形磨损决定

B. 通过设备维修和保养可延长设备自然寿命，但不能从根本上避免设备的有形磨损

C. 设备的自然寿命不作成为设备更新的决策依据

D. 设备的自然寿命通常长于技术寿命

E. 设备达到自然寿命时，其年度费用最低

8. 决定设备经济寿命的有（   ）。

A. 技术进步   B. 产品质量要求的提高

C. 产品精度要求的提高   D. 设备维护费用的提高

E. 设备使用价值的降低

9. 计算设备经济寿命时的设备年平均使用成本包括（   ）。

A. 设备沉没成本   B. 平均年度资产消耗成本

C. 年平均设备运行成本   D. 设备购置成本

E. 设备变现成本

10. 通常随着设备使用期限增加，若每年运行成本的增量相等，则影响经济寿命计算结果的有（   ）。

A. 设备运行成本   B. 设备预计净残值

C. 设备目前实际价值   D. 设备低劣化值

E. 设备的使用年限

11. 关于设备更新策略的说法，正确的有（   ）。

A. 可以修中有改进，可不急于更新

B. 通过改装能使设备满足生产技术要求的，可不急于更新

C. 凡修复比较合理的，应尽早更新

D. 更新个别关键零部件后性能可达到要求的，不必更换整台设备

E. 更换单机后性能能满足要求的，不必更换整条生产线

12. 优先考虑更新策略的设备应满足的条件有（   ）。

A. 设备损耗严重，大修后性能、精度仍不能满足规定工艺要求的

B. 设备耗损虽在允许范围之内，但技术已经陈旧落后，能耗高

C. 设备役龄长，大修虽然能恢复精度，但经济效果比更新方案差的

D. 设备对环境污染严重，技术经济效果很不好

E. 通过更换部分已磨损的零部件便可恢复设备的生产功能和效率

13. 关于设备更新分析立场的论述，正确的有（   ）。

A. 需要考虑过去已经发生的沉没成本的影响

B. 旧设备待更新时的市场价值是从独立第三方视角确定的公允市场价值

C. 在更新分析中关注现在和未来的现金流量

D. 不考虑升级旧设备产生的新的投资支出

E. 旧设备的总投资额以设备账面价值扣除折旧后的余额为准

14. 关于原型设备更新的说法，正确的有（   ）。

A. 适用于在使用期内技术上、功能上不过时，但运行成本及修理费用不断增加的设备

B. 适合于一定时期内没有出现更先进的设备，只是设备运行成本及修理费用不断增加的情况

C. 更新的时机应该选择在原设备技术寿命期结束的时间

D. 设备原型更新的决策问题就是设备经济寿命的计算问题

E. 设备使用到自然寿命结束就应及时进行原型设备更新

15. 关于无限期情况下设备更新分析的说法，正确的有（   ）。

A. 需要分别计算现有旧设备和新型设备的经济寿命

B. 若旧设备的年平均使用成本大于新型设备的年平均使用成本，则旧设备应该现在更换

C. 需要比较新设备和旧设备在各自经济寿命期内的年平均使用成本

D. 需要连续计算旧设备再保留使用一年的成本，并与新型设备的年平均使用成本进行比较

E. 若旧设备的年成本高于新型设备的年平均使用成本，则在下一年更新现有设备

【答案与解析】

一、单项选择题

1. A;   2. B;   3. D;   *4. B;   *5. A;   *6. B;   7. D;   8. B;
9. A;   *10. B;   *11. D;   12. D;   *13. C;   *14. C;   *15. C;   16. B;
17. D;   *18. C;   19. C;   *20. A;   *21. B;   *22. A;   *23. B;   24. A;
25. C;   26. A;   27. D;   28. C;   29. D;   30. C;   31. B;   *32. C;
33. D;   34. C;   *35. B;   *36. D;   *37. C;   *38. C

【解析】

4.【答案】B

对于材料和能耗等消耗高、性能差、使用操作条件不好、对环境污染严重的设备，应当用较先进的设备更新。故选项 B 正确。

5.【答案】A

若设备磨损太严重而无法修复，或虽然修复但其精度仍达不到要求的，则应该采

取更新补偿方式。故选项 A 正确。

6.【答案】B

设备发生磨损后，需要进行补偿，以恢复设备的生产能力。由于设备遭受磨损的形式不同，补偿磨损的方式也不一样。补偿分局部补偿和完全补偿。设备有形磨损的局部补偿是修理，设备无形磨损的局部补偿是现代化改装。设备有形磨损和无形磨损的完全补偿是更新。故选项 B 正确。

10.【答案】B

设备的技术寿命就是指设备从投入使用到因技术落后而被淘汰所持续的时间。技术寿命主要由设备的无形磨损决定，一般比自然寿命要短，而且科学技术进步越快，技术寿命越短。故选项 B 正确。

11.【答案】D

由于设备使用时间越长，设备的有形磨损和无形磨损越加剧，从而导致设备的维护修理费用增加越多，这种逐年递增的费用称为设备的低劣化。用低劣化数值表示设备损耗的方法称为低劣化数值法，简称"劣化值"。故选项 D 正确。

13.【答案】C

设备的经济寿命 $N_0 = \sqrt{\dfrac{2 \times (80000 - 8000)}{3000}} = 7$ 年，故选项 C 正确。

14.【答案】C

设备的经济寿命 $N_0 = \sqrt{\dfrac{2 \times (8000 - 0)}{1000}} = 4$ 年，故选项 C 正确。

15.【答案】C

设备的经济寿命 $N_0 = \sqrt{\dfrac{2 \times (20 - 2)}{0.04}} = 30$ 年，故选项 C 正确。

18.【答案】C

需要更新的旧设备任何未回收的价值严格讲都是过去决策的结果，即当初购买设备的决策以及折旧方法和折旧年限决策的结果。因此，可以用沉没成本来区分设备的账面价值和市场价值。沉没成本＝旧设备账面价值－当前市场价值或沉没成本＝（旧设备原值－历年折旧费）－当前市场价值。故选项 C 正确。

20.【答案】A

3 年前的原始成本为 15 万元是过去发生的，与现在决策无关，是沉没成本，目前该设备的价值等于净残值 2 万元。故选项 A 正确。

21.【答案】B

该设备的沉没成本＝设备账面价值－当前市场价值＝16－10＝6 万元，故选项 B 正确。

22.【答案】A

该设备的沉没成本＝设备账面价值－当前市场价值＝11－6＝5 万元，故选项 A 正确。

23.【答案】B

设备更新即便在经济上是有利的，却也未必应该立即更新。如果旧设备继续使用 1 年的年成本低于新设备的年成本，即 C（旧）<C（新）时，不更新旧设备，继续使

用旧设备1年。故选项B正确。

32.【答案】C

设备租赁的不足之处在于：① 在租赁期间承租人对租用设备无所有权，只有使用权，故承租人无权随意对设备进行改造，不能处置设备，也不能用于担保、抵押贷款；② 承租人在租赁期间所交的租金总额一般比直接购置设备的费用要高；③ 长期支付租金，形成长期负值；④ 融资租赁合同规定严格，毁约要赔偿损失，罚款较多等。故选项C正确。

35.【答案】B

由于不考虑租赁保证金和担保费的资金时间价值，且租赁保证金在租赁期届满时退还，所以年租赁费用由年租金和平均担保费构成。年租赁费＝年租金＋年平均担保费＝68×（1＋5×10%）÷5＋68×4%＋4÷5＝23.12＋0.8＝23.92万元。故选项B正确。

36.【答案】D

如果设备带来的收入相同，则只需要比较租赁费用和购置费用。当设备寿命相同时，一般可以采用比较财务净现值。故选项D正确。

37.【答案】C

当设备寿命不同时，可以采用年值法。购买新设备经济寿命期为7年，租赁设备的租赁期为4年，两方案的寿命期不同。所以用净年值作评价尺度。故选项C正确。

38.【答案】C

设备租赁的经济分析是对设备租赁方案和设备购置方案进行经济比较与选择，也是从第三方视角进行的互斥方案比较优选。故选项C正确。

二、多项选择题

*1. A、C、D；　　　*2. A、B、C；　　　*3. A、B、D；　　　4. B、C、D；
5. C、D；　　　　6. A、B、C、E；　　*7. A、B、C、D；　　8. D、E；
*9. B、C；　　　　10. B、C、D；　　　*11. A、B、D、E；　　*12. A、B、C、D；
*13. B、C；　　　*14. A、B、D；　　　 15. A、B、C、D

【解析】

1.【答案】A、C、D

设备在使用过程中，因受到外力作用导致实体产生的磨损、变形或损坏，称为第Ⅰ类有形磨损。这类磨损的程度与设备使用强度和使用时间长短有关，也是引起设备有形磨损的主要原因。第Ⅰ类有形磨损可以使设备零部件精度降低，劳动生产率下降。当此类磨损达到一定程度时，导致设备故障频发，产品废品率提高，设备运行费增加，甚至难以持续正常工作，失去使用价值。故选项A、C、D正确。

2.【答案】A、B、C

设备在使用过程中，因受到外力作用导致实体产生的磨损、变形或损坏，称为第Ⅰ类有形磨损。通常表现为以下情况：① 设备零部件的原始尺寸或形状发生变化；② 设备零部件的精度降低；③ 零部件损坏。故选项A、B、C正确。

3.【答案】A、B、D

设备的无形磨损是技术进步的结果。无形磨损又有两种形式，其中一种是设备的技术结构和性能并没有变化，但由于技术进步，设备制造工艺不断改进，社会劳动生产率水平的提高，同类设备的再生产价值降低，致使原设备相对贬值。故选项 A、B、D 正确。

7.【答案】A、B、C、D

设备的自然寿命主要是由设备的有形磨损决定。做好设备维修和保养可延长设备的自然寿命，但不能从根本上避免设备的有形磨损，任何设备磨损到一定程度时，都必须进行更新。因为随着设备使用时间的延长，设备不断老化，维修所支出的费用也逐渐增加，从而出现经济上不合理的使用阶段，因此，设备的自然寿命不能成为设备更新的决策依据。故选项 A、B、C、D 正确。

9.【答案】B、C

设备年平均使用成本由两部分组成：一是设备的平均年度资产消耗成本，指将设备的实际价值扣除设备不用时预计净残值之后平均分摊到使用各年，它随着设备使用年限的延长而逐渐减少；二是年平均设备运行成本，是将设备各年运行成本总和再平均，它随着设备使用年限的延长而逐渐增加。故选项 B、C 正确。

11.【答案】A、B、D、E

凡修复比较合理的，不要过早更新；可以修中有改进，通过改装能使设备满足生产技术要求的，可不急于更新；更新个别关键零部件后性能可达到要求的，不必更换整台设备；更换单机后性能能满足要求的，不必更换整条生产线。故选项 A、B、D、E 正确。

12.【答案】A、B、C、D

通常优先考虑更新策略的设备条件是：① 设备损耗严重，大修后性能、精度仍不能满足规定工艺要求的；② 设备损耗虽在允许范围之内，但技术已经陈旧落后，能耗高、对环境污染严重，技术经济效果不好的；③ 设备役龄长，大修虽然能恢复精度，但经济效果比更新方案差的。故选项 A、B、C、D 正确。

13.【答案】B、C

设备更新分析首先要确定设备的价值。与旧设备相关的价值概念有三个：旧设备购置价值、旧设备待更新时的账面价值和市场价值。旧设备购置价值和旧设备待更新时的账面价值是过去决策所决定；旧设备待更新时的市场价值是从独立第三方视角确定的公允市场价值，该视角使分析者在更新分析中关注现在和未来的现金流量，而不受过去已经发生的沉没成本的影响。需要说明的是，为使旧设备功能相对于新设备具有竞争力，需要产生一笔新的投资支出（如修理费用）来升级旧设备，必须将这笔额外费用和现在的实际市场价值相加，以计算旧设备的总投资额，从而应用于设备更新分析和决策。故选项 B、C 正确。

14.【答案】A、B、D

如果设备在整个使用期内技术上、功能上并不过时，即在一定时期内没有出现更先进的设备，只是设备运行成本及修理费用不断增加，在适当的时候使用原型设备替换，在经济上比较合算，这就是原型设备更新问题。设备原型更新的时机应该选择在原设备经济寿命期结束的时间。这样，设备原型更新的决策问题就可以转化为设备经济寿命的计算问题。设备使用到经济寿命结束就应该及时进行原型设备更新。故选项 A、B、D 正确。

第5章 价值工程

复习要点

微信扫一扫
在线做题+答疑

5.1 价值工程原理

1. 价值工程的含义

价值工程是通过各相关领域的协作，对研究对象的功能和费用进行系统分析，持续创新，旨在提高研究对象价值的一种管理思想和管理技术。

（1）价值工程对象是指为获取功能而发生费用的事物，可以是产品、过程、服务等或它们的组成部分。

（2）提高价值的途径。① 双向型——功能提高，费用降低；② 改进型——功能提高，费用不变；③ 节约型——功能不变，费用降低；④ 投资型——功能较大提高，费用较少提高；⑤ 牺牲型——功能略有下降，费用大幅度降低。

2. 价值工程的特点

（1）价值工程能有效实现对象技术和经济的结合。

（2）价值工程基于用户/顾客（消费者）视角解决问题。

（3）价值工程的目标是提高对象的价值。

（4）价值工程活动的核心是功能分析。

（5）价值工程强调技术方案创新。

（6）价值工程需要进行量化分析。

（7）价值工程是一种有组织的管理活动。

5.2 价值工程实施步骤

1. 价值工程的一般工作程序

准备阶段：（1）对象选择；（2）组成价值工程工作组；（3）制订工作计划。分析阶段：（1）收集整理信息资料；（2）功能分析；（3）功能评价。创新阶段：（1）方案创新；（2）方案评价；（3）提案编写。实施阶段：（1）审批；（2）实施与检查；（3）成果鉴定。

2. 价值工程准备阶段

1）对象选择

（1）选择原则。对于企业生产由多种产品组成或一种产品由多个零部件组成的情形，企业应优先选择为价值工程对象的有：造价高的组成部分、成本/费用占比大的组成部分、数量多的组成部分、体积或重量大的组成部分、加工工序多或复杂的组成部分、废品率高和关键性的组成部分。

（2）选择方法：① 因素分析法。② ABC 分析法。③ 强制确定法。④ 百分比分析法。⑤ 价值指数法。

2）组成价值工程工作组.

价值工程工作组成员的要求有：（1）工作组的负责人应由能对项目负责的人员担任；（2）工作组的成员应当是各有关方面熟悉所研究对象的专业人员；（3）工作组的成员应该思想活跃，具有创新精神；（4）工作组的成员应该熟悉价值工程。

3）制订工作计划

价值工程工作组应制订具体的工作计划，包括具体执行人、执行日期、工作目标等。

3. 价值工程分析阶段

1）收集整理信息资料

2）功能分析

功能分析是价值工程活动的核心，是为完整描述各功能及其相互关系而对各功能进行定性和定量的系统分析过程。（1）功能分类：① 基本功能和辅助功能；② 使用功能和品位功能；③ 必要功能和不必要功能；④ 不足功能和过剩功能。（2）功能分析基本过程：功能分析包括功能的定义、整理和计量。

3）功能评价

确定改进功能区域：功能的价值系数 $V=1$，一般无须改进；价值系数 $V<1$，企业应作为重点改进的区域，越低的越应优先改进；价值系数 $V>1$，表明功能目前投入低于实现该功能合理的、理想的投入。

4. 价值工程创新阶段

（1）方案创新。

（2）方案评价。方案评价分为概略评价和详细评价两阶段进行。

（3）提案编写。

5. 价值工程实施阶段

（1）审批。

（2）实施与检查。对于审批决定实施的方案，应做到四个落实：① 组织落实；② 经费落实；③ 物质落实；④ 时间落实。在方案实施过程中，应对该方案的实施情况进行检查，发现问题及时解决。必要时，可再次召集价值工程工作组提出新的方案。

（3）成果鉴定。

一　单项选择题

1. 价值工程中的寿命周期成本是指（　　　）。
   A. 生产及销售成本＋使用及维修成本
   B. 试验、试制成本＋生产及销售成本＋使用及维修成本
   C. 科研、设计成本＋生产及销售成本＋使用及维修成本
   D. 科研、设计成本＋试验、试制成本＋生产及销售成本＋使用及维修成本

2. 价值工程是就某个具体对象开展的有针对性的分析评价和改进，下列项目中，可作为价值工程对象的是（　　　）。

A．为获取销售利润而增加成本的项目

B．为改善性能而进行技术改造的项目

C．为获得功能而发生各种费用的项目

D．为扩大销售份额的各种投入项目

3．与一般投资理论不同，价值功能强调的是（   ）。

A．产品的功能分析和功能改进

B．项目的可行性分析

C．保证成本的正确可靠性

D．降低产品的生产成本与使用维护成本

4．价值工程中关于功能和成本之间关系的说法，错误的是（   ）。

A．处理好功能与成本的对立统一关系

B．主要追求高功能、多功能水平

C．提高功能与成本之间的比值水平

D．研究产品功能和成本的最佳配置

5．在对象费用不变的条件下，通过提高对象资源利用的成果或效用达到提高对象功能和价值目的的途径是（   ）。

A．改进型　　　　　　　　　　B．投资型

C．节约型　　　　　　　　　　D．双向型

6．通过适当增加投入，较大幅度提高对象的整体功能，从而提高对象的价值途径是（   ）。

A．改进型　　　　　　　　　　B．投资型

C．节约型　　　　　　　　　　D．双向型

7．人防工程设计时，在考虑战时能发挥其隐蔽功能的基础上平时利用为地下停车场。这种提高产品价值的途径是（   ）。

A．改进型　　　　　　　　　　B．双向型

C．节约型　　　　　　　　　　D．牺牲型

8．原计划用煤渣打一地坪，造价 50 万元以上，后经分析用工程废料代替煤渣，既保持了原有的坚实功能，又能节省投资 20 万元，根据价值工程原理提高价值的途径是（   ）。

A．投资型　　　　　　　　　　B．节约型

C．双向型　　　　　　　　　　D．牺牲型

9．作为价值提升的途径，若产品的功能有较大幅度提高，产品成本有较小提高，该途径为（   ）。

A．投资型　　　　　　　　　　B．改进型

C．节约型　　　　　　　　　　D．牺牲型

10．某地面工程经分析更换地面材料，既保持了原有的坚实的功能，又省投资。根据价值工程原理，该方案提高价值的途径是（   ）。

A．功能提高，成本不变　　　　B．功能不变，成本降低

C．功能和成本都提高　　　　　D．功能提高，成本降低

11. 价值工程的核心是（　　　）。

　　A．功能定义　　　　　　　　B．功能整理

　　C．功能分析　　　　　　　　D．功能分类

12. 建设工程项目应用价值工程的重点阶段是（　　　）。

　　A．决策和规划　　　　　　　B．设计和施工

　　C．研发与设计　　　　　　　D．决策与施工

13. 下列对产品开展的价值工程活动中，属于准备阶段的是（　　　）。

　　A．对象选择　　　　　　　　B．收集整理资料

　　C．功能分析　　　　　　　　D．方案审批

14. 由工作组负责收集整理与对象有关的信息资料属于价值工程（　　　）阶段的工作内容。

　　A．准备　　　　　　　　　　B．分析

　　C．创新　　　　　　　　　　D．实施

15. 制订实施计划，组织实施，记录实施过程的有关数据资料是属于价值工程中的（　　　）阶段。

　　A．准备　　　　　　　　　　B．分析

　　C．创新　　　　　　　　　　D．实施

16. 对于价值工程对象的选择，从施工生产方面看，应该选择的工程产品是（　　　）。

　　A．结构简单、性能和技术指标好　B．体积和重量大

　　C．工序繁杂、工艺复杂　　　D．竞争力差或成本占比小

17. 根据对象在技术、经济方面的主要特征，进行分类排列，从而实现区别对待的一种价值工程对象选择方法是（　　　）。

　　A．因素分析法　　　　　　　B．A、B、C 分析法

　　C．百分比分析法　　　　　　D．强制确定法

18. 适用于从产品或其组成部分的性能、效用维度选择价值工程对象的方法是（　　　）。

　　A．因素分析法　　　　　　　B．强制确定法

　　C．百分比法　　　　　　　　D．价值指数法

19. 住宅具有的遮风、避雨、保温、隔热、采光、通风、隔声、防潮、防火、防震等功能属于（　　　）。

　　A．总体功能　　　　　　　　B．并列功能

　　C．局部功能　　　　　　　　D．上下位功能

20. 准确而简洁的表述对象功能的内容和本质属性是（　　　）。

　　A．功能整理　　　　　　　　B．功能计量

　　C．功能分类　　　　　　　　D．功能定义

21. 对于产品而言，进行功能定义的工作内容有：① 逐级对产品的各构成要素进行功能定义；② 弄清产品目的；③ 找出由使用条件、使用时间、使用环境所规定的功能；④ 明确对象或产品的整体功能。其正确的步骤是（　　　）。

A. ①②③④ B. ②④①③

C. ②①③④ D. ④①②③

22. 从功能系统的角度，将对象含有的各项功能按照特定的逻辑关系进行整理和排列，直观地描述对象功能得以实现的各项细分功能的逻辑关系的是（　　）。

A. 功能系统图 B. 功能评价图

C. 成本构成图 D. 功能定义图

23. 当构配件只具有一个功能时，该构配件的功能现实成本就是它本身的（　　）。

A. 功能成本 B. 目标成本

C. 现实成本 D. 生产成本

24. 应用功能成本法计算功能价值 V，测定实现应有功能所耗费的现实成本，若 $V_i < 1$，表明评价对象有可能（　　）。

A. 功能不足 B. 现实成本偏低

C. 成本支出与功能相当 D. 现实成本偏高

25. 某公司为了站稳市场，对占市场份额较大的四种产品进行功能价值分析，得到相应的价值系数分别是：$V_甲 = 0.5$，$V_乙 = 0.8$，$V_丙 = 1.1$，$V_丁 = 1.5$，该公司应重点研究改进的产品是（　　）。

A. 产品甲 B. 产品乙

C. 产品丙 D. 产品丁

26. 通过求得对象的价值系数和成本降低期望值，确定价值工程的改进对象。如果评价对象的价值为最佳，一般无须改进，其价值系数应为（　　）。

A. $V = 1$ B. $V < 1$

C. $V > 1$ D. $V = 0$

27. 运用价值工程优选四个设计方案，分析计算结果为：方案一的单方造价为1500元，价值系数为1.13；方案二的单方造价为1550元，价值系数为1.25；方案三的单方造价为1300元，价值系数为0.89；方案四的单方造价为1320元，价值系数为1。则功能与造价最匹配的设计方案是（　　）。

A. 方案一 B. 方案二

C. 方案三 D. 方案四

28. 价值工程中方案创新的目的是（　　）。

A. 确定可以改进的对象 B. 形成完善的功能系统图

C. 对功能进行合理的分类 D. 发现对象现有方案的替代方案

二　多项选择题

1. 关于"价值工程"中"价值"的说法，正确的有（　　）。

A. 对象的经济价值

B. 对象的使用价值

C. 功能与费用（成本）的比较价值

D. 体现功能与成本之间的协调关系

E. 对象的时间价值

2. 价值工程涉及的基本要素有（   ）。

A. 价值
B. 安全生产

C. 功能
D. 环境保护

E. 寿命周期成本

3. 根据价值工程原理，采取任何途径提高对象价值应遵循的原则有（   ）。

A. 功能调整应以顾客／用户对功能的需求为依据

B. 提高对象价值应着眼于提升用户体验背后的商业价值

C. 应从方案创新、替代方案选择和管理控制三方面寻求具体解决办法

D. 优先考虑对象的商业经济价值和使用价值

E. 需要重点考虑对象在建设阶段的成本费用

4. 在价值工程中，提高产品价值的途径有（   ）。

A. 产品成本不变，提高功能水平
B. 产品功能不变，降低成本

C. 降低产品成本，提高功能水平
D. 产品功能下降，成本提高

E. 功能小提高，成本大提高

5. 关于价值工程特点的说法，正确的有（   ）。

A. 目标是提高对象的价值
B. 能有效实现对象技术和经济的结合

C. 基于投资者视角解决问题
D. 强调技术方案创新

E. 是一种有组织的管理活动

6. 企业开展价值工程活动必须基于消费者视角，需要解决的问题有（   ）。

A. 功能必须是消费者需要的功能，其功能必须在合理的使用期限内得到保证
和满足

B. 处理好消费者获得功能所有权／使用权的费用（成本）和保证功能发挥作
用的费用（成本）之间的辩证关系

C. 费用（成本）控制效果必须被消费者所感受

D. 保证功能所发生的费用及消费者需要付出的代价应在消费者所能够并愿意
支付的范围内

E. 保证产品的功能超过消费者的预期并且消费者付出代价最小

7. 价值工程中的功能量化分析在（   ）环节均可能需要进行。

A. 对象选择
B. 功能定义

C. 功能分析
D. 功能评价

E. 实施效果评价

8. 下列工作内容中，属于价值工程中分析阶段的有（   ）。

A. 制订工作计划
B. 功能分析

C. 功能评价
D. 方案创新

E. 提案编写

9. 若企业生产一种产品由多个零部件组成，则应优先选择为价值工程对象的有
（   ）。

A. 造价低的组成部分
B. 成本／费用占比大的组成部分

C．数量多的组成部分　　　　　　D．体积或重量大的组成部分

E．加工工序多或复杂的组成部分

10．因工程项目采用定制化单件生产方式，建设单位对价值工程对象选择的维度有（　　　）。

A．设计维度　　　　　　　　　　B．管理维度

C．施工维度　　　　　　　　　　D．市场维度

E．成本／费用维度

11．从施工生产方面看，选择价值工程的对象应该是（　　　）。

A．量大面广、工序繁琐　　　　　B．工艺复杂

C．原材料和能源消耗高　　　　　D．质量难以保证

E．用户反馈意见少

12．下列价值工程对象选择方法中，属于强制确定法的有（　　　）。

A．0-1评分法　　　　　　　　　B．0-4评分法

C．百分比法　　　　　　　　　　D．价值指数法

E．因素分析法

13．下列方法中，可以用于价值工程对象选择的方法有（　　　）。

A．因素分析法　　　　　　　　　B．ABC分析法

C．强制确定法　　　　　　　　　D．百分比分析法

E．问卷调查法

14．关于价值工程工作组成员要求的说法，正确的有（　　　）。

A．工作组的负责人应由能对项目负责的人员担任

B．工作组的成员应当是各有关方面熟悉所研究对象的专业人员

C．工作组的成员应该思想活跃，具有创新精神

D．工作组的成员应该熟悉价值工程

E．工作组的成员应具备高级以上职称

15．以产品及其作业为对象的价值工程活动所需相关信息包括（　　　）。

A．工作组成员信息　　　　　　　B．市场信息

C．技术信息　　　　　　　　　　D．产业发展导向等信息

E．企业自身基本情况

16．价值工程活动中，功能分析时，若对功能的水平和产品的性能加以量化，其基本的表达方式可以为（　　　）。

A．空间表示　　　　　　　　　　B．具体的数量指标表示

C．等级表示　　　　　　　　　　D．系数表示

E．强制确定的量化方式表示

17．计算功能价值，对成本功能的合理匹配程度进行分析，若零部件的价值系数小于1，表明该零部件有可能（　　　）。

A．成本支出偏高　　　　　　　　B．成本支出偏低

C．功能过剩　　　　　　　　　　D．功能不足

E．成本支出与功能相当

18. 针对需要改进的原有对象，功能评价需要完成的工作有（　　　）。

　　A. 确定工作小组成员及职责

　　B. 用某种数量形式表述原有对象各功能的大小

　　C. 求出原有对象的各功能目前成本

　　D. 确定应当在哪些功能区域改进原有对象

　　E. 确定功能目标成本

19. 在价值工程实施的创新阶段，方案创造的定性方法主要包括（　　　）。

　　A. 头脑风暴法　　　　　　　　B. 模糊目标法

　　C. 对比分析法　　　　　　　　D. 德尔菲法

　　E. 专家检查法

20. 价值工程中对创新方案评价的概略评价和详细评价的内容包括（　　　）。

　　A. 技术评价　　　　　　　　　B. 经济评价

　　C. 社会评价　　　　　　　　　D. 环境评价

　　E. 管理评价

21. 价值工程活动中，通过综合评价选出的方案，报送决策部门审批后便可实施。为了保证方案顺利实施，应达到的要求有（　　　）。

　　A. 经费落实　　　　　　　　　B. 物质落实

　　C. 制度落实　　　　　　　　　D. 时间落实

　　E. 组织落实

【答案与解析】

一、单项选择题

1. D; 　2. C; 　3. A; 　*4. B; 　*5. A; 　*6. B; 　*7. A; 　*8. B;

9. A; 　*10. B; 　11. C; 　*12. C; 　13. A; 　14. B; 　15. D; 　*16. C;

*17. B; 　*18. B; 　19. B; 　20. D; 　*21. B; 　22. A; 　23. A; 　*24. D;

*25. A; 　26. A; 　*27. D; 　28. D

【解析】

4.【答案】B

价值工程的特点强调，价值工程将产品价值、功能和成本作为一个整体同时来考虑。不是单纯追求低成本水平，也不片面追求高功能、多功能水平，而是力求正确处理好功能与成本的对立统一关系，提高它们之间的比值水平，研究产品功能和成本的最佳配置。故选项 B 正确。

5.【答案】A

改进型——功能提高，费用不变。即在对象费用不变的条件下，通过提高对象资源利用的成果或效用达到提高对象功能和价值的目的。故选项 A 正确。

6.【答案】B

投资型——功能较大提高，费用较少提高。即通过适当增加投入，较大幅度提高对象的整体功能，从而提高对象的价值。故选项 B 正确。

7.【答案】A

改进型——功能提高，费用不变。即在对象费用不变的条件下，通过提高对象资源利用的成果或效用达到提高对象功能和价值的目的。故选项 A 正确。

8.【答案】B

节约型——功能不变，费用降低。即在保持对象功能不变的前提下，通过降低费用达到提高价值的目的。故选项 B 正确。

10.【答案】B

根据题意，工程更换材料保持了原有的坚实的功能，即功能没有变化；而投资减少，即成本降低了。故选项 B 正确。

12.【答案】C

在建设工程的各个阶段都可以应用价值工程提高产品的价值。对于建设工程，应用价值工程的重点是在研发和设计阶段，因为这两个阶段是提高技术方案经济效果的关键环节。故选项 C 正确。

16.【答案】C

对于价值工程对象的选择，从施工生产方面看，对量大面广、工序繁杂、工艺复杂、原材料和能源消耗高、质量难于保证的工程产品，进行价值工程活动可以最低的寿命周期成本可靠地实现必要功能。故选项 C 正确。

17.【答案】B

根据对象在技术、经济方面的主要特征，进行分类排列，从而实现区别对待的一种方法。其原理最先来自于库存分类管理，将备选对象分为 A、B、C 三类，A 类产品或商品种类少但销售额或成本占比高，应重点管理，C 类产品或商品种类多但销售额或成本占比低，实行一般管理，B 类位居两者之间。对工程项目而言，可以按照工程项目类型或者一个项目中的组成部分及相应的造价或成本划分 A、B、C 类，应优先选择 A 类为价值工程对象。故选项 B 正确。

18.【答案】B

以功能重要程度作为选择价值工程对象依据的一种分析方法。例如在工程项目中，组成该工程项目的基础、主体结构、围护结构等分部分项工程对项目安全可靠性（功能）都具有作用，但重要程度不同，可根据各分部分项工程在满足整体功能中的重要性确定价值工程对象，强制确定重要性的常用方法如 0-1 评分法、0-4 评分法等。该方法适用于从产品或其组成部分的性能、效用维度选择价值工程对象。故选项 B 正确。

21.【答案】B

应该从主要向次要，从大到小的步骤依次进行。对于产品而言，功能定义基本过程是：① 弄清产品目的，这是功能定义的前提；② 明确对象或产品的整体功能；③ 在功能总体定义的基础上，自上而下逐级对产品的各构成要素进行功能定义；④ 找出既不属于产品整体功能又不属于零部件功能，而是由使用条件、使用时间、使用环境（使用限制条件）所规定的功能，例如不同时段对噪声排放的限制。故选项 B 正确。

24.【答案】D

在利用价值工程的功能成本法 $V_i = F_i / C_i$ 进行方案分析时，$V_i = 1$ 表示功能评价值等于功能现实成本，说明评价对象的价值为最佳，一般无须改进；$V_i < 1$，此时功能现实成本大于功能评价值，表明评价对象的现实成本偏高，而功能要求不高，存在着过剩的功能；$V_i > 1$，说明该部件功能比较重要，但分配的成本较少，即功能现实成本低于功能评价值。可能功能与成本分配已较理想，或者有不必要的功能，或者应该提高成本。故选项 D 正确。

25.【答案】A

对于价值系数 $V < 1$ 的情形，企业应作为重点改进的区域，越低的越应优先改进，通过方案创新，寻找可能的替代方案，加以改进。同样，也可以根据成本改进期望值确定改进的功能区域，改进期望值越大的越应优先改进。故选项 A 正确。

27.【答案】D

根据价值工程原理，功能的价值系数 $V = 1$ 为理想的情况，表明为保证功能及功能水平值得的投入（评价值，初始目标成本）是与功能目前成本投入一致。这种情形一般无须改进。故选项 D 正确。

二、多项选择题

1. C、D；　*2. A、C、E；　3. A、B、C；　*4. A、B、C；
*5. A、B、D、E；　*6. A、B、C、D；　*7. A、C、D、E；　8. B、C；
*9. B、C、D、E；　10. A、C、D、E；　*11. A、B、C、D；　12. A、B；
13. A、B、C、D；　*14. A、B、C、D；　15. B、C、D、E；　*16. B、C、D、E；
17. A、C；　*18. B、C、D、E；　*19. A、B、D、E；　20. A、B、C、D；
21. A、B、D、E

【解析】

2.【答案】A、C、E

由价值工程的概念可知，价值工程涉及价值、功能和寿命周期成本等三个基本要素。故选项 A、C、E 正确。

4.【答案】A、B、C

提高价值的途径有五种：一是双向型，即在提高产品功能的同时，又降低产品成本；二是改进型，即在产品成本不变的条件下，通过提高产品的功能，提高利用资源的成果或效用，达到提高产品价值的目的；三是节约型，即在保持产品功能不变的前提下，通过降低成本达到提高价值的目的；四是投资型，即产品功能有较大幅度提高，产品成本有较少提高；五是牺牲型，即在产品功能略有下降、产品成本大幅度降低的情况下，也可达到提高产品价值的目的。故选项 A、B、C 正确。

5.【答案】A、B、D、E

价值工程的特点有：价值工程能有效实现对象技术和经济的结合；价值工程基于用户/顾客（消费者）视角解决问题；价值工程的目标是提高对象的价值；价值工程活动的核心是功能分析；价值工程强调技术方案创新；价值工程需要进行量化分析；价值工程是一种有组织的管理活动。故选项 A、B、D、E 正确。

6.【答案】A、B、C、D

企业开展价值工程活动必须基于消费者视角，解决好以下四个问题：① 功能必须是消费者需要的功能，对产品而言，其功能必须在合理的使用期限内得到保证和满足。

② 处理好消费者获得功能所有权／使用权的费用（成本）和保证功能发挥作用的费用（成本）之间的辩证关系。③ 费用（成本）控制效果必须被消费者所感受，包括直接体现的价格优惠，或者适当提升价格带来的商品或服务效用提高。④ 保证功能所发生的费用及消费者需要付出的代价应在消费者所能够并愿意支付的范围内。故选项 A、B、C、D 正确。

7.【答案】A、C、D、E

价值工程要求将功能定量化，即将功能转化为能够与获得该功能的费用（成本）直接相比的量化值。 功能量化分析在价值工程对象选择、功能分析、功能评价、实施效果评价等环节均可能需要进行。故选项 A、C、D、E 正确。

9.【答案】B、C、D、E

对于企业生产由多种产品组成或一种产品由多个零部件组成的情形，企业应优先选择为价值工程对象的有：造价高的组成部分、成本／费用占比大的组成部分、数量多的组成部分、体积或重量大的组成部分、加工工序多或复杂的组成部分、废品率高和关键性的组成部分。故选项 B、C、D、E 正确。

11.【答案】A、B、C、D

由于工程项目采用定制化单件生产方式，工程建设企业应根据其工作范围和立场，确定其价值工程对象选择的维度和原则。对于施工维度，选择工程量大、工序繁琐、工艺复杂、原材料和能源消耗高、质量难于保证的工程项目或其分部分项工程。故选项 A、B、C、D 正确。

14.【答案】A、B、C、D

价值工程工作组成员的要求有：① 工作组的负责人应由能对项目负责的人员担任；② 工作组的成员应当是各有关方面熟悉所研究对象的专业人员；③ 工作组的成员应该思想活跃，具有创新精神；④ 工作组的成员应该熟悉价值工程。故选项 A、B、C、D 正确。

16.【答案】B、C、D、E

价值工程活动中，功能分析时，可以把许多技术标准作为功能的水平和产品的性能加以量化。基本表达方式有：以具体的数量指标表示，如设计行车速度；以等级表示，如建筑耐火等级一级；以系数表示，如围护结构传热系数；以强制确定的量化方式表示，如强制打分确定的分值。故选项 B、C、D、E 正确。

18.【答案】B、C、D、E

针对需要改进的原有对象，功能评价需要完成的工作有：① 用某种数量形式表述原有对象各功能的大小；② 求出原有对象的各功能目前成本；③ 依据对功能大小与功能目前成本之间关系的研究，确定应当在哪些功能区域改进原有对象，并确定功能目标成本。故选项 B、C、D、E 正确。

19.【答案】A、B、D、E

方案创造是从提高对象的功能价值出发，在正确的功能分析和评价的基础上，针对应改进的具体目标，通过创造性的思维活动，提出能够可靠地实现必要功能的新方案。方案创造的方法很多，如头脑风暴法、歌顿法（模糊目标法）、专家意见法（德尔菲法）、专家检查法等。故选项 A、B、D、E 正确。

第2篇　工程财务

第6章　财务会计基础

复习要点

微信扫一扫
在线做题+答疑

6.1　会计要素组成及计量

1. 会计要素的组成

企业财务会计首先应确定一项交易或事项涉及的会计要素。《企业会计准则》规定，企业应当按照交易或者事项的经济特征确定会计要素，会计要素包括资产、负债、所有者权益、收入、费用和利润。

每一会计要素下可划分子类别，并通过会计科目呈现。会计要素的划分和再划分是设置会计科目和账户的依据，是会计核算、编制财务会计报告等会计工作的基础。

企业经济活动中的交易或者事项应符合会计要素的定义并满足一定的条件才能确认为会计要素，并进行相应的会计核算。

2. 会计要素计量属性

能够可靠地计量是会计要素确认的必要条件，而按照何种属性计量则决定其具体金额。会计计量属性主要包括：历史成本、重置成本、可变现净值、现值、公允价值。

企业在对会计要素进行计量时，一般应当采用历史成本。采用重置成本、可变现净值、现值、公允价值计量的，应当保证所确定的会计要素金额能够取得并可靠计量。

6.2　财务会计工作基本内容

1. 财务会计内涵

企业财务会计以货币计量为基本形式，通过会计确认、计量、记录和报告，对企业经济活动中的交易或事项进行综合、连续、系统的会计核算和监督，为企业外部利害关系人和企业管理提供信息。其内涵包括：

（1）会计核算和监督是会计的基本职能；

（2）会计关键环节包括确认、计量、记录和报告；

（3）会计信息具有综合性、连续性和系统性；

（4）财务会计报告主要向外部利害关系人提供信息。

2. 财务会计工作内容

（1）会计核算工作。财务会计核算工作的主要作用是客观反映经济活动，财务会计通过确认、计量、记录和报告，把已经发生或已经完成的经济活动以价值形态记录下来，并经过必要的计算、分析、综合，形成系统的会计信息，反映企业已经形成的财务状况、经营成果和财务状况的变化。

（2）会计监督工作。会计监督的主要作用是控制经济活动，引导经济活动按照预定的计划和要求进行，以实现既定的目标。会计的监督职能责任主要通过对会计主体经济活动和相关会计核算的真实性、合法性和合理性审查工作落实。

（3）其他管理工作。履行会计职能责任的会计机构和会计人员除完成会计核算和会计监督工作外，还需要参与相关的企业管理工作。

3. 会计档案管理

单位的档案机构或者档案工作人员所属机构（档案管理机构）负责管理本单位的会计档案。单位也可以委托具备档案管理条件的机构代为管理会计档案。

（1）会计档案归档范围。会计档案是指单位在进行会计核算等过程中接收或形成的，记录和反映单位经济业务事项的，具有保存价值的文字、图表等各种形式的会计资料，包括通过计算机等电子设备形成、传输和存储的电子会计档案。

（2）会计档案归档形式。单位会计资料应按照档案管理要求装订成册进行归档，单位可以利用计算机、网络通信等信息技术手段管理会计档案。同时满足特定条件的，单位内部形成的属于归档范围的电子会计资料可仅以电子形式保存。

（3）会计档案移交、利用、保管和销毁必须按规定程序和要求执行。

6.3　会计假设与会计基础

1. 会计假设

会计对象及其所处的经济环境受很多不确定因素的影响，为保证会计工作正常进行，及时提供需要的会计信息，根据客观的、正常的情况或趋势对会计工作原则、标准、程序、方法等做出的合理假定，称为会计假设。会计假设随着人们认识深化和客观环境的变化而发展，其中会计基本假设包括会计主体、持续经营、会计分期和货币计量。

会计基本假设相互依存、相互补充。会计主体确立了会计核算的空间范围和立场，持续经营与会计分期确立了会计核算的时间长度，货币计量则为会计核算提供了必要手段。

2. 会计基础

会计基础是指会计事项的记账和报告基础，是会计主体收入和支出、费用的确认标准，主要确定收入和费用所属的会计期间、确定会计报表的金额。选择不同的会计基础，决定会计主体取得收入和发生支出在会计期间的配比，直接影响会计主体某一时期的财务成果。会计基础主要有收付实现制和权责发生制两种。

《企业会计准则》规定，企业应当以权责发生制为基础进行会计确认、计量和报告。除现金流量表按照收付实现制原则编制外，企业应当按照权责发生制原则编制财务报表。

6.4　会计核算过程与会计等式

1．会计核算原则

会计核算原则是建立在财务会计内涵、会计假设与会计基础等基础理论之上的，具体确认和计量会计事项所应当依据的规则，对于选择会计程序和方法具有重要的指导作用，同时也是会计信息的质量要求。会计核算应遵循重要性原则、谨慎性原则、实质重于形式原则等八项原则。

2．会计核算的基本过程

会计核算基本过程包括：

（1）设置会计科目和账簿

会计科目是对会计要素的进一步划分，是会计核算反映经济活动的基本依据。会计科目设置是日常会计核算的基础性工作。

账簿是根据会计科目设置的，具有一定格式和结构，用于分类反映会计要素增减变动情况及其结果的载体。

（2）填制会计凭证

会计凭证包括原始凭证和记账凭证。发生应当进行会计业务的经济业务，必须填制或者取得原始凭证并及时送交会计机构。原始凭证必须符合一定要求，不符合要求的应按照相关规定处理。会计机构、会计人员必须按照国家统一的会计制度的规定对原始凭证进行审核，对不真实、不合法的原始凭证有权不予接受，并向单位负责人报告；对记载不准确、不完整的原始凭证予以退回，并要求按照国家统一的会计制度的规定更正、补充。记账凭证由会计机构和会计人员根据审核无误的原始凭证或原始凭证汇总表编制。

（3）登记账簿、对账和结账

登记账簿即记账。企业会计机构和会计人员应根据记账凭证，采用确定的会计记账方法登记账簿。

会计记账方法有单式记账法、复式记账法。复式记账法主要有借贷记账法、增减记账法和收付记账法。复式记账法主要采用借贷记账法。

企业应当采用借贷记账法记账；登记会计账簿，必须以经过审核的会计凭证为依据。

企业应当定期对会计账簿记录的有关数字与库存实物、货币资金、有价证券、往来单位或者个人等进行相互核对，保证账证相符、账账相符、账实相符。对账工作每年至少进行一次。

企业应当按照规定定期结账。

（4）编制财务会计报告

3．会计等式及其应用

会计等式是指会计要素在总额上相等的一种关系式，它揭示了会计要素之间的联系。

（1）静态会计等式

同一时点资产、负债和所有者权益三者数量（金额）存在如下恒等关系：

$$资产＝负债＋所有者权益$$

上式描述了反映企业财务状况各会计要素的关系，称为静态会计等式。

静态会计等式是复式记账、试算平衡和编制会计报表的理论依据，也是检查记账和会计报表编制是否正确的依据。

（2）动态会计等式

同一时期收入、费用和利润三者数量（金额）存在如下恒等关系：

$$利润＝收入－费用$$

上式描述了反映企业经营成果各会计要素的关系，称为动态会计等式。动态会计等式描述的是一定时期企业经营活动及其结果的动态关系。

动态会计等式的作用是通过编制利润表，综合多个会计科目（账户）之间的相互关系，衡量一定时期企业经济活动收入、费用、利润及其间的相关关系，使企业及时掌握经营成果和经营效益（盈利或者亏损及盈利水平高低或亏损的程度）。

（3）综合会计等式

企业在持续经营过程中，一定时期的经营活动成果将使企业财务状况发生改变，综合第一会计等式和第二会计等式，可得到综合会计等式：

$$资产＋费用＝负债＋所有者权益＋收入$$

综合会计等式是基于静态会计等式和动态会计等式得到的各会计要素之间的关系等式，反映了企业财务状况从一个时点（期初）到另一个时点（期末）变化的内在原因（盈利或者亏损），可用于全面分析企业经营成果和财务状况。

6.5 会计监督

1. 内部会计控制

内部会计控制是企业内部控制的核心。内部会计控制应当保证单位内部涉及会计工作的机构、岗位的合理设置及其职责权限的合理划分，坚持不相容职务相互分离，确保不同机构和岗位之间权责分明、相互制约、相互监督。

为实施内部会计控制，需要将与内部会计控制相关内容的管理制度化。

内部会计控制的方法主要包括：不相容职务相互分离控制、授权批准控制、会计系统控制、预算控制、财产保全控制、风险控制、内部报告控制、电子信息技术控制等。不相容职务相互分离控制是内部控制的核心。不相容职务相互分离控制要求单位按照不相容职务相分离的原则，合理设置会计及相关工作岗位，明确职责权限，形成相互制衡机制。

2. 会计监督

会计监督可分为企业内部监督、政府监督和社会监督。不同会计监督的主体、内容和侧重点有所不同。

一 单项选择题

1. 企业财务会计信息的主要使用人是（　　　）。

  A．企业管理层   B．外部利害关系人

  C．企业全体员工   D．企业所在地税务部门

2．企业财务会计的对象是（　　　）。

  A．企业的所有业务活动   B．企业能够以货币计量的经济活动

  C．企业的生产活动   D．企业能够以货币计量的收支活动

3．企业财务会计活动中，会计要素和会计科目设置的关系是（　　　）。

  A．会计要素是会计科目设置的依据

  B．会计要素是会计科目设置的结果

  C．会计科目设置是确定会计要素的基础

  D．会计科目与会计要素含义相同

4．企业拥有的下列资产中，列入流动资产的是（　　　）。

  A．债权投资   B．长期应收款

  C．投资性房地产   D．交易性金融资产

5．企业拥有的下列资产中，列入非流动资产的是（　　　）。

  A．合同资产   B．长期股权投资

  C．持有待售资产   D．应收款项融资

6．企业的下列负债中，属于流动负债的是（　　　）。

  A．应付债券   B．递延所得税负债

  C．应付职工薪酬   D．递延收益

7．企业的下列负债中，属于非流动负债的是（　　　）。

  A．衍生金融负债   B．合同负债

  C．应交税费   D．预计负债

8．公司的所有者权益也可称为（　　　）。

  A．公司管理者权益   B．股东权益

  C．公司管理者权利   D．股东收益

9．企业的某项资产是按照购置时支付的现金或者现金等价物的金额计量的，表明该项资产的计量属性是（　　　）。

  A．重置成本   B．历史成本

  C．可变现净值   D．现值

10．某项资产是按照其正常对外销售所能收到现金或者现金等价物的金额扣减该资产至完工时估计将要发生的成本、估计的销售费用以及相关税费后的金额进行计量的，则该项资产的计量属性是（　　　）。

  A．重置成本   B．现值

  C．可变现净值   D．公允价值

11．企业财务会计工作中，对于发生的交易或事项，按照一定的标准辨析其能否作为会计主体的一个或多个会计要素、何时输入会计信息系统以及如何进行会计报告的过程，称为（　　　）。

  A．会计确认   B．会计计量

  C．会计记录   D．会计监督

12. 会计计量包括初始计量和后续计量。其中后续计量是指（　　　）。

A. 对与初始计量的会计要素有关的新增的交易或者事项进行的会计计量

B. 对经初始计量后发生了形式变动的会计要素进行新的计量

C. 对经初始计量后发生了价值变动的会计要素进行新的计量

D. 对与初始计量有关的交易或者事项进行的会计复查和监督

13. 企业财务会计提供的会计信息具有综合性，其主要依赖于（　　　）。

A. 财务会计在企业中的重要地位

B. 财务会计的对象是企业的全部生产活动

C. 会计能够计算企业一定时期实现的利润

D. 会计以货币作为计量手段

14. 负责管理单位会计档案的主体是（　　　）。

A. 单位财务部门　　　　　　　　B. 单位财务总监

C. 单位出纳　　　　　　　　　　D. 单位档案管理部门

15. 企业会计档案的保管期限分为（　　　）两类。

A. 不定期和定期　　　　　　　　B. 永久和定期

C. 临时和永久　　　　　　　　　D. 短期和长期

16. 界定会计工作空间范围的会计假设是（　　　）。

A. 会计主体　　　　　　　　　　B. 会计分期

C. 持续经营　　　　　　　　　　D. 货币计量

17. 企业会计核算中，资产计算、费用分配、负债偿还等事项的确认和计量是基于（　　　）假设进行的。

A. 会计主体　　　　　　　　　　B. 货币计量

C. 持续经营　　　　　　　　　　D. 永久存续

18. 我国的会计年度是（　　　）。

A. 农历1月1日至12月30日

B. 前一年7月1日至次年6月30日

C. 公历1月1日至12月31日

D. 前一年12月1日至次年11月30日

19. 企业3月份销售商品100万元，合同约定3月份支付货款20万元，4月份支付货款30万元，5月份支付货款50万元，企业在3月份按期交付了全部商品。按照权责发生制，4月份应确认收入（　　　）万元。

A. 0　　　　　　　　　　　　　　B. 20

C. 30　　　　　　　　　　　　　　D. 50

20. 企业会计核算应遵循谨慎性原则，即要求企业在会计核算中（　　　）。

A. 对企业财务状况、经营成果和现金流量等应适当低估

B. 不应高估资产或者收益、低估负债或者费用

C. 不应记载尚未收到的收入和尚未支付的支出

D. 对企业已经销售但尚未交付的商品不应确认收入

21. 对于企业以融资租赁方式租入固定资产，企业并不拥有其所有权，但应按规

定计提折旧，这种会计处理方式遵循的原则是（　　　）。

    A．重要性原则　　　　　　　　　B．实质重于形式原则

    C．谨慎性原则　　　　　　　　　D．可比性原则

22．根据会计核算可比性原则要求，对于同一企业不同时期发生的相同或者相似的交易或者事项进行会计处理的要求是（　　　）。

    A．应当采用一致的会计政策，不得随意变更

    B．应当采用一致的会计政策，不得变更

    C．应当由同一会计人员进行会计核算，不得随意变更

    D．应当按照相同的期限分配有关收入和费用，不得变更

23．会计核算的相关性原则要求企业提供的会计信息应当与（　　　）相关。

    A．财务会计报告编制者的身份地位

    B．企业愿意自主披露的财务会计信息

    C．财务会计报告使用者的经济决策需要

    D．企业经营管理者的奖惩制度规定

24．下列会计核算工作步骤中，首先应进行的工作是（　　　）。

    A．设置账簿　　　　　　　　　　B．设置会计科目

    C．审核原始凭证　　　　　　　　D．编制记账凭证

25．会计人员发现经济业务原始凭证金额有错误的，正确的处理方法是（　　　）。

    A．由原始凭证出具单位开具修改说明并附在原始凭证之后

    B．由原始凭证接收单位会计人员修改并签字

    C．由原始凭证出具单位财务人员修改并在修改处签字

    D．由原始凭证出具单位重开

26．会计复式记账法主要采用（　　　）。

    A．增减记账法　　　　　　　　　B．往来记账法

    C．借贷记账法　　　　　　　　　D．收付记账法

27．企业应当定期对会计账簿记录的有关数字与库存实物、货币资金、有价证券、往来单位或者个人等进行相互核对。该项工作每年至少进行（　　　）次。

    A．一　　　　　　　　　　　　　B．二

    C．四　　　　　　　　　　　　　D．十二

28．静态会计等式是描述静态会计要素之间关系的等式，反映的内容是（　　　）。

    A．企业某一时期的经营成果　　　B．企业某一时点的财务状况

    C．企业某一时期的利润构成情况　D．企业某一时点资产的构成情况

29．企业内部会计控制的核心是保证单位内部涉及会计工作的机构、岗位的合理设置及其职责权限的合理划分，应坚持（　　　）原则。

    A．财务人员不参与企业管理　　　B．相关人员协同工作

    C．不相关人员相互监督　　　　　D．不相容职务相互分离

30．企业内部会计监督的主体是（　　　）。

    A．单位的会计机构、会计人员　　B．单位的纪检机构

    C．单位的职工代表大会　　　　　D．单位的监事会

二　多项选择题

1. 根据《企业会计准则》，企业会计要素包括资产、负债、所有者权益以及（　　）。
   A. 收入
   B. 支出
   C. 费用
   D. 利润
   E. 耗费

2. 在企业财务会计中，将一项资源确认为资产需同时具备的条件有（　　）。
   A. 该资源是企业未来的交易或者事项形成的
   B. 该资源必须是企业所有的
   C. 该资源预期会给企业带来经济利益
   D. 与该资源有关的经济利益很可能流入企业
   E. 该资源的成本或者价值能够可靠地计量

3. 企业拥有的下列资产中，属于非流动资产的有（　　）。
   A. 应收账款
   B. 应收款项融资
   C. 在建工程
   D. 预付款项
   E. 生产性生物资产

4. 负债是企业的现时义务，确认负债必须同时具备的条件有（　　）。
   A. 该义务是企业过去的交易或者事项形成的
   B. 该义务是企业对外部利害关系人负有的义务
   C. 该义务预期会导致经济利益流出企业
   D. 与该义务有关的经济利益很可能流出企业
   E. 未来流出的经济利益的金额能够可靠地计量

5. 公司的所有者权益的构成包括（　　）。
   A. 收入
   B. 实收股本
   C. 资本公积
   D. 盈余公积
   E. 未分配利润

6. 企业财务会计的基本职能有（　　）。
   A. 会计预测
   B. 会计核算
   C. 财务管理
   D. 资金融通
   E. 会计监督

7. 企业财务会计对一项交易或者事项进行会计确认的标准包括该事项是否具有（　　）等特征。
   A. 可靠性
   B. 可定义性
   C. 相关性
   D. 可计量性
   E. 可控性

8. 需要利用企业财务会计报告进行决策的企业外部利害关系人包括（　　）。
   A. 投资者
   B. 企业管理者
   C. 债权人
   D. 政府及其有关部门

　　E. 社会公众

9. 企业的下列活动中，需要办理会计手续，进行会计核算的有（　　　）。

　　A. 有价证券的收付　　　　　　B. 企业财务分析报告的撰写

　　C. 财物的收发　　　　　　　　D. 债权债务的发生

　　E. 财务成果的计算

10. 企业的下列资料中，属于会计档案归档范围的有（　　　）。

　　A. 会计制度　　　　　　　　　　B. 会计凭证

　　C. 会计账簿　　　　　　　　　　D. 财务会计报告

　　E. 年度预算

11. 会计基本假设包括（　　　）。

　　A. 会计主体　　　　　　　　　　B. 会计分期

　　C. 持续经营　　　　　　　　　　D. 稳定增长

　　E. 货币计量

12. 根据《企业会计准则》，企业财务会计基础有（　　　）。

　　A. 收付实现制　　　　　　　　　B. 即收即付制

　　C. 费用预测制　　　　　　　　　D. 收入递延制

　　E. 权责发生制

13. 企业财务会计核算应遵循的原则有（　　　）。

　　A. 重要性原则　　　　　　　　　B. 可比性原则

　　C. 不变性原则　　　　　　　　　D. 排他性原则

　　E. 客观性原则

14. 在会计循环过程中，财务人员对原始凭证审核后应进行的工作有（　　　）。

　　A. 填制记账凭证　　　　　　　　B. 设置会计科目

　　C. 登记账簿　　　　　　　　　　D. 对账和结账

　　E. 缴纳税金

15. 会计原始凭证的内容应当包括（　　　）。

　　A. 填制凭证单位名称或者填制人姓名

　　B. 经济业务内容

　　C. 原始凭证的纸张大小

　　D. 填制凭证的日期

　　E. 接受凭证单位名称

16. 财务会计复式记账的具体方法有（　　　）。

　　A. 借贷记账法　　　　　　　　　B. 往来记账法

　　C. 增减记账法　　　　　　　　　D. 简单记账法

　　E. 收付记账法

17. 动态会计等式反映的是（　　　）等会计要素之间的关系。

　　A. 资产　　　　　　　　　　　　B. 收入

　　C. 费用　　　　　　　　　　　　D. 负债

　　E. 利润

18. 静态会计等式的应用价值有（   ）。

    A. 作为检查记账是否正确的依据

    B. 作为检查会计报表编制是否正确的依据

    C. 作为衡量企业利润水平的依据

    D. 作为会计试算平衡的依据

    E. 作为评价企业经济活动合法性的依据

19. 按照内部会计控制要求，企业不相容职务主要包括（   ）。

    A. 税收缴纳   B. 授权批准

    C. 业务经办   D. 会计记录

    E. 财产保管

20. 企业会计监督包括企业内部监督、政府监督和社会监督。社会监督的方式包括（   ）。

    A. 财政部门对会计核算是否符合会计法进行监督

    B. 税务部门对企业依法纳税情况进行监督

    C. 会计师事务所等中介机构对企业的经济活动进行审计

    D. 任何单位和个人对违法会计行为进行检举

    E. 人民银行对企业资金流转情况进行跟踪

【答案与解析】

一、单项选择题

1. B;   2. B;   3. A;   4. D;   5. B;   6. C;   7. D;   8. B;

9. B;   10. C;   11. A;   12. C;   13. D;   14. D;   15. B;   16. A;

17. C;   18. C;   *19. A;   20. B;   21. B;   22. A;   23. C;   24. B;

25. D;   26. C;   27. A;   28. B;   29. D;   30. A

【解析】

19.【答案】A

该项销售发生在3月份，企业已按合同向顾客移交商品。故该项销售收入按权责发生制应确认为3月份收入，4月份确认收入为0。故选项A正确。

二、多项选择题

1. A、C、D;   2. C、D、E;   3. C、E;   4. A、C、D、E;

5. B、C、D、E;   6. B、E;   7. A、B、C、D;   8. A、C、D、E;

9. A、C、D、E;   10. B、C、D;   11. A、B、C、E;   12. A、E;

13. A、B、E;   14. A、C、D;   15. A、B、D、E;   16. A、C、E;

17. B、C、E;   18. A、B、D;   19. B、C、D、E;   20. C、D

第 7 章　费用与成本

复习要点

微信扫一扫
在线做题 + 答疑

7.1　费用与成本的关系

1. 支出与费用

（1）支出的分类

企业支出可分为资本性支出、收益性支出、利润分配支出和营业外支出。此外还有对外投资支出、缴纳所得税费用支出。

日常会计核算中，首先要区分资本性支出和收益性支出。资本性支出是指通过它所取得的财产或劳务的效益，可以及于多个会计期间所发生的支出；收益性支出是指通过它所取得的财产或劳务的效益仅及于一个会计期间的支出。企业的会计核算应当合理划分收益性支出与资本性支出的界限。其他各项支出相对容易区分。

（2）支出与费用的区别

支出不是财务会计核算中常用的概念。费用是企业财务会计六大会计要素之一，用于与收入匹配反映企业一定时期的经营成果，费用的实质也是资产的耗费。但支出行为形成的资产消耗需要在会计核算中加以反映，不同的支出在会计核算中所处环节和处理方式不同。其中，资本性支出首先应归集并汇总核算，形成固定资产、无形资产等价值（即这类支出首先要资本化），在这些资产发挥作用过程中，采用折旧费、摊销费等"费用"形式进入日常会计核算流程；收益性支出则是发生时直接作为"费用"看待，符合费用定义和确认条件的，确认为费用，进入日常会计核算流程。

2. 费用与成本

费用和成本两者都是资产的耗费；费用和成本两者都是针对特定会计期间而言的。会计核算中，费用包括资本性支出形成的资产（如固定资产）转化而来的费用以及收益性支出的费用，经确认和计量的费用应明确费用的会计期间。

成本是成本核算的范畴，是生产和销售商品或提供服务过程中的资产耗费，本质是有关费用按照成本核算对象进行的归集。成本不仅要考察其归属期，还应明确成本核算对象。会计期末，成本和期间费用需要结转为"费用"与收入进行配比，计算和确认经营成果，因此。成本在特定情形下可转化为费用。

并非所有的费用均计入成本核算对象进行成本核算。哪些费用计入成本与成本核算方法相关。

7.2　施工企业费用确认及计量

1. 费用确认

费用是指企业在日常活动中发生的、会导致所有者权益减少的、与向所有者分配利润无关的经济利益的总流出。这种流出必须同时满足三个条件才能确认为费用。

确认为费用的流出还应明确费用所属会计期间，应遵循划分资本性支出和收益性支出原则、权责发生制原则和配比原则。

（1）划分资本性支出和收益性支出原则

划分的依据是支出带来的效益与会计期间数量的关系；两者采用不同的方式进行会计处理。

（2）权责发生制原则

权责发生制是以权利和责任的发生决定收入和费用所属会计期间的原则。凡是在本会计期间已经收到和已经发生或应当负担的一切费用，不论其款项是否收到或付出，都作为本会计期间的收入和费用处理；凡不属于本会计期间的收入和费用，即使款项在本会计期间收到或付出，也不应作为本会计期间的收入和费用处理。费用所属会计期间确认均以责任（义务）已经发生为标准。

（3）配比原则

配比原则是指企业在进行会计核算时，收入与其相关的成本、费用应当相互配比，同一会计期间内的各项收入和与其相关的成本、费用，应当在该会计期间内确认。配比原则包含因果配比和时间配比。因果配比，即应将收入与取得该收入对应的全部成本、费用相配比，不能将与收入无关的成本费用计入，也不能少计成本、费用；时间配比，即应将一定会计期间的收入与同时期的成本、费用相配比。

2. 费用计量

费用是资产的耗费，费用计量实际上是耗费的资产计量。

企业日常经营活动中，费用所耗费的资产形态主要为货币资产、存货以及固定资产和无形资产。

（1）货币资产

对于货币资产耗费，按照符合确认条件的货币资金开支，按金额计量。

（2）存货

施工企业存货是指企业为销售或耗用而储存的各种资产，包括原材料、低值易耗品、周转材料、临时设施余额、委托加工物资、部品部件等材料和物料，未完分部分项工程，已完工未结算工程。

存货初始计量。存货应当按照成本进行初始计量，不同来源的存货按照相应规则确定计量金额；企业应当采用先进先出法、加权平均法或者个别计价法确定发出存货的实际成本并进行计量。不同计量方法有相应的使用条件。

存货的后续计量。资产负债表日，存货应当按照成本与可变现净值孰低计量。

（3）固定资产

固定资产计量分初始计量和后续计量。

固定资产初始计量。固定资产应当按照成本进行初始计量。不同来源的固定资产成本确认有不同方法，应根据相应会计准则确定。确定固定资产成本时，应当考虑预计弃置费用因素。

固定资产后续计量。固定资产的使用寿命、预计净残值、折旧方法等与固定资产后续计量相关。固定资产的使用寿命、预计净残值、折旧方法一经确定，不得随意变更。但是，企业至少应当于每年年度终了，对固定资产的使用寿命、预计净残值和折旧方法进行复核，并进行相应的会计处理。固定资产折旧方法有年限平均法、工作量法、双倍余额递减法、年数总和法等，前两种方法为直线折旧法，后两种方法为加速折旧法。

（4）无形资产

无形资产计量分初始计量和后续计量。

无形资产初始计量。无形资产应当按照成本进行初始计量。应区分外购无形资产和自行研发的无形资产确定计量金额；投资者投入无形资产的成本，应当按照投资合同或协议约定的价值确定，但合同或协议约定价值不公允的除外；非货币性资产交换、债务重组、政府补助和企业合并取得的无形资产的成本，应当分别按照相应会计准则确定。

无形资产后续计量。企业应根据无形资产的使用寿命不同进行后续计量。企业应当于取得无形资产时分析判断其使用寿命。无形资产的使用寿命为有限的，应当估计该使用寿命的年限或者构成使用寿命的产量等类似计量单位数量；无法预见无形资产为企业带来经济利益期限的，应当视为使用寿命不确定的无形资产。

使用寿命有限的无形资产，其应摊销金额应当在使用寿命内系统合理摊销。企业摊销无形资产，应当自无形资产可供使用时起，至不再作为无形资产确认时止。

企业选择的无形资产摊销方法，应当反映与该项无形资产有关的经济利益的预期实现方式。无法可靠确定预期实现方式的，应当采用直线法摊销。无形资产的摊销金额一般应当计入当期损益，其他有关会计准则另有规定的除外。

使用寿命不确定的无形资产不应摊销。

7.3 工程成本核算

1. 施工成本构成

成本是按成本核算对象归集的费用（即对象化了的费用），归集费用的内容与成本核算方法有关。如制造成本法、完全成本法、作业成本法。不同成本核算方法下，费用归集和会计处理路径不同。

现行《企业会计准则》和相关制度规定采用制造成本法进行会计核算。为了与期间费用区分，制造成本法下归集到成本核算对象的费用为生产费用。

施工企业的生产费用应进行工程成本核算，并在确认收入时，将已结算的工程或劳务收入配比的成本计入当期损益。

根据建筑业企业生产经营特点，建筑企业一般设置直接人工、直接材料、机械使用费、其他直接费用和间接费用等成本项目。建筑企业将部分工程分包的，还可以设置分包成本项目。

2. 工程成本核算过程

工程成本核算首先应确定成本核算对象，日常按成本核算对象归集、分配生产费用，期末进行结转。基本流程如图 7-1 所示。

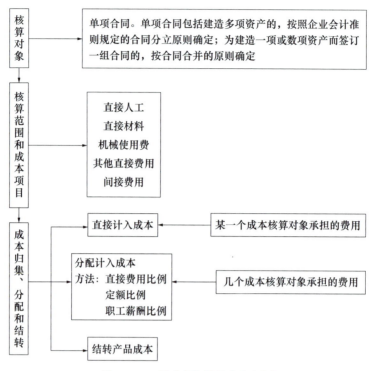

图 7-1   工程成本核算基本流程图

7.4   施工企业期间费用核算

1. 期间费用构成

期间费用是指企业日常活动发生的不能计入特定核算对象的费用，发生时计入有关会计科目，会计期末结转当期损益。通常分为销售费用、管理费用和财务费用。施工企业工程施工采用承包方式，销售和管理活动交错进行，密不可分，可以不进行单独的销售费用核算，纳入管理费用核算；施工企业同时兼营其他业务时，可以单独设置销售费用核算。

2. 期间费用的核算

（1）期间费用的确认

《企业会计准则——基本准则》，规定了发生时应确认为期间费用的支出；《企业会计准则第 14 号——收入》明确，企业应当在下列支出发生时，将其计入当期损益：管理费用；非正常消耗的直接材料、直接人工和制造费用（或类似费用），这些支出为履行合同发生，但未反映在合同价格中；与履约义务中已履行部分相关的支出；无法在尚未履行的与已履行的履约义务之间区分的相关支出。

（2）期间费用的核算

企业日常会计核算过程中，应当设置销售费用、财务费用和管理费用一级会计科目和相应的明细科目，如管理费用—银行存款、管理费用—应付职工薪酬，对期间费用进行归集，会计期末结转进行损益计算。需要注意的是，建筑安装工程费用项目组成是按照费用性质对建筑工程费用进行的划分，是工程造价计算、招标投标、结算等的基本依据，其中的企业管理费与施工企业期间费用核算中的管理费用尽管费用性质相同，但在期间费用核算中，应根据有关费用的用途合理划分其归属。

一　单项选择题

1. 企业支出所取得的财产或劳务的效益可以及于多个会计期间时，该类支出应作为（　　）进行核算。

    A. 收益性支出　　　　　　　　　B. 资本性支出

    C. 营业外支出　　　　　　　　　D. 非生产性支出

2. 企业的下列支出中，属于营业外支出的是（　　）。

    A. 股利分配支出　　　　　　　　B. 缴纳税金支出

    C. 销售费用支出　　　　　　　　D. 公益性捐赠支出

3. 企业发生的与企业生产经营活动没有直接的关系，但应从会计主体实现的利润总额中扣除的支出通常列入（　　）。

    A. 资本性支出　　　　　　　　　B. 收益性支出

    C. 营业外支出　　　　　　　　　D. 利润分配支出

4. 企业发生资本性支出时，会计核算首先应将该项支出列入（　　）进行归集。

    A. 资产核算对象　　　　　　　　B. 生产性费用

    C. 成本核算对象　　　　　　　　D. 待摊费用

5. 关于费用和成本关系的说法，正确的是（　　）。

    A. 成本的范围大于费用的范围

    B. 费用和成本都是资产的耗费

    C. 成本和费用的含义相同，名称不同

    D. 费用即期间费用，是与成本并列的两个概念

6. 企业的下列资产中，属于货币资产的是（　　）。

    A. 库存物资　　　　　　　　　　B. 产成品

    C. 应付账款　　　　　　　　　　D. 银行存款

7. 相对于固定资产，企业存货的特点是（　　）。

    A. 低价值性　　　　　　　　　　B. 可销售性

    C. 具有较强的流动性　　　　　　D. 具有无形性

8. 企业接受投资者投资取得的存货，其投资协议约定的价值严重不合理，对其进行存货初始计量时，应按照（　　）计量。

    A. 市场最高价　　　　　　　　　B. 市场最低价

    C. 协议约定价　　　　　　　　　D. 公允价值

9. 企业在资产清查过程中取得的盘盈存货，按照（　　）计量。

    A. 重置成本　　　　　　　　　　B. 原始价值

    C. 当前市场最低价　　　　　　　D. 财产保管人员定价

10. 对于不能替代使用的存货、为特定项目专门购入或制造的存货以及提供的劳务，通常采用（　　）确定发出存货的成本。

    A．简单平均法   B．后进先出法

    C．个别计价法   D．先进先出法

11．企业在资产负债表日进行存货后续计量时，存货应当按照（   ）计量。

    A．成本与当前市价孰低   B．成本与可变现净值孰低

    C．原始成本与可变现净值孰高   D．原始成本与重置成本孰高

12．企业对以一笔款项购入多项没有单独标价的固定资产进行初始计量时，应当按照（   ）对总成本进行分配，分别确定各项固定资产的成本。

    A．各项固定资产的市场平均价比例

    B．各项固定资产的零部件数量比例

    C．各项固定资产公允价值比例

    D．各项固定资产的作用大小

13．某项固定资产原价 100 万元，当前净值为 90 万元，净残值率为 2%，该项固定资产的应计折旧总额为（   ）万元。

    A．88.2   B．90.0

    C．98.0   D．100.0

14．根据《中华人民共和国企业所得税法实施条例》，建筑物的最低折旧年限为（   ）年。

    A．10   B．15

    C．20   D．25

15．企业应对固定资产的使用寿命、预计净残值和折旧方法进行复核，该项工作频次要求是（   ）。

    A．至少每 2 年进行 1 次   B．至少每年进行 1 次

    C．至少每年进行 2 次   D．至少每年进行 4 次

16．某项固定资产的原价为 200 万元，现在的净值为 160 万元，预计净残值率为 3%，使用年限为 10 年，采用年限平均法折旧，则月折旧金额为（   ）万元。

    A．1.29   B．1.33

    C．1.62   D．1.67

17．某施工机械原价 50 万元，预计年作业量 260 台班，使用年限 10 年，预计净残值率 2%。该机械 2023 年 3 月份作业 25 个台班，若采用工作量法计提折旧，则 2023 年 3 月份应提折旧额（   ）万元。

    A．0.408   B．0.417

    C．0.471   D．0.481

18．某项固定资产原价为 80 万元，预计净残值率为 3%，使用年限 5 年。若采用双倍余额递减法计提折旧，该项固定资产第 2 年年初的折余价值为（   ）万元。

    A．31.04   B．32.00

    C．46.56   D．48.00

19．某项固定资产原价为 150 万元，使用年限 5 年，预计净残值率 3%。若采用年数总和法计提折旧，该项固定资产的第 2 年应计提折旧（   ）万元。

    A．29.1   B．30.0

　　C．38.8　　　　　　　　　　　　　D．40.0

20．某企业 2023 年 5 月份增加一项固定资产，月应提折旧 20 万元；减少一项固定资产，月应提折旧额为 12 万元，仅就这两项固定资产而言，2023 年 5 月份应提取折旧（　　）万元。

　　A．8　　　　　　　　　　　　　　B．12

　　C．20　　　　　　　　　　　　　　D．32

21．企业无形资产使用寿命不确定的，其价值摊销的方法是（　　）。

　　A．不进行摊销

　　B．按照 10 年期限摊销

　　C．按照 20 年期限摊销

　　D．按照摊销金额占企业年收入不超过 5% 的比例摊销

22．作业成本法下，成本计算的第一步是（　　）。

　　A．计算不同成本核算对象的作业量

　　B．按经营活动中发生的各项作业来归集成本，计算出作业成本

　　C．估算作业所需要消耗的资源量

　　D．按经营活动中的产品来归集成本，计算出产品成本

23．根据《企业产品成本核算制度（试行）》，建筑企业一般按照（　　）确定成本核算对象。

　　A．工程项目的分部工程　　　　　　B．工程项目的分项工程

　　C．拟分包的工程内容　　　　　　　D．订立的单项合同

24．企业为取得合同发生的、除预期能够收回的增量成本之外的其他支出，会计核算的方法是（　　）。

　　A．一律确认为一项资产

　　B．除明确由客户承担的外，发生时计入期间费用

　　C．一律确认为一项长期待摊费用

　　D．除明确由客户承担的外，发生时计入同类产品或项目成本

25．施工企业的下列费用中，应当计入财务费用的是（　　）。

　　A．企业融资利息支出　　　　　　　B．企业总部办公费用

　　C．职工福利费　　　　　　　　　　D．劳动保险费

26．企业发生的支出不产生经济利益的，或者即使能够产生经济利益但不符合或者不再符合资产确认条件的，正确的会计处理方式是（　　）。

　　A．在发生时计入资产减值

　　B．发生时计入营业外支出

　　C．发生时计入待摊费用，再按一定方法计入成本核算对象

　　D．在发生时确认为费用，计入当期损益

二　多项选择题

1．企业的下列支出中，应列为资本性支出的有（　　）。

  A. 购买机械设备支出   B. 外购材料支出

  C. 建造厂房支出   D. 支付劳动报酬支出

  E. 缴纳税金支出

2. 企业发生利润分配支出时，对企业财务状况和经营成果的影响有（　　　）。

  A. 企业收入减少   B. 企业费用增加

  C. 企业所有者权益减少 D. 企业资产减少

  E. 企业负债增加

3. 关于成本和费用的说法，正确的有（　　　）。

  A. 费用和成本都是资产的耗费

  B. 费用和成本都与一定的会计期间相关

  C. 成本是从企业的角度而言的，费用是从政府的角度而言的

  D. 成本是按成本核算对象归集的费用

  E. 支出一定的情形下，成本越高，费用越低

4. 收益性支出确认为费用进行会计核算应满足的条件有（　　　）。

  A. 与费用相关的经济利益应当很可能流出企业

  B. 费用应当可归属于企业的生产性费用

  C. 经济利益流出企业的结果会导致资产的减少或者负债的增加

  D. 经济利益流出的额度在企业可承受的范围之内

  E. 经济利益的流出额能够可靠地计量

5. 企业财务会计核算中，确认费用所属会计期间及其金额应遵循的原则有

（　　　）。

  A. 企业管理者意图原则

  B. 划分资本性支出和收益性支出原则

  C. 盈利原则

  D. 权责发生制原则

  E. 配比原则

6. 施工企业的存货有（　　　）。

  A. 原材料   B. 低值易耗品

  C. 期间费用   D. 周转材料

  E. 未完分部分项工程

7. 施工企业对外购原材料进行存货初始计量时，其成本构成有（　　　）。

  A. 原材料进场后使用前的检验和试验费用

  B. 包括购买价款、相关税费、运输费等在内的采购成本

  C. 包括人工费、制造费用等在内的加工费用

  D. 现场制作安装前进行加工的损耗的数量和费用金额

  E. 除采购成本、加工成本外使存货达到目前场所和状态所发生的其他支出

8. 企业发出存货的成本计量可采用的方法有（　　　）。

  A. 简单平均法   B. 个别计价法

  C. 后进先出法   D. 先进先出法

E．加权平均法

9．企业应当提取折旧的固定资产包括（   ）。

A．提足折旧仍继续使用的固定资产

B．尚在折旧年限内正常使用的自有固定资产

C．尚在折旧年限内停用的自有固定资产

D．经营租赁方式租入的固定资产

E．单独计价入账的土地

10．固定资产快速折旧法的计算方法有（   ）。

A．年限平均法

B．工作量法

C．双倍余额递减法

D．三倍余额递减法

E．年数总和法

11．企业内部研究开发项目开发阶段的支出确认为无形资产需要满足的条件有（   ）。

A．归属于该无形资产开发阶段的支出能够可靠地计量

B．具有完成该无形资产并使用或出售的意图

C．有足够的技术、财务资源和其他资源支持，以完成该无形资产的开发，并有能力使用或出售该无形资产

D．完成该无形资产以使其能够使用或出售在技术上具有可行性

E．该项研究所形成的无形资产应当与企业当前生产经营活动直接相关

12．施工企业工程成本核算时，判定一项费用是否作为直接成本的因素有（   ）。

A．该项费用金额占项目合同价的比例高低

B．该项费用金额占项目合同成本的比例高低

C．该项费用能否确认与某一成本核算对象直接有关

D．该项费用对于企业利润的影响程度

E．该项费用是否便于直接计入某一成本核算对象

13．采用制造成本法进行成本核算时，计入成本的项目有（   ）。

A．直接人工成本

B．制造费用

C．管理费用

D．直接材料成本

E．销售费用

14．施工成本项目的其他直接费用有（   ）。

A．使用外单位施工机械的租赁费

B．周转材料的租赁费

C．施工过程中发生的材料搬运费

D．场地清理费

E．临时设施摊销

15．分配由几个成本核算对象承担的费用时，可以采用的分配方法有（   ）。

A．按定额比例分配

B．按直接材料费用比例分配

C．按职工薪酬比例分配

D．按直接费用比例分配

E．按直接机械费用比例分配

【答案与解析】

一、单项选择题

1. B;   2. D;   3. C;   4. A;   5. B;   6. D;   7. C;   8. D;
9. A;   10. C;   11. B;   12. C;   13. C;   14. C;   15. B;   *16. C;
*17. C;   *18. D;   *19. C;   20. B;   21. A;   22. B;   23. D;   24. B;
25. A;   26. D

【解析】

16.【答案】C

月折旧额 = 200×（1−3%）/（12×10）= 1.62 万元

17.【答案】C

3 月份折旧额 =（50−50×2%）/（260×10）×25 = 0.471 万元

18.【答案】D

第 1 年折旧额 = 80×2/5 = 32 万元

第 2 年年初折余价值 =（80−80×2/5）= 48 万元

19.【答案】C

年数总和 = 1 + 2 + 3 + 4 + 5 = 15

逐年折旧率分别为 5/15，4/15，3/15，2/15，1/15

第 2 年折旧额 =（150−150×3%）×4/15 = 38.8 万元

二、多项选择题

1. A、C;   2. C、D;   3. A、B、D;   4. A、C、E;
5. B、D、E;   6. A、B、D、E;   7. B、C、E;   8. B、D、E;
9. B、C;   10. C、E;   11. A、B、C、D;   12. C、E;
13. A、B、D;   14. C、D、E;   15. A、C、D

第 8 章 收 入

复习要点

微信扫一扫
在线做题 + 答疑

8.1 收入的分类、确认及计量

1. 收入的概念及特点

收入，是指企业在日常活动中形成的、会导致所有者权益增加的、与所有者投入资本无关的经济利益的总流入。

日常活动所形成的经济利益的流入应当确认为收入。企业确认收入的方式应当反映其向客户转让商品或提供服务的模式，收入的金额应当反映企业因转让这些商品或提供这些服务而预期有权收取的对价金额，以如实反映企业的生产经营成果，核算企业实现的损益。

狭义上的收入，即营业收入，包括主营业务收入和其他业务收入，不包括为第三方或客户代收的款项。广义上的收入，包括营业收入、投资收益、补贴收入和营业外收入。

收入有以下几方面的特点：收入从企业的日常活动中产生，而不是从偶发的交易或事项中产生；收入可能表现为企业资产的增加，也可能表现为企业负债的减少，或二者兼而有之；收入能导致企业所有者权益的增加，收入是与所有者投入无关的经济利益的总流入，这里的流入是总流入，而不是净流入；收入只包括本企业经济利益的流入，不包括为第三方或客户代收的款项。

2. 收入的分类

按收入的性质，企业的收入可以分为建造合同收入、销售商品收入、提供劳务收入和让渡资产使用权收入等。

按企业营业的主次分类，企业的收入也可以分为主营业务收入和其他业务收入两部分。主营业务收入和其他业务收入内容的划分是相对而言，而不是固定不变的。主营业务收入也称基本业务收入，是指企业从事主要营业活动所取得的收入，可以根据企业营业执照上注明的主营业务范围来确定；其他业务收入也称附营业务收入，是指企业非经常性的、兼营的业务所产生的收入。

3. 收入的确认和计量

（1）收入的确认

企业应当在履行了合同中的履约义务，即在客户取得相关商品控制权时确认收入。取得相关商品控制权，是指能够主导该商品的使用并从中获得几乎全部的经济利益。当企业与客户之间的合同同时满足"合同各方已批准该合同并承诺将履行各自义务""该合同明确了合同各方与所转让商品或提供劳务相关的权利和义务"等五个规定条件时，企业应当在客户取得相关商品控制权时确认收入；对于不同时符合五个规定条件的合同，企业只有在不再负有向客户转让商品的剩余义务，且已向客户收取的对价无需退回时，才能将已收取的对价确认为收入；否则，应当将已收取的对价作为负债进行会计处理。没有商业实质的非货币性资产交换，不确认收入。

（2）合同合并

企业与同一客户（或该客户的关联方）同时订立或在相近时间内先后订立的两份或多份合同，在满足"该两份或多份合同基于同一商业目的而订立并构成一揽子交易""该两份或多份合同中的一份合同的对价金额取决于其他合同的定价或履行情况""该两份或多份合同中所承诺的商品构成准则规定的单项履约义务"等三个条件之一时，应当合并为一份合同进行会计处理。

（3）合同变更

经合同各方批准对原合同范围或价格作出变更，企业应当区分三种情形对合同变更分别进行会计处理。主要区别是变更的商品和价款与原合同的关系以及已转让商品与未转让商品能否明确区分。企业向客户承诺的商品同时满足"客户能够从该商品本身或从该商品与其他易于获得资源一起使用中受益""企业向客户转让该商品的承诺与合同中其他承诺可单独区分"两个条件的，应当作为可明确区分商品。

（4）某一时段内履行的履约义务和某一时点履行的履约义务

合同开始日，企业应当对合同进行评估，识别该合同所包含的各单项履约义务，并确定各单项履约义务是在某一时段内履行，还是在某一时点履行，然后，在履行了各单项履约义务时分别确认收入。合同满足"客户在企业履约的同时即取得并消耗企业履约所带来的经济利益""客户能够控制企业履约过程中在建的商品""企业履约过程中所产出的商品具有不可替代用途，且该企业在整个合同期间内有权就累计至今已完成的履约部分收取款项"三个条件之一的，属于在某一时段内履行履约义务；否则，属于在某一时点履行履约义务。对于在某一时段内履行的履约义务，企业应当在该段时间内按照履约进度确认收入，但是，履约进度不能合理确定的除外。企业应当考虑商品的性质，采用产出法或投入法确定恰当的履约进度；对于在某一时点履行的履约义务，企业应当在客户取得相关商品控制权时点确认收入。在判断客户是否已取得商品控制权时，企业应当考虑相关迹象。

8.2 建造合同收入

根据《中华人民共和国民法典》，建设工程合同是承包人进行工程建设，发包人支付价款的合同，包括工程勘察、设计、施工合同。

根据《企业会计准则第15号——建造合同》，建造合同是指为建造一项或数项在设计、技术、功能、最终用途等方面密切相关的资产而订立的合同。建造合同不同于一般的材料采购合同和劳务合同，是一种特殊类型的经济合同，有其自身特征。

1. 建造合同的类型

建造合同按照所含风险的承担者不同可分为固定造价合同与成本加成合同。

固定造价合同，是指按照固定的合同价或固定单价确定工程价款的建造合同。成本加成合同，是指以合同约定或其他方式议定的成本为基础，加上该成本的一定比例或定额费用确定工程价款的建造合同。

固定造价合同和成本加成合同的最大区别在于它们所含风险的承担者不同，固定造价合同的风险主要由承包人承担；而成本加成合同的风险主要由发包人承担。

2．建造合同的分立与合并

企业通常应当按照单项建造合同进行会计处理。但是，在某些情况下，为了反映一项或一组合同的实质，需要将单项合同进行分立或将数项合同进行合并。

建造合同中有关合同分立与合同合并，实际上是确定建造合同的会计核算对象。一组建造合同是合并为一项合同进行会计处理，还是分立为多项合同分别进行会计处理，对建造承包商的报告损益将产生重大影响。一般情况下，企业应以所订立的单项合同为对象，分别计算和确认各单项合同的收入、费用和利润。

（1）建造合同的分立

一项包括建造数项资产的建造合同，同时满足下列条件的，每项资产应当分立为单项合同：每项资产均有独立的建造计划；与客户就每项资产单独进行谈判，双方能够接受或拒绝与每项资产有关的合同条款；每项资产的收入和成本可以单独辨认。如果不同时具备上述三个条件，则不能将建造合同进行分立，而应将其作为一项合同进行会计处理。

（2）建造合同的合并

一组合同无论对应单个客户还是多个客户，同时满足下列条件的，应当合并为单项合同：该组合同按一揽子交易签订；该组合同密切相关，每项合同实际上已构成一项综合利润率工程的组成部分；该组合同同时或依次履行。如果不同时符合上述三个条件，则不能将该组合同进行合并，而应分别以单项合同进行会计处理。

3．建造合同收入的内容

建造合同的收入包括两部分内容：合同规定的初始收入和因合同变更、索赔、奖励等形成的收入。

合同规定的初始收入，是指建造承包商与客户在双方签订的合同中最初商定的合同总金额，它构成了合同收入的基本内容。

因合同变更、索赔、奖励等形成的收入以及奖励款，应同时符合一定条件才能确认为收入。如果不同时具备这些条件，则不能确认收入。

4．建造合同收入的确认

要准确地进行合同收入的确认与计量，首先应判断建造合同的结果能否可靠地估计。企业在资产负债表日，如果建造合同的结果能够可靠地估计，应当根据完工百分比法确认当期的合同收入。如果建造合同的结果不能可靠地估计，就不能根据完工百分比法确认合同收入。因此，建筑业企业可以根据建造合同的结果能否可靠地估计，将合同收入的确认与计量分为合同结果能够可靠估计和不能可靠估计两种类型处理。

（1）合同结果能够可靠估计时建造合同收入的确认

建造合同分为固定造价合同和成本加成合同，不同类型的建造合同判断其能否可靠估计的条件也不相同。

完工百分比法是指根据合同完工进度来确认合同收入与费用的方法。完工百分比法的运用分两个步骤：第一步，确定工程的完工进度，计算出完工百分比；第二步，根据完工百分比确认和计量当期的合同收入。

确定建造合同完工进度有以下三种方法：第一，根据累计实际发生的合同成本占合同预计总成本的比例确定，该方法是一种投入衡量法，是确定合同完工进度常用的方法；第二，根据已经完成的合同工作量占合同预计总工作量的比例确定，该方法是一种产出衡量法，适用于合同工作量容易确定的建造（施工）合同；第三，根据已完成合同工作采用技术测量方法确定。

建造合同收入的确认分两种情况，一种是当期完成建造合同收入的确认，另一种是在资产负债表日建造合同收入的确认。

当期完成的建造合同应当按照实际合同总收入扣除以前会计期间累计已确认收入后的金额，确认为当期合同收入，即：当期确认的合同收入＝实际合同总收入－以前会计期间累计已确认的收入。

资产负债表日建造合同收入的确认。当期不能完成的建造合同，在资产负债表日，应当按照合同总收入乘以完工进度扣除以前会计期间累计已确认收入后的金额，确认为当期合同收入。即：当期确认的合同收入＝合同总收入×完工进度－以前会计期间累计已确认的收入。

完工进度是指累计完工进度。计算和确认当期合同收入时应区分项目建设周期及其年度所处阶段分别进行处理。

（2）合同结果不能可靠地估计时建造合同收入的确认

当建筑业企业不能可靠地估计建造合同的结果时，就不能采用完工百分比法来确认和计量当期的合同收入，应区别以下两种情况进行处理：合同成本能够回收的，合同收入根据能够收回的实际合同成本来确认，合同成本在其发生的当期确认为费用；合同成本不能回收的，应在发生时立即确认为费用，不确认收入。

一　单项选择题

1. 狭义的企业收入是指企业取得的（　　　）。
   A．主营业务收入　　　　　　　　B．营业收入
   C．投资收益　　　　　　　　　　D．营业外收入

2. 企业为客户代收的款项，在会计核算时，一方面增加企业的资产，另一方面增加了企业的（　　　）。
   A．负债　　　　　　　　　　　　B．营业收入
   C．营业外收入　　　　　　　　　D．利润

3. 企业收到的下列款项中，可确认为企业营业收入的是（　　　）。
   A．让渡资产使用权收到的款项　　B．代扣的职工个人所得税
   C．政府补贴款　　　　　　　　　D．外部捐赠款

4. 按收入性质划分，建筑企业施工合同收入属于（　　　）。
   A．提供劳务收入　　　　　　　　B．销售商品收入
   C．让渡资产使用权收入　　　　　D．建造合同收入

5. 企业在履行合同过程中，确认收入的时间是（　　　）。
   A．客户取得相关商品所有权时　　B．企业完成合同商品生产时

C．客户取得相关商品控制权时　　D．企业收到客户支付的首笔款项时

6．企业与同一客户（或该客户的关联方）同时订立或在相近时间内先后订立的两份或多份合同，应当合并为一份合同进行会计处理的情形是（　　　）。

A．该两份或多份合同基于同一商业目的而订立并构成一揽子交易

B．该两份或多份合同中的一份合同的对价金额与其他合同的定价或履行情况无关

C．该两份或多份合同中所承诺的商品各自为会计准则规定的单项履约义务

D．该两份或多份合同各方具体经办和签署人员完全相同

7．某合同履行过程中，经合同各方批准对原合同范围或价格作出变更，合同变更增加了可明确区分的商品及合同价款，且新增合同价款反映了新增商品单独售价，企业对合同变更事项进行会计处理的正确方式是（　　　）。

A．将该合同变更部分纳入原合同进行会计处理

B．将该合同变更部分与原合同未履行部分合并作为一份单独的合同进行会计处理

C．将该合同变更部分作为一份单独的合同进行会计处理

D．视为原合同终止，合同变更部分单独作为新合同进行会计处理

8．某合同履行过程中，经合同各方批准对原合同范围或价格作出变更，该变更不属于"合同变更增加了可明确区分的商品及合同价款，且新增合同价款反映了新增商品单独售价的"情形，但在合同变更日已转让的商品与未转让的商品之间可明确区分，则合同变更事项进行会计处理的正确方式是（　　　）。

A．视为原合同终止，结清有关收入和费用，将合同变更部分单独作为新合同进行会计处理

B．视为原合同终止，并将原合同未履约部分与合同变更部分合并为新合同进行会计处理

C．将该合同变更部分作为原合同的组成部分进行会计处理

D．将原合同尚未履行部分和合同变更部分分别作为独立合同进行会计处理

9．对于在某一时段内履行的履约义务，若履约进度能够合理确定，则企业应当在该段时间内按照（　　　）确认收入。

A．履约时长平均　　　　　　　　B．履约时间段中期时点

C．履约时间段期末　　　　　　　D．履约进度

10．对于在某一时点履行的履约义务，企业应当在（　　　）确认收入。

A．客户取得相关商品控制权时点　B．企业生产商品完成时点

C．客户收到企业提供商品时点　　D．企业生产商品完成 50% 的时点

11．固定造价建造合同的风险承担的特征是项目风险（　　　）。

A．主要由承包人承担　　　　　　B．全部由承包人承担

C．主要由发包人承担　　　　　　D．全部由发包人承担

12．成本加成建造合同的风险主要由（　　　）承担。

A．承包人　　　　　　　　　　　B．设计人

C．发包人　　　　　　　　　　　D．分包人

13. 一组合同无论对应单个客户还是多个客户，同时满足一定条件的，应当合并为单项合同进行会计处理。这些条件包括该组合同按一揽子交易签订、该组合同同时或依次履行以及（   ）。

    A. 该组合同密切相关，每项合同实际上已构成一项综合利润率工程的组成部分

    B. 该组合同密切相关，每项合同利润率水平相当

    C. 该组合同密切相关，每项合同标的金额基本相同

    D. 该组合同密切相关，每项合同建造周期基本相同

14. 企业在资产负债表日，如果建造合同的结果能够可靠地估计，应当根据（   ）确认当期的合同收入。

    A. 完工百分比法   B. 企业意愿法

    C. 延迟纳税法   D. 时间平均法

15. 将固定造价合同的结果判定为能够可靠地估计的条件，包括合同总收入能够可靠地计量、与合同相关的经济利益很可能流入企业、实际发生的合同成本能够清楚地区分和可靠地计量以及（   ）。

    A. 合同完工进度能够可靠地确定和合同预计收入能够可靠地及时收回

    B. 合同完工进度和为完成合同尚需发生的成本能够可靠地确定

    C. 合同能够按期完工和合同预计收入能够可靠地及时收回

    D. 合同能够按期完工和为完成合同尚需发生的成本低于预期成本

16. 某建筑业企业与业主签订了一项合同总造价为 2000 万元的建造合同，合同约定建设期为 3 年。第 1 年，实际发生合同成本 600 万元，年末预计为完成合同尚需发生成本 1200 万元；第 2 年，实际发生合同成本 700 万元，年末预计为完成合同尚需发生成本 400 万元。按照投入法衡量，第 2 年年末的完工进度为（   ）。

    A. 41.18%   B. 63.64%

    C. 65.00%   D. 76.47%

17. 采用技术测量方法确定建造合同完工进度时，技术测量应由（   ）测定。

    A. 专业人员   B. 建造承包商

    C. 发包方   D. 造价管理机关

18. 当建筑业企业不能可靠地估计建造合同的结果，但合同成本能够收回时，企业应当按照（   ）确认合同收入。

    A. 企业实际发生的成本

    B. 与实际成本配比计算的合同价款部分

    C. 能够收回的实际合同成本

    D. 与能够收回的实际成本配比计算的合同价款部分

二 多项选择题

1. 根据《企业会计准则第 14 号——收入》，关于企业确认收入的说法，正确的有（   ）。

    A. 收入的金额应当反映企业因转让这些商品或提供这些服务而发生的成本

B．确认收入的方式应当反映其向客户转让商品或提供服务的模式

C．确认收入的方式应当反映其向客户转让商品或提供服务的动机和目的

D．收入的金额应当反映企业因转让这些商品或提供这些服务而预期有权收取的对价金额

E．收入的金额应当反映企业因转让这些商品或提供这些服务而预期实际能收到的金额

2．广义的企业收入包括（　　）。

A．营业收入
B．营业外收入

C．补贴收入
D．为客户代收的款项

E．投资收益

3．营业收入从企业的日常活动中产生，而不是从偶发的交易或事项中产生。企业日常活动具有（　　）等特点。

A．突发性
B．重复性

C．可预见性
D．可靠性

E．经常性

4．企业依据其与客户之间的合同确认收入时，合同必须符合的条件包括（　　）。

A．合同各方已批准该合同并承诺将履行各自义务

B．该合同明确了合同各方与所转让商品或提供劳务相关的权利和义务

C．该合同有明确的与所转让商品相关的支付条款

D．履行该合同不会改变企业未来现金流量的风险、时间分布或金额

E．企业因向客户转让商品而有权取得的对价很可能收回

5．企业与客户订立的合同中，应作为企业在某一时段内履行履约义务进行会计处理的情形有（　　）。

A．企业提供商品需要一定时间进行生产制作，客户只对企业最终提供的商品验货并支付价款

B．客户在企业履约的同时即取得并消耗企业履约所带来的经济利益

C．客户仅根据合同约定一次性收取企业提供的商品，并同时支付全部价款

D．客户能够控制企业履约过程中在建的商品

E．企业履约过程中所产出的商品具有不可替代用途，且该企业在整个合同期间内有权就累计至今已完成的履约部分收取款项

6．对于在某一时段内履行的履约义务，企业应当在该段时间内按照履约进度确认收入，确定履约进度的方法有（　　）。

A．时间平均法
B．投入法

C．随机估计法
D．线性递增法

E．产出法

7．相对于一般的材料采购合同，建造合同的特征有（　　）。

A．建造合同的标的仅包括房屋建筑工程

B．先有买主，后有标的

C．资产的建设期长，一般都要跨越一个会计年度

D．所建造的资产体积大，造价高

E．建造合同一般为不可取消的合同

8．一项包括建造数项资产的建造合同符合一定条件时，应当将每项资产分立为单项合同。这些条件包括（　　　）。

A．每项资产均有独立的建造计划

B．与客户就每项资产单独进行谈判，双方能够接受或拒绝与每项资产有关的合同条款

C．每项资产的收入和成本可以单独辨认

D．每项资产能够独立发挥生产能力

E．各项资产之间具有一定的空间距离

9．将合同变更款确认为合同收入应当同时满足的条件有（　　　）。

A．变更工程内容与原合同工程内容不一致

B．客户能够认可因变更而增加的收入

C．该收入能够可靠地计量

D．预计变更款金额大于变更内容的成本

E．变更内容由客户最先提出

【答案与解析】

一、单项选择题

1．B；　　2．A；　　3．A；　　4．D；　　5．C；　　6．A；　　7．C；　　8．B；

9．D；　　10．A；　　11．A；　　12．C；　　13．A；　　14．A；　　15．B；　　*16．D；

17．A；　　18．C

【解析】

16.【答案】D

第2年年末合同完工进度＝（600＋700）/（600＋700＋400）×100％＝76.47%

二、多项选择题

1．B、D；　　　　2．A、B、C、E；　　　3．B、C、E；　　　4．A、B、C、E；

5．B、D、E；　　6．B、E；　　　　7．B、C、D、E；　　8．A、B、C；

*9．B、C

【解析】

9.【答案】B、C

变更可以由合同任一方提出，通常为工程需要或者合同顺利履行而发生，但最终应经合同各方批准，变更工程内容可能与原合同相同，也可能不同。能够可靠地计量是确认收入的基本条件。故选项B、C正确。

第 9 章　利润与所得税费用

复习要点

微信扫一扫
在线做题＋答疑

9.1　利润

1．利润的概念

利润是企业在一定会计期间的经营活动所获得的各项收入抵减各项支出后的净额以及直接计入当期利润的利得和损失等。应注意，利得和损失可分为两大类，一类是不计入当期损益，而直接计入所有者权益的利得和损失，如接受捐赠、变卖固定资产等，都可直接计入资本公积。还有一种就是应当直接计入当期损益的利得和损失，如投资收益、投资损失等。两类利得和损失都会导致所有者权益发生增减变动。

2．利润的计算

利润分为三个层次的指标。即：

（1）营业利润＝营业收入－营业成本（或营业费用）－税金及附加－

销售费用－管理费用－财务费用－资产减值损失＋

公允价值变动收益（损失为负）＋投资收益（损失为负）

（2）利润总额＝营业利润＋营业外收入－营业外支出

（3）净利润＝利润总额－所得税费用

3．利润的分配

企业董事会或类似机构决议提请股东大会或类似机构批准的年度利润分配方案（除股票股利分配方案外），在股东大会或类似机构召开会议前，应当将其列入报告年度的利润分配表。股东大会或类似机构批准的利润分配方案，与董事会或类似机构提请批准的报告年度利润分配方案不一致时，其差额应当调整报告年度会计报表有关项目的年初数。

公司税后利润的分配由于涉及股东、债权人、职工、社会等各个利益主体的切身利益，因此应遵循一定的原则。《中华人民共和国公司法》对公司税后利润的分配原则做了规定。

按照《中华人民共和国公司法》，公司税后利润的分配顺序为：

（1）弥补公司以前年度亏损。

（2）提取法定公积金。《中华人民共和国公司法》规定的公积金有两种：法定公积金和任意公积金。法定公积金，是《中华人民共和国公司法》规定必须从税后利润中提取的公积金。对于法定公积金，公司既不得以其章程或股东会决议予以取消，也不得削减其法定比例。"公司分配当年税后利润时，应当提取利润的百分之十列入公司法定公积金。公司法定公积金累计额为公司注册资本的百分之五十以上的，可以不再提取"。

法定公积金有专门的用途：① 弥补亏损；② 扩大公司生产经营；③ 增加公司注册资本。"法定公积金转为资本时，所留存的该项公积金不得少于转增前公司注册资本的百分之二十五"。

（3）经股东会或者股东大会决议提取任意公积金。

（4）向投资者分配的利润或股利。

（5）未分配利润。可供投资者分配的利润，经过上述分配后，所余部分为未分配利润（或未弥补亏损）。未分配利润可留待以后年度进行分配。企业如发生亏损，可以按规定由以后年度利润进行弥补。

9.2 所得税费用

1. 所得税的概念

所得税是指企业就其生产、经营所得和其他所得按规定缴纳的税金，是根据应纳税所得额计算的，包括企业以应纳税所得额为基础的各种境内和境外税额。应纳税所得额是企业年度的收入总额减去准予扣除项目后的余额。

企业所得税的税率为25%，非居民企业取得《中华人民共和国企业所得税法》第三条第三款规定的所得，适用税率为20%。

2. 所得税的计税基础

企业每一纳税年度的收入总额，减除不征税收入、免税收入、各项扣除以及允许弥补的以前年度亏损后的余额，为应纳税所得额。

（1）收入总额

企业以货币形式和非货币形式从各种来源取得的收入，为收入总额。

货币形式的收入，包括现金、存款、应收账款、应收票据、准备持有至到期的债券投资以及债务的豁免等。非货币形式的收入，包括固定资产、生物资产、无形资产、股权投资、存货、不准备持有至到期的债券投资、劳务以及有关权益等。企业以非货币形式取得的收入，应当按照公允价值确定收入额。

收入总额中，部分为不征税收入：财政拨款，各级人民政府对纳入预算管理的事业单位、社会团体等组织拨付的财政资金，但国务院和国务院财政、税务主管部门另有规定的除外；依法收取并纳入财政管理的行政事业性收费、政府性基金；国务院规定的其他不征税收入，企业取得的，由国务院财政、税务主管部门规定专项用途并经国务院批准的财政性资金。

（2）扣除

企业实际发生的与取得收入有关的、合理的支出，包括成本、费用、税金、损失和其他支出，准予在计算应纳税所得额时扣除；企业发生的公益性捐赠支出，在年度利润总额12%以内的部分，准予在计算应纳税所得额时扣除；在计算应纳税所得额时，企业按照规定计算的固定资产折旧，准予扣除；在计算应纳税所得额时，企业按照规定计算的无形资产摊销费用，准予扣除。在计算应纳税所得额时，企业发生符合条件的长期待摊费用，按照规定摊销的，准予扣除；上述公益性捐赠支出、固定资产折旧、无形资产摊销、长期待摊费用摊销扣除项目中，不符合规定条件的部分不得扣除；企业对外投资期间，投资资产的成本在计算应纳税所得额时不得扣除；企业使用或者销售存货，按照规定计算的存货成本，准予在计算应纳税所得额时扣除；企业转让资产，该项资产的净值，准予在计算应纳税所得额时扣除；企业在汇总计算缴纳企业所得税时，其境外营业机构的亏损不得抵减境内营业机构的盈利；企业纳税年度发生的亏损，准予向以后年度结转，用以后年度的所得弥补，但结转年限最长不得超过 5 年。

（3）应纳税额

企业的应纳税所得额乘以适用税率，减除依照《中华人民共和国企业所得税法》关于税收优惠的规定减免和抵免的税额后的余额，为应纳税额。

（4）资产的税务处理

企业的各项资产，包括固定资产、生物资产、无形资产、长期待摊费用、投资资产、存货等，以历史成本为计税基础。

企业持有各项资产期间资产增值或者减值，除国务院财政、税务主管部门规定可以确认损益外，不得调整该资产的计税基础。

不同资产计税基础应按照相关规定确定。

3．所得税费用的确认

$$应纳税额＝应纳税所得额 \times 适用税率－减免税额－抵免税额$$

公式中的减免税额和抵免税额，是指依照《中华人民共和国企业所得税法》和国务院的税收优惠规定减征、免征和抵免的应纳税额。

4．税收优惠

国家对重点扶持和鼓励发展的产业和项目，给予企业所得税优惠。一类是免税收入；一类是可以免征、减征企业所得税的所得。

一　单项选择题

1．企业会计核算时，对取得的对外投资净收益应直接计入（　　）。

    A．所有者权益　　　　　　　　　B．税后利润

    C．未分配利润　　　　　　　　　D．当期损益

2．某企业 2022 年实现营业收入 5000 万元，发生营业成本 3000 万元，税金及附加 300 万元，期间费用 800 万元，营业外净收益 100 万元，取得投资净收益 400 万元，该企业 2022 年实现的营业利润为（　　）万元。

    A．1000　　　　　　　　　　　　B．1200

    C．1300　　　　　　　　　　　　D．1400

3．下列成本费用中，计入营业外支出的是（　　）。

    A．出租设备成本　　　　　　　　B．销售材料成本

    C．出租投资性房地产的经营费用　D．捐赠支出

4．企业的下列损益中，属于投资损失的是（　　）。

    A．公益捐赠支出

    B．中途转让债券取得款项低于账面价值的差额

    C．按照权益法核算的股权投资在被投资单位增加的净资产中所拥有的数额

    D．资产减值损失

5．企业某一会计期间净利润的计算表达式为（　　）。

　　A．利润总额－所得税费用　　　　B．利润总额－增值税

　　C．收入总额－所得税费用　　　　D．营业利润－所得税费用

6. 公司利润分配原则中，"非有盈余不得分配"强调的是公司（　　）的前提条件。

　　A．向债权人分配支付利息　　　　B．向职工发放职工福利

　　C．向股东分配股利　　　　　　　D．企业计算和缴纳税金

7. 根据《中华人民共和国公司法》，公司税后利润的分配方式包括：① 提取任意公积金；② 提取法定公积金；③ 弥补以前年度亏损；④ 向投资者分配利润或股利。正确的分配顺序是（　　）。

　　A．③→②→①→④　　　　　　　B．①→②→③→④

　　C．③→①→④→②　　　　　　　D．②→①→④→③

8. 公司注册资本为600万元，年初法定公积金累计额为公司注册资本的30%，本年可供分配的税后利润为500万元，则本年企业应提取的法定公积金至少（　　）万元。

　　A．15　　　　　　　　　　　　　B．25

　　C．50　　　　　　　　　　　　　D．75

9. 根据《中华人民共和国公司法》，公司法定公积金转为资本时，所留存的该项公积金不得少于转增前公司注册资本的（　　）。

　　A．15%　　　　　　　　　　　　B．20%

　　C．25%　　　　　　　　　　　　D．30%

10. 企业所得税是根据（　　）和适用税率计算的。

　　A．收入总额　　　　　　　　　　B．应纳税所得额

　　C．利润总额　　　　　　　　　　D．应纳税收入

11. 企业以非货币形式取得的收入，应当按照（　　）确定收入额。

　　A．非货币资产的市场最低价　　　B．非货币资产的市场最高价

　　C．企业认可的价值　　　　　　　D．公允价值

12. 企业在计算应纳税所得额时，可计算折旧并将其从收入中扣除的固定资产是（　　）。

　　A．已足额提取折旧仍继续使用的固定资产

　　B．以经营租赁方式租入的固定资产

　　C．单独估价作为固定资产入账的土地

　　D．与经营活动有关的尚在折旧年限内的固定资产

13. 企业发生的公益性捐赠支出，准予在计算应纳税所得额时扣除的额度为（　　）。

　　A．在年度利润总额12%以内的部分

　　B．在年度收入总额2%以内的部分

　　C．在年度成本总额5%以内的部分

　　D．在年度净利润10%以内的部分

14. 根据资产的税务处理规定，企业的长期待摊费用应当以（　　）为计税基础。

　　A．重置成本　　　　　　　　　　B．可变现净值

C. 历史成本　　　　　　　　　　D. 现值

15. 确定企业无形资产的计税基础时，无形资产的摊销年限不得低于（　　　）年。

A. 5　　　　　　　　　　　　　B. 10

C. 15　　　　　　　　　　　　　D. 20

二　多项选择题

1. 作为衡量企业在一定会计期间经营成果的利润，其表现形式有（　　　）。

A. 营业利润　　　　　　　　　　B. 利润总额

C. 净利润　　　　　　　　　　　D. 未分配利润

E. 股息和红利

2. 企业营业外收入的构成有（　　　）。

A. 固定资产盘盈　　　　　　　　B. 出售不需用的材料的收入

C. 处置固定资产净收益　　　　　D. 投资净收益

E. 处置无形资产净收益

3. 《中华人民共和国公司法》规定的公司税后利润的分配原则有（　　　）。

A. 企业经营班子自主决定分配方案原则

B. 按法定顺序分配的原则

C. 非有盈余不得分配原则

D. 同股同权、同股同利原则

E. 公司持有的本公司股份不得分配利润原则

4. 企业积累的法定公积金的用途有（　　　）。

A. 弥补亏损　　　　　　　　　　B. 增加职工福利

C. 扩大公司生产经营　　　　　　D. 增加公司注册资本

E. 提高社会保险费用

5. 企业每一年度应纳税所得额为企业每一纳税年度的收入总额减除（　　　）后的余额。

A. 不征税收入　　　　　　　　　B. 免税收入

C. 营业外收入　　　　　　　　　D. 各项扣除

E. 允许弥补的以前年度亏损

6. 计算企业应纳税所得额时，不征税收入包括（　　　）。

A. 财政拨款收入

B. 提供专利权取得的收入

C. 依法收取并纳入财政管理的行政事业性收费

D. 接受捐赠收入

E. 利息收入

7. 计算企业应纳税所得额时，不得从收入中扣除的支出有（　　　）。

A. 企业在生产经营活动中发生的管理费用

B. 企业在生产经营活动中发生的销售费用

  C．向投资者支付的股息

  D．企业所得税税款

  E．税收滞纳金

  8．根据《中华人民共和国企业所得税法》及相关规定，企业下列所得中，可免征、减征企业所得税的有（   ）。

  A．从事微利行业生产经营的所得

  B．从事农、林、牧、渔业项目的所得

  C．从事国家重点扶持的公共基础设施项目投资经营的所得

  D．从事符合条件的环境保护、节能节水项目的所得

  E．从事居民生活必需品生产销售的所得

【答案与解析】

一、单项选择题

1．D； *2．C； 3．D； *4．B； 5．A； 6．C； 7．A； 8．C；
9．C； 10．B； 11．D； 12．D； 13．A； 14．C； 15．B

【解析】

2.【答案】C

营业利润＝营业收入－营业成本（或营业费用）－税金及附加－销售费用－管理费用－财务费用－资产减值损失＋公允价值变动收益（损失为负）＋投资收益（损失为负）＝5000－3000－300－800＋400＝1300万元。营业外净收益属于利润总额，不属于营业利润。

4.【答案】B

公益捐赠支出为营业外支出，按照权益法核算的股权投资在被投资单位增加的净资产中所拥有的数额为投资收益，资产减值损失是指企业计提各项资产减值准备所形成的损失，是企业资产的价值损失而非投资损失。投资损失包括对外投资分担的亏损、投资到期收回或者中途转让取得款项低于账面价值的差额，以及按照权益法核算的股权投资在被投资单位减少的资产中分担的数额等。

二、多项选择题

1．A、B、C； 2．A、C、E； 3．B、C、D、E； 4．A、C、D；
5．A、B、D、E； 6．A、C； 7．C、D、E； 8．B、C、D

第10章 财务分析

复习要点

微信扫一扫
在线做题+答疑

10.1 财务报告构成及列报基本要求

1. 财务报告

财务会计报告（简称财务报告）是指企业对外提供的反映企业某一特定日期的财务状况和某一会计期间的经营成果、现金流量等会计信息的文件。一般包括财务报表和其他应当在财务报告中披露的相关信息和资料，其中财务报表是对企业财务状况、经营成果和现金流量的结构性表述，至少应当包括的组成部分有资产负债表、利润表、现金流量表、所有者权益（或股东权益）变动表和附注，这些组成部分具有同等的重要程度。小型企业编制的会计报表可以不包括现金流量表。

2. 财务报表及其作用

1）资产负债表的内容及其作用

资产负债表是根据资产、负债、所有者权益之间的关系，即"资产＝负债＋所有者权益"，按照一定的分类标准和顺序，把企业一定日期的资产、负债和所有者权益各项目进行适当排列，用以反映企业在某一特定日期财务状况的报表。

资产负债表能够反映企业资产、负债和所有者权益的全貌，可以帮助报表使用者了解企业的财务状况，其作用主要体现在：能够反映企业在某一特定日期所拥有的各种资源总量及其分布情况，可以分析企业的资产构成，以便及时进行调整；能够反映企业的偿债能力，可以提供某一日期的负债总额及其结构，表明企业未来需要用多少资产或劳务清偿债务以及清偿时间；能够反映企业在某一特定日期企业所有者权益的构成情况，可以判断资本保值、增值的情况以及对负债的保障程度。

2）利润表的内容及其作用

利润表是反映企业在一定会计期间的经营成果的财务报表。利润表是以"利润＝收入－费用"这一会计等式为依据，按照一定的步骤计算出构成利润（或亏损）总额的各项要素编制而成的，它属于动态报表，可以反映企业在一定会计期间的经营成果的财务报表。利润表的列报必须充分反映企业经营业绩的主要来源和构成，有助于使用者判断净利润表的质量和风险，有助于使用者预测净利润的持续性，从而做出正确的决策。

3）现金流量表的内容及其作用

现金流量表，是指反映企业在一定会计期间现金和现金等价物流入和流出的报表，是以现金为基础编制的动态财务报表。其作用包括：有助于使用者对企业整体财务状况做出客观评价；有助于评价企业的支付能力、偿债能力和周转能力；有助于使用者预测企业未来的发展情况。

4）所有者权益（或股东权益）变动表的内容及其作用

所有者权益变动表是反映构成所有者权益的各组成部分当期的增减变动情况的财

务报表，可以全面反映企业的所有者权益在年度内的变化情况，便于会计信息使用者深入分析企业所有者权益的增减变化情况，并进而对企业的资本保值增值情况做出正确判断，从而提供对决策有用的信息。

5）财务报表附注的内容及作用

附注是对在资产负债表、利润表、现金流量表和所有者权益变动表等报表中列示项目的文字描述或明细资料，以及对未能在这些报表中列示项目的说明等。附注应当披露财务报表的编制基础，相关信息应当与资产负债表、利润表、现金流量表和所有者权益变动表等报表中列示的项目相互参照。财务报表附注是对财务报表的重要补充。由于财务报表中所规定的内容具有一定的固定性和规定性，只能提供定量的会计信息，其所能反映的会计信息受到一定的限制，因此，很多信息反映在附注中。

3. 财务报告列报基本要求

《企业会计准则》中对财务报告的列报有一定的要求，主要包括以下几个方面：企业应当以持续经营为基础；除现金流量表按照收付实现制原则编制外，企业应当按照权责发生制原则编制财务报表；财务报表项目的列报应当在各个会计期间保持一致，不得随意变更；重要项目单独列报；报表列示项目不应相互抵销；当期报表列报项目与上期报表列报项目应当具有可比性；企业至少应当按年编制财务报表；其他应披露的信息，如编报企业的名称、资产负债表日或财务报表涵盖的会计期间等。

10.2 财务分析方法

1. 财务分析方法的分类

财务报表分析的常用方法有比率分析法和因素分析法。

其中比率分析法是财务分析最基本、最重要的方法。常用的比率主要有以下三种：构成比率、相关比率和动态比率。

因素分析法是依据分析指标与其驱动因素之间的关系，从数量上确定各因素对分析指标的影响方向及程度的分析方法。因素分析法提供了定量解释差异成因的工具，既可以全面分析各因素对经济指标的影响，又可以单独分析某个因素对经济指标的影响。

2. 财务比率分析

财务比率分析是比率分析法在财务分析中的具体应用。分为偿债能力比率、营运能力比率、盈利能力比率以及发展能力比率。

1）偿债能力比率

偿债能力主要反映企业偿还到期债务的能力，一般是以拟建项目所依托的整个企业作为债务清偿能力的分析主体，常用的指标包括资产负债率、流动比率、速动比率、利息备付率、偿债备付率等指标。

2）营运能力比率

营运能力比率是用于衡量企业资产管理效率的指标。常用的指标有总资产周转率、流动资产周转率、存货周转率、应收账款周转率等。

3）盈利能力比率

盈利能力是指企业赚取利润的能力。一般来说，企业的盈利能力只涉及正常的营业状况。反映企业盈利能力的指标很多，常用的主要有权益净利率、总资产净利率等。

4）发展能力比率

企业发展能力的指标主要有：营业收入增长率和资本积累率。

3. 财务指标综合分析——杜邦财务分析体系

在财务指标综合分析方法中，比较典型的是杜邦财务分析体系，简称杜邦体系，是利用各主要财务比率指标之间的内在联系对企业财务状况和经营成果进行综合评价的系统方法。该体系是以权益净利率为核心指标，以总资产净利率和权益乘数为两个方面，重点揭示企业获利能力及财务杠杆应用对权益净利率的影响，以及各相关指标之间的相互作用关系。

 单项选择题

1. 资产负债表反映的是企业（　　　）。

    A. 在某一特定日期的所拥有的各种资源总量及其分布情况

    B. 某一特定会计期间的成本费用总量及其分布情况

    C. 某一会计期间的现金和现金等价物流入和流出的动态变化

    D. 某一特定会计期间的所有者权益构成和变化情况

2. 编制资产负债表时，对于在资产负债表日起一年内到期的负债，若企业有意图且有能力能够自主地将清偿义务展期至资产负债表日后一年以上的，应当将其归类为（　　　）。

    A. 流动负债　　　　　　　　　　B. 非流动负债

    C. 不确定性负债　　　　　　　　D. 可变更负债

3. 资产负债表中，负债类项目一般按照（　　　）排列。

    A. 债务金额的大小　　　　　　　B. 债务发生的时间顺序

    C. 债务必须支付的时间顺序　　　D. 债务必须支付的利息高低

4. 编制资产负债表时，对自资产负债表日起一年内到期的负债，若企业不能自主地将清偿义务展期的，即使在资产负债表日后、财务报告批准报出日前签订了重新安排清偿计划协议，该项负债应当将其归类为（　　　）。

    A. 流动资产　　　　　　　　　　B. 流动负债

    C. 递延资产　　　　　　　　　　D. 非流动负债

5. 编制资产负债表时，对于企业在资产负债表日之前违反了长期借款协议，导致贷款人可随时要求清偿的负债，应当将其归类为（　　　）。

    A. 流动性待定负债　　　　　　　B. 长期贷款

    C. 非流动负债　　　　　　　　　D. 流动负债

6. 企业利润表中的营业收入应包括（　　　）。

    A. 主营业务收入和投资收益　　　B. 主营业务收入和其他业务收入

    C. 投资收益和营业外收入　　　　D. 其他业务收入和营业外收入

7. 企业一定时期利润总额等于营业利润加上（　　　）。

    A．投资净收益   B．所得税费用

    C．营业外收支净额   D．公允价值变动收益

8. 关于企业净利润计算的公式，正确的是（　　　）。

    A．净利润＝营业利润总额－资产减值准备

    B．净利润＝利润总额－营业税金及附加

    C．净利润＝营业利润－管理费用－财务费用

    D．净利润＝利润总额－所得税费用

9. 企业利润表中的费用列报一般应按照费用的（　　　）分类。

    A．票据单位   B．票据类型

    C．功能   D．计量单位

10. 下列企业财务报表中，属于按照收付实现制原则编制的是（　　　）。

    A．现金流量表   B．利润表

    C．资产负债表   D．所有者权益变动表

11. 下列资产中，不属于现金流量表中的现金的是（　　　）。

    A．现金等价物   B．可以随时用于支付的存款

    C．库存现金   D．短期购入的可流通的股票

12. 施工企业从银行取得借款收到现金属于企业现金流量表中的（　　　）产生的现金流量。

    A．投资活动   B．筹资活动

    C．经营活动   D．管理活动

13. 施工企业处置闲置的固定资产收回的现金净额属于企业现金流量表中的（　　　）产生的现金流量。

    A．投资活动   B．筹资活动

    C．经营活动   D．管理活动

14. 某施工企业偿还债务支付利息的现金属于现金流量表中的（　　　）产生的现金流量。

    A．投资活动   B．管理活动

    C．经营活动   D．筹资活动

15. 编制现金流量表时，下列现金流量中，应列入投资活动产生的现金流量的是（　　　）。

    A．收到其他与筹资活动有关的现金

    B．购买生产用原材料支付的现金

    C．处置无形资产收回的现金

    D．吸收投资收到的现金

16. 现金流量表能够从大的方面反映企业在一定会计期间（　　　）的原因。

    A．收入和支出   B．现金和现金等价物流入和流出

    C．资产和负债增加和减少   D．净利润的增加和减少

17. 下列资产中，不属于现金等价物的是（　　　）。

A．三个月内到期的国库券　　　　B．银行承兑汇票

C．企业短期购入的可流通股票　　D．可转换定期存单

18．所有者权益变动表可以反映（　　　）。

A．在某一特定日期企业所拥有的各种资源及其分布情况

B．企业当期所拥有的各种资源的来源和用途情况

C．某一会计期间企业所有者拥有的经营成果及其利润的执行情况

D．构成所有者权益的各组成部分当期的增减变动情况

19．企业在资产负债表日后、财务报告批准报出日前宣告发放股利，则该股利金额应披露在（　　　）中。

A．财务报表附注　　　　　　　　B．次年的财务报表附注

C．当年的所有者权益变动表　　　D．次年的所有者权益变动表

20．在编制财务报表的过程中，企业管理层应当利用所有可获得信息来评价企业自报告期末起至少（　　　）个月的持续经营能力。

A．6　　　　　　　　　　　　　B．12

C．24　　　　　　　　　　　　 D．36

21．财务报表中所列报项目的重要性应当根据企业所处环境，从项目的（　　　）两方面判断。

A．资金来源和金额大小　　　　　B．性质和资金来源

C．性质和金额大小　　　　　　　D．收入和成本大小

22．企业当期财务报表中应提供所有列报项目与上一个可比会计期间的比较数据，若本期财务报表项目的列报确需发生变更的，正确的处理方式是（　　　）。

A．将当期的数据按照可比期间的列报要求进行调整

B．可比期间的数据不调整，只计算可比期间和当期的差异

C．不对可比期间的数据进行调整，但要对变更的原因做出文字说明

D．对可比期间的数据按照当期的列报要求进行调整和披露

23．财务报表和财务报表附注的关系是（　　　）。

A．财务报表附注是对财务报表的补充

B．财务报表是对财务报表附注的补充

C．财务报表附注是编制财务报表的基础

D．财务报表和财务报表附注是平行的两类报表

24．财务分析中，最常用最基本的方法是（　　　）。

A．因素分析法　　　　　　　　　B．比率分析法

C．连环替代法　　　　　　　　　D．趋势分析法

25．下列采用基期指数进行财务分析的说法，正确的是（　　　）。

A．要剔除偶发项目的影响才能反映正常的企业经营状况

B．该指数的计算比较复杂，不够直观

C．基期的选择对于计算结果影响不大

D．对比不同时期该指标的变化时，不受计算口径的影响

26．下列财务指标中，属于反映企业长期偿债能力的指标是（　　　）。

    A．速动比率　　　　　　　　　　B．资产负债率

    C．产权比率　　　　　　　　　　D．总资产周转率

27．某正常运营企业的流动比率为 1.8，已知该行业其他企业的流动比率平均为 2.2，由此可以大致推断该企业（　　　）。

    A．长期偿债能力比较弱　　　　　B．流动资产周转需要的时间较长

    C．短期偿债能力比较弱　　　　　D．存货占流动资产比率比较高

28．杜邦财务分析体系的核心指标是（　　　）。

    A．权益净利率　　　　　　　　　B．净资产收益率

    C．营业增长率　　　　　　　　　D．总资产周转率

29．能够反映每 1 元股东权益所赚取的净利润的财务分析指标是（　　　）。

    A．资产负债率　　　　　　　　　B．总资产净利率

    C．资本积累率　　　　　　　　　D．净资产收益率

30．资本积累率反映企业一定时期内（　　　）的变动状况。

    A．资产　　　　　　　　　　　　B．负债

    C．所有者权益　　　　　　　　　D．营业收入

31．关于营业增长率的说法，正确的是（　　　）。

    A．营业增长率小于 0，说明企业出现亏损

    B．营业增长率小于 1，说明企业增长很慢

    C．营业增长率小于 0，说明企业市场占有率萎缩

    D．营业增长率小于 1，说明企业市场占有率萎缩

32．营业增长率反映的是企业（　　　）的增长情况。

    A．经营性资产　　　　　　　　　B．营业收入

    C．经营成本　　　　　　　　　　D．营业利润

33．下列指标中，反映企业某一特定时期内收回赊销账款能力的指标是（　　　）。

    A．存货周转率　　　　　　　　　B．流动资产周转率

    C．总资产周转率　　　　　　　　D．应收账款周转率

34．因素分析法是一种从数量上确定（　　　）的分析方法。

    A．各驱动因素对分析指标的影响方向及程度

    B．分析指标对各驱动因素影响方向和程度

    C．影响分析指标的各驱动因素之间相互关系

    D．各项分析指标之间相互影响方向和程度

35．企业 6 月份主营业务收入 300 万元，月初存货占用资金 180 万元，月末存货占用资金 220 万元。则 6 月份企业存货周转天数为（　　　）天。

    A．10　　　　　　　　　　　　　B．15

    C．20　　　　　　　　　　　　　D．22

36．某企业 8 月份主营业务收入 200 万元，月初占用流动资产 150 万元，月末占用流动资产 170 万元，月末资产总额 280 万元。则该企业 8 月份流动资产周转率为（　　　）。

    A．1.33　　　　　　　　　　　　B．1.25

C. 1.18　　　　　　　　　　　　D. 0.71

37. 某企业年初资产总额为 500 万元，年末资产总额为 540 万元，当年总收入为 900 万元，其中主营业务收入为 832 万元，则该企业一年中总资产周转次数为（　　）次。

　　A. 1.80　　　　　　　　　　　　B. 1.73

　　C. 1.60　　　　　　　　　　　　D. 1.54

38. 关于总资产净利率的说法，正确的是（　　）。

　　A. 总资产净利率是资产总额与净利润的比率

　　B. 总资产净利率越低意味着企业的风险越小

　　C. 总资产净利率越高表明企业资产的利用效率越高

　　D. 该指标中的总资产是指企业的全部固定资产

二　多项选择题

1. 企业财务报表是对企业财务状况、经营成果和现金流量的结构性表述，至少应当包括的组成有（　　）和附注。

　　A. 利润表　　　　　　　　　　　B. 成本费用表

　　C. 现金流量表　　　　　　　　　D. 资产负债表

　　E. 所有者权益（或股东权益）变动表

2. 关于企业财务报告列报基本要求的说法，正确的有（　　）。

　　A. 性质或功能不同的项目，应当在财务报表中单独列报

　　B. 企业应当以持续经营为基础

　　C. 报表列示的项目应全部按抵消后的净额填写

　　D. 企业应当按照权责发生制原则编制所有财务报表

　　E. 企业至少应当按年编制财务报表

3. 计算企业一定时期营业利润时，应从当期营业收入中扣除的项目有（　　）。

　　A. 流动负债　　　　　　　　　　B. 财务费用

　　C. 管理费用　　　　　　　　　　D. 资产减值损失

　　E. 营业成本

4. 对企业财务报表使用者而言，利润表的作用有（　　）。

　　A. 分析企业资产负债变动情况

　　B. 考核企业的经营成果以及利润计划的执行情况

　　C. 分析企业现金流量发生及结余情况

　　D. 分析判断企业损益发展变化的趋势

　　E. 了解一定期间的企业投入和产出之间的关系

5. 编制现金流量表时，下列资产中可以视为现金等价物的有（　　）。

　　A. 三个月到期的国库券

　　B. 可转换定期存单

　　C. 银行承兑汇票

　　D. 可以随时用于支付的其他货币资金

E．企业短期购入的可流通的股票

6．编制现金流量表时，下列现金中应计入筹资活动产生的现金流量的有（　　　）。

A．投资支付的现金

B．偿还债务支付的现金

C．取得投资收益收到的现金

D．吸收投资收到的现金

E．缴纳企业经营中的各项税费支付的现金

7．企业某一会计期间财务报表项目的列报与可比期间相比确需发生变更的，编制财务报表时正确的做法有（　　　）。

A．当期的数据按照可比期间的列报要求进行调整

B．可比期间的数据按照当期的列报要求进行调整

C．在附注中披露数据调整的原因和性质

D．在附注中披露数据调整的各项目金额

E．只需在附注中标明增加或减少的项目及其金额

8．现金流量表中经营活动、投资活动和筹资活动产生的现金流量，分别按照现金流入和现金流出总额列报，但是特殊情况下可以按照净额列报的有（　　　）。

A．代客户收取或支付的现金

B．周转快、金额大、期限短项目的现金流入和现金流出

C．易于转换为不确定金额的现金

D．价值变动风险小的现金

E．金融企业的有关项目，例如活期存款的吸收与支付

9．下列财务比率中，反映企业营运能力的比率有（　　　）。

A．流动比率　　　　　　　　　　B．销售利润率

C．流动资产周转率　　　　　　　D．应收账款周转率

E．净现值率

10．关于资产负债率的说法，正确的有（　　　）。

A．资产负债率是企业总负债与总资产之比

B．资产负债率是综合反映企业长期偿债能力的指标

C．资产负债率越高说明企业偿债能力越强

D．资产负债率反映企业利用债权人提供资金进行经营活动的能力

E．资产负债率反映企业经营风险的程度

11．在相对固定的周期内，企业应收账款周转率越高，可反映出的企业应收账款管理的状况有（　　　）。

A．周转天数少　　　　　　　　　B．信用状况比较差

C．应收账款的收回速度快　　　　D．不易发生坏账损失

E．企业销售收入中赊销的比例过大

12．为了客观评价企业的盈利能力，一般应排除的项目有（　　　）。

A．市场发生变化导致的销售状况好于预期获得的盈利

B．证券买卖等非正常经营项目

C．已经或将要停止的营业项目

D．重大事故或法律更改等特别项目

E．会计准则变更带来的累积影响

13．下列财务分析指标中，属于短期偿债能力指标的有（ ）。

A．利息备付率 B．流动比率

C．速动比率 D．资产负债率

E．资产周转率

【答案与解析】

一、单项选择题

1. A；　2. B；　3. C；　4. B；　5. D；　6. B；　7. C；　8. D；

9. C；　10. A；　11. D；　12. B；　13. A；　14. D；　15. B；　16. B；

17. C；　18. D；　19. A；　20. B；　21. C；　22. D；　23. A；　24. B；

25. A；　26. B；　27. C；　28. A；　29. D；　30. C；　31. C；　32. B；

33. D；　34. A；　*35. C；　36. B；　37. C；　38. C

【解析】

35.【答案】C

根据书中公式，存货周转次数＝300÷［（180＋220）/2］＝1.5 次

存货周转天数＝30÷1.5＝20 天，故选项 C 正确。

二、多项选择题

1. A、C、D、E；　2. A、B、E；　3. B、C、D、E；　4. B、D、E；

5. A、B、C、D；　6. B、D；　7. B、C、D；　8. A、B、E；

9. C、D；　10. A、B、D、E；　11. A、C、D；　12. B、C、D、E；

13. B、C

第 11 章　筹 资 管 理

复习要点

微信扫一扫
在线做题 + 答疑

11.1　筹资主体

筹集资金的方式有很多，按照筹资主体划分，可分为企业筹资和项目融资。

1. 企业筹资

企业筹资，是以现有企业为基础筹资并进行项目的建设，无论项目建成之前还是建成之后，都不会出现新的独立法人。企业筹资按照资金筹集渠道的不同又可分为内源筹资和外源筹资。

内源筹资是指企业从企业内部筹集资金，外源筹资则是指从企业外部获取资金。通常单纯采用内源筹资方式很难满足筹资需求，从风险角度，完全依赖内源筹资不符合资本市场规则，因此外源筹资同样成为筹资的主要方式。外源筹资又可分为直接筹资和间接筹资。

2. 项目融资

1）项目融资的特点

项目融资是以项目为主体的融资活动；是一种有限追索贷款；在项目的初始阶段就较合理地分配项目整个生命周期的风险；融资不需进入项目投资者资产负债表的贷款形式；采用项目融资的项目一般具有灵活的项目结构。

2）政府和社会资本合作模式

从国际经验上看，PPP 包括两种主要模式：一是基于使用者付费的特许经营模式，另一种是基于政府付费的私人融资计划模式。

政府和社会资本合作项目应聚焦使用者付费项目，并明确收费渠道和方式，项目经营收入能够覆盖建设投资和运营成本、具备一定投资回报，不因采用政府和社会资本合作模式额外新增地方财政未来支出责任。

政府和社会资本合作应全部采取特许经营模式实施，根据项目实际情况，合理采用建设—运营—移交（BOT）、转让—运营—移交（TOT）、改建—运营—移交（ROT）等具体实施方式，并在合同中明确约定建设和运营期间的资产权属，清晰界定各方权责利关系。

政府和社会资本合作应限定于有经营性收益的项目。

政府和社会资本合作的建设实施管理方面：首先严格审核特许经营方案；其次，公平选择特许经营者；然后，规范签订特许经营协议；最后，严格履行投资管理程序。

11.2　筹资方式

1．短期筹资的特点和方式

1）短期负债筹资的特点

与长期负债筹资方式相比，短期负债筹资通常具有如下特点：

（1）筹资速度快，容易取得；（2）筹资弹性好；（3）筹资成本较低；（4）筹资风险高。

2）短期负债筹资的方式

短期负债筹资最常用的方式是商业信用和短期借款。

商业信用的具体形式有应付账款、应付票据、预收账款、其他应付款项等。

短期借款主要有生产周转借款、临时借款、结算借款等。银行发放短期借款往往带有一些信用条件，如① 信贷限额；② 周转信贷协定；③ 补偿性余额；④ 借款抵押；⑤ 偿还条件；⑥ 其他承诺。

2．长期筹资的方式和特点

1）长期负债筹资

长期负债筹资可分为长期借款筹资、长期债券筹资、融资租赁和可转换债券筹资。

长期借款主要用于购建固定资产和满足长期流动资金占用的需要。企业申请贷款一般应具备一些基本条件，并有一些保护性条款。与其他长期负债筹资相比，长期借款筹资的特点为：筹资速度快，比发行债券的手续简单；借款弹性较大；用款期间发生变动，亦可与银行再协商；借款成本较低，筹资费用较少；长期借款的限制性条款比较多。

企业发行长期债券筹资，一般债券的发行价格通常有平价、溢价和折价三种。企业公开发行债券通常需要由债券评信机构评定等级。与其他长期负债筹资方式相比，发行债券的突出优点在于筹资规模大、债券发行对象范围广、市场容量较大，可以筹集到的资金数量相对较多；具长期性和稳定性，债券的期限可以较长且债券投资者不能在债券到期前向企业索取本金，但是，这种筹资方式发行成本高、信息披露成本高、限制条件多。

融资租赁作为一种筹资方式，是指实质上转移了与租赁资产所有权有关的几乎全部风险和报酬的租赁。融资租赁的认定条件有多种。租金包括三大部分：① 租赁资产的成本；② 租赁资产成本的利息；③ 租赁手续费。融资租赁的优点有：① 是一种融资与融物相结合的筹资方式，能够迅速获得所需长期资产的使用权；② 可以避免长期借款筹资所附加的各种限制性条款，具有较强的灵活性；③ 融资与引进设备都由有经验和对市场熟悉的租赁公司承担，可以减少设备引进费，从而降低设备取得成本；④ 租赁费中的利息、手续费以及融资租赁设备的折旧费均可在税前支付，可以减轻所得税负担。融资租赁的出租人不能将租赁资产列入资产负债表。与此相适应，也不能对租赁资产中的固定资产提取折旧。

与普通债券相比，可转换债券可以根据债权人的选择在规定的时间转换为普通股股票，具有更大的灵活性，因此，对投资者的吸引力较大，企业可以根据自身的财务状况，通过发行可转换债券，从资本市场中直接获得资金。

2）长期股权筹资

长期股权筹资分为优先股股票筹资、普通股股票筹资以及认股权证筹资。

11.3　资金成本分析

1. 资金成本的概念

资金成本是指企业为筹措和使用资本而付出的代价，是资金使用者向资金所有者和中介机构支付的占用费和筹集费用，因此资金成本包括资金占用费和筹集费两个部分。为了便于分析、比较，资金成本通常以资金成本率表示。

$$资金成本率 = \frac{资金占用费}{筹资净额}$$

$$筹资净额 = 筹资总额 - 筹集费用 = 筹资总额 \times (1 - 筹集费率)$$

2. 资金成本的作用

资金成本的作用主要表现在三个方面：选择资金来源、确定筹资方案的重要依据；评价投资项目、比较投资方案和进行投资决策的经济标准；评价企业经营业绩的基准。

3. 资金成本的计算

常用的资金成本有个别资金成本和综合资金成本。

个别资金成本是单一筹资方式的资金成本，包括长期借款资金成本、长期债券资金成本、优先股资金成本、普通股资金成本和留存收益资金成本。其中，前两种称为债务资金成本，后三种称为权益资金成本或自有资金成本。根据《中华人民共和国企业所得税法》的规定，企业债务的利息允许从税前利润中扣除，从而可以抵免企业所得税。因此，企业实际负担的债务资金成本应当考虑所得税因素。

综合资金成本是对各种个别资金成本进行加权平均而得的结果，因此，也称为加权平均资金成本。

11.4　资本结构分析

1. 资本结构的概念

资本结构指的是长期债务资本和权益资本的构成及其比例关系，不包括短期负债。

2. 影响资本结构的主要因素

影响资本结构的因素较为复杂，大体可以分为外部因素和内部因素。外部因素通常有税率、汇率、资本市场、行业特征；内部因素通常有营业收入、成长性、盈利能力、管理层风险偏好、股权结构以及财务灵活性等。

3. 资本结构决策的分析方法

资本结构决策常用的分析方法有资金成本比较法、每股收益无差别点法和企业价值比较法。

资金成本比较法，是指在不考虑各种筹资方式在数量与比例上的约束以及财务风险差异时，通过测算不同资本结构方案的综合资金成本，选择综合资金成本最低的方案，确定为相对较优的资本结构。

　　每股收益无差别点法是在计算不同筹资方案的每股收益相等时所对应的盈利水平的基础上，通过比较在企业预期盈利水平下的不同筹资方案的每股收益，进而选择每股收益较大的筹资方案。

　　企业价值比较法是以企业价值最大化作为最佳资本结构的衡量标准，如果是上市公司，就是使市净率（每股市价与每股净资产的比率）最高的资本结构。

4. 资本结构的优化

　　企业最优的资本结构应当是使企业的价值最大化，同时，资金成本也是最低的资本结构，而不一定是每股收益最大的资本结构。

一　单项选择题

1. 下列筹资方式中，属于内源筹资的资金来源的是（　　）。
    A. 银行借款　　　　　　　　　B. 发行普通股
    C. 未分配专项基金　　　　　　D. 发行可转换证券

2. 对于具有明确的收费基础，并且经营收费能够完全覆盖投资成本的政府和社会资本合作项目，通常可采用的经营模式是（　　）。
    A. 基于使用者付费的特许经营模式　B. 基于政府付费的私人融资计划模式
    C. 政府购买服务模式　　　　　　　D. 基于政府付费的委托运营模式

3. 下列筹资方式中，属于长期负债筹资的是（　　）。
    A. 银行承兑汇票融资　　　　　B. 延期付款筹资
    C. 可转换债券筹资　　　　　　D. 预收账款筹资

4. 下列筹资方式中，属于商业信用筹资的是（　　）。
    A. 应付账款　　　　　　　　　B. 普通股筹资
    C. 长期贷款　　　　　　　　　D. 融资租赁

5. 企业发行债券时，当债券票面利率低于市场利率时，应采取的发行价格是（　　）。
    A. 平价发行　　　　　　　　　B. 溢价发行
    C. 折价发行　　　　　　　　　D. 按市场利率发行

6. 某施工企业甲采用融资租赁的方式从出租人乙手里租入一台机械，则关于该机械在财务上处理的说法，正确的是（　　）。
    A. 该机械应列入甲方资产负债表中的负债
    B. 该机械应列入乙方资产负债表中的资产
    C. 该机械的折旧应当采用与乙的其他自有固定资产相一致的折旧政策
    D. 该机械的折旧应当采用与甲的其他自有固定资产相一致的折旧政策

7. 资本结构反映的是企业或项目筹资方案中各种（　　）来源的构成和比例关系。
    A. 权益资本　　　　　　　　　B. 长期负债
    C. 短期负债　　　　　　　　　D. 长期资本

8. 企业最优的资本结构应是（　　）。
    A. 使企业息税前利润最大化的资本结构
    B. 使每股收益最大化的资本结构

C．使企业的价值最大化的资本结构

D．企业股东风险最小化的资本结构

9．某企业计划扩大规模，在现有资本结构基础上拟定了 2 个追加筹资 5000 万元的方案见表 11-1。按筹资成本最低决策，应选择的方案及理由正确的是（　　）。

表 11-1　筹资方案表

筹资方式	现有资本结构		追加筹资方案 1		追加筹资方案 2	
	筹资额（万元）	个别资金成本	筹资额（万元）	个别资金成本	筹资额（万元）	个别资金成本
长期借款	1500	7%	1500	7.2%	3000	8.0%
长期债券	4000	8%	1500	9%	1000	9%
优先股	500	12%	1000	13%	500	13%
普通股	4000	15%	1000	16%	500	16%
合计	10000		5000		5000	

A．选择方案 1，因为其最低资金成本低于方案 2

B．选择方案 2，因为其最高资金成本筹资额低于方案 1

C．选择方案 1，因为其平均资金成本为 11.3%，低于方案 2 的 11.5%

D．选择方案 2，因为其资金成本为 9.5%，低于方案 1 的 10.66%

10．企业拥有长期资本 6000 万元，其中长期借款 1000 万元，长期负债 3000 万元，优先股 2000 万元，3 种资金来源的资金成本率分别为 6%、8%、10%。该企业综合资金成本为（　　）。

A．7.5%　　　　　　　　　　　　B．8%

C．8.3%　　　　　　　　　　　　D．8.7%

11．企业从银行借款 500 万元，年利率为 8%，因该项借款发生筹资费用 10 万元，每年结息一次，到期一次还本，企业所得税率为 25%，该项借款的资金成本为（　　）。

A．6%　　　　　　　　　　　　　B．6.12%

C．8%　　　　　　　　　　　　　D．8.16%

12．融资租赁的租金由（　　）构成。

A．租赁资产的成本及其利息、租赁手续费

B．租赁资产成本及管理费

C．租赁资产的管理费和租赁手续费

D．租赁资产的购买价格和管理费

13．企业以发行债券方式融资产生的资金成本中，属于资金占用费的是（　　）。

A．债券代理发行费　　　　　　　B．债券公证费

C．债券发行广告费　　　　　　　D．债券利息

14．下列以企业为主体的筹资方式中，属于间接筹资的是（　　）。

A．使用企业未分配专项基金　　　B．企业发行股票

C．企业向银行申请借款　　　　　D．企业发行企业债券

15．下列以企业为主体的外源筹资方式中，属于混合筹资方式的是（　　）。

A．优先股筹资　　　　　　　　　B．可转换债券筹资

    C．借款筹资　　　　　　　　　D．债券筹资

16．下列资金成本中，属于资金占用费的是（　　　）。

    A．银行借款利息　　　　　　　B．银行借款担保费

    C．债券印刷费　　　　　　　　D．债券代理发行费

17．关于以企业为主体进行外源权益筹资的说法，正确的是（　　　）。

    A．会改变企业股权结构　　　　B．需按期偿还本金和利息

    C．可能导致企业负债率上升　　D．不会影响企业的资本结构

18．短期借款中的信贷限额是银行对借款人规定的（　　　）。

    A．无担保贷款的最高额　　　　B．抵押贷款的最高额

    C．有担保贷款的最低额　　　　D．抵押贷款抵押物的最低额

19．狭义的项目融资形成的负债应由（　　　）还本付息。

    A．项目发起人　　　　　　　　B．项目投资者

    C．项目决策机构　　　　　　　D．项目本身的资产或盈余

20．短期筹资一般是在 1 年以内或（　　　）到期的筹资。

    A．超过 1 年不超过管理者 1 个任期　B．不超过 3 年

    C．超过 1 年的 1 个营业周期内　　D．不超过 5 年

21．相对于长期负债筹资方式，短期负债筹资的特点是（　　　）。

    A．资金提供人对资金使用的限制较多

    B．资金成本较高

    C．筹资方获取资金速度较快

    D．短期内偿付债务的财务压力较小

22．以企业为主体进行内源筹资的缺点是（　　　）。

    A．筹资费用高　　　　　　　　B．筹资效率低

    C．筹资额度有限　　　　　　　D．资金时间成本高

23．下列筹资方式中，属于以企业为主体进行内源筹资的是（　　　）。

    A．新增发行优先股股票　　　　B．向金融机构举债

    C．争取风险投资基金　　　　　D．变卖闲置的固定资产

24．企业某时点所有者权益资本为 1000 万元，企业长期债务资本为 800 万元，短期负债为 500 万元，则应列入资本结构管理范畴的金额为（　　　）万元。

    A．2300　　　　　　　　　　　B．1800

    C．1500　　　　　　　　　　　D．1000

25．从筹资方角度分析，相对于长期负债筹资，短期筹资的风险较大，这是因为（　　　）。

    A．筹资方可利用的资金数量有限

    B．短期筹资影响企业的资本结构

    C．要求筹资方具有较高的资信等级

    D．要求筹资方短期内筹集足够资金偿还债务

26．采用每股收益无差别点方法进行资本结构决策时，每股收益是指（　　　）。

    A．息税摊销前利润与股本总数的比

B．税后利润与股本总数的比

C．税前利润与该会计期间新增股本数的比

D．税后利润与该会计期间新增股本数的比

二 多项选择题

1．按照筹资主体划分，企业筹集资金方式可分为（   ）。

　　A．以管理者为主体的筹资

　　B．以企业为主体的筹资

　　C．以物资采购活动为主体的筹资

　　D．项目融资

　　E．以财务部门为主体的筹资

2．关于项目融资特点的说法，正确的有（   ）。

　　A．是以项目为主体的融资活动　　B．有限追索贷款

　　C．资产负债表之外的融资　　　　D．灵活的信用结构

　　E．项目投资人承担无限责任的融资

3．相对于普通股股票，优先股股票筹资的特点有（   ）。

　　A．公司不需要偿还本金　　　　　B．股利标准是固定的

　　C．能提高公司的举债能力　　　　D．不会改变权益资本的数量

　　E．需要支付更多股利

4．企业作为筹资主体时，内源筹资资金的来源有（   ）。

　　A．留存收益　　　　　　　　　　B．债券筹资

　　C．优先股筹资　　　　　　　　　D．普通股筹资

　　E．应收账款

5．以企业为主体进行内源筹资的优势有（   ）。

　　A．资金来源广泛　　　　　　　　B．筹资费用低

　　C．筹资效率高，时间短　　　　　D．不会对企业股权结构产生影响

　　E．会导致企业负债率上升

6．下列影响企业资本结构的因素中，属于内部因素的有（   ）。

　　A．税率　　　　　　　　　　　　B．利率

　　C．盈利能力　　　　　　　　　　D．行业特征

　　E．管理层偏好

7．下列影响企业资本结构的因素中，属于外部因素的有（   ）。

　　A．税率　　　　　　　　　　　　B．营业收入

　　C．资本市场　　　　　　　　　　D．管理层偏好

　　E．股权结构

8．关于采用企业价值比较法确定企业最优资本结构的说法，正确的有（   ）。

　　A．最优的资本结构应是使企业的价值最大化，同时资金成本也是最低的资本结构

  B. 最优的资本结构应是使每股收益最大，同时资金成本尽可能低的资本结构

  C. 非上市公司由于无法随时获得准确股价，往往难以准确计算企业价值，因此难以据此确定最优资本结构

  D. 采用企业价值比较法确定最优资本结构时，没有考虑财务风险因素

  E. 采用企业价值比较法确定最优资本结构时，考虑了债务的抵税作用

 9. 根据《企业会计准则第 21 号——租赁》，下列情形中，通常可认定为融资租赁的有（   ）。

  A. 在租赁期届满时，租赁资产的所有权转移给承租人

  B. 承租人有购买租赁资产的选择权，所订立的购买价款与预计行使选择权时租赁资产的公允价值相比足够低，因而在租赁开始日就可以合理确定承租人将行使该选择权

  C. 资产的所有权虽然不转移，但租赁期占租赁资产使用寿命的大部分（通常解释为≥50%）

  D. 在租赁开始日，租赁收款额的现值几乎相当于租赁资产的公允价值（通常解释为≥70%）

  E. 租赁资产性质特殊，如果不作较大改造，只有承租人才能使用

 10. 与其他长期负债筹资方式相比，发行债券的优点在于（   ）。

  A. 债券发行对象范围广   B. 可以筹集到的资金数量相对较多

  C. 发行成本低   D. 信息披露成本较低

  E. 债券投资者可以在债券到期前向企业索取本金

 11. 下列项目中，属于现行的政府和社会资本合作的重点领域项目的有（   ）。

  A. 没有收益的城市防洪工程   B. 城镇污水垃圾收集处理项目

  C. 城市停车场项目   D. 具有发电功能的水利项目

  E. 机场高速公路项目

 12. 根据现行规定，关于政府和社会资本合作的建设实施管理的说法，正确的有（   ）。

  A. 严格审核特许经营方案

  B. 项目实施机构选择特许经营者不宜采用公开招标的方式

  C. 项目实施机构应牵头编制特许经营方案

  D. 特许经营者应严格按照有关规定优化工程建设方案

  E. 项目实施机构与特许经营者应在权利义务对等的基础上签订特许经营协议

【答案与解析】

一、单项选择题

1. C;   2. A;   3. C;   4. A;   5. C;   6. D;   7. B;   8. C;

*9. D;   *10. C;   *11. B;   12. A;   13. D;   14. C;   15. B;   16. A;

17. A;   18. A;   19. D;   20. C;   21. C;   22. C;   23. D;   24. B;

25. D;   26. B

【解析】

9.【答案】D

资本决策应考虑综合资金成本，不能按照单一资金来源做出决策。所以选项A、B不正确，综合资金成本应按照加权平均计算，不能采用简单平均法计算。

方案1的资金成本简单平均值为：（7.2%＋9%＋13%＋16%）/4＝11.3%。

方案2的资金成本简单平均值为：（8%＋9%＋13%＋16%）/4＝11.5%。选项C根据平均资金成本进行比选，不正确。

追加筹资方案1的资金成本为：

（7.2%×1500＋9%×1500＋13%×1000＋16%×1000）/5000＝10.66%。

追加筹资方案2的资金成本为：

（8%×3000＋9%×1000＋13%×500＋16%×500）/5000＝9.5%。

故选项D正确。

10.【答案】C

各备选项的计算如下：

选项A＝（6%×1000＋8%×3000）/4000＝7.5%

选项B＝（6%＋8%＋10%）/3＝8%

选项C＝（6%×1000＋8%×3000＋10%×2000）/6000＝8.3%

选项D＝（6%×1000＋10%×2000）/3000＝8.7%

计算综合资金成本，既要考虑负债资金，也要考虑权益资金，借款、债券、优先股的资金成本均纳入综合成本计算，且应按照各种来源资金的份额加权平均计算，故选项C正确。

11.【答案】B

选项A＝500×8%×（1－25%）/（500）＝6%

选项B＝500×8%×（1－25%）/（500－10）＝6.12%

选项C＝8%，即银行借款年利率

选项D＝500×8%/（500－10）＝8.16%

利息支付可以在所得税前计算，影响应交所得税，同时筹资费用一次性发生，导致企业实际可利用资金减少，本例中筹资500万元，发生筹资费用10万元，筹资净额490万元。故选项B为正确选项。

二、多项选择题

1. B、D；	2. A、B、C、D；	3. A、B、C；	4. A、E；
5. B、C、D；	6. C、E；	7. A、C；	8. A、C、D、E；
9. A、B、E；	10. A、B；	11. B、C、D、E；	12. A、C、D、E

第 12 章 营运资金管理

微信扫一扫
在线做题 + 答疑

复习要点

12.1 现金管理

1. 现金及其管理目标

现金是企业流动性最强的资产。具体包括：库存现金、各种形式的银行存款、银行本票、银行汇票等。有价证券看作现金的替代品，是"现金"的一部分。

企业现金管理的目标，就是要在资产的流动性和盈利能力之间做出抉择，提高现金使用效率，以获取最大的长期利益。

2. 现金管理的方法

为达到现金管理的目标，常采用如下的现金管理做法：力争现金流量同步；使用现金浮游量；加速收款；推迟应付款的支付。

3. 最佳现金持有量

常用的确定现金持有量的方法有成本分析模式、存货模式和随机模式三种。

成本分析法是通过分析持有现金的成本，寻找持有成本最低的现金持有量。一般企业持有的现金，将会有三种成本：机会成本、管理成本和短缺成本。这三项成本之和最小的现金持有量，就是最佳现金持有量。

12.2 应收账款管理

1. 应收账款管理的目标

应收账款是企业流动资产中的一个重要项目，是商业信用的直接产物。应收账款的管理就是要在应收账款信用政策所增加的盈利和这种政策的成本之间做出权衡。

2. 信用政策

应收账款赊销的效果好坏，依赖于企业的信用政策。信用政策包括：信用期间、信用标准和现金折扣政策。

信用期间是企业允许顾客从购货到付款之间的时间，或者说是企业给予顾客的付款期间。

信用标准是指顾客获得企业的交易信用所应具备的条件。一般通过"5C"系统来进行分析。"5C"是指品质（Character）、能力（Capacity）、资本（Capital）、条件（Condition）以及抵押（Collateral）。

现金折扣是企业对顾客在商品价格上所做的扣减，通常表示为 $2/10$、$1/20$、$n/30$，含义是 10 天内付款，享受 2% 现金折扣，20 天内付款，享受 1% 现金折扣，30 天内付款，没有折扣。

3．应收账款的管理方法

实施对应收账款回收情况的监督，可以通过编制账龄分析表进行。

企业的收账政策属于信用政策的一部分。一般来说，收账的费用越大，收账措施越有力，可收回的账款应越大，坏账损失也就越小。因此制定收账政策，要在收账费用和所减少的坏账损失之间做出权衡。

12.3 存货管理

1．存货管理的目标

存货管理的目标就是要尽力在各种存货成本与存货效益之间做出权衡，达到两者的最佳结合。

2．储备存货的成本

企业储备存货有关的成本，包括取得成本、储存成本以及缺货成本三种，其中，取得成本指为取得某种存货而支出的成本，又分为订货成本和购置成本。

3．存货决策

存货的决策涉及四项内容：决定进货项目、选择供应单位、决定进货时间和决定进货批量。按照存货管理的目的，需要通过合理的进货批量和进货时间，使存货的总成本最低，这个批量叫作经济订货量或经济批量。

经济订货量的基本模型是建立在一系列严格假设条件之下的理论模型，假设条件一般包括：需要订货时可立即取得存货；订货可集中到货；任何情况下都不允许缺货；对存货的需求量能准确预测；无论一次采购多少，市场均能满足需求且存货单价都是相同的，等等。模型的推导结果为：

$$Q^* = \sqrt{2KD/K_2}$$

式中 Q^*——经济订货量；

K——一次订货的变动成本；

D——存货年需要量；

K_2——单位储存变动成本。

4．存货管理的方法

存货管理的 ABC 分析法就是按照一定的标准，将企业的存货划分为 A、B、C 三类，分别实行分品种重点管理、分类别一般控制和按总额灵活掌握的存货管理方法。分类的标准主要有两个：一是金额标准；二是品种数量标准。

12.4 短期负债管理

1．短期负债管理的目的

在短期负债筹资中，短期借款的重要性仅次于商业信用。短期负债管理的目的是维护企业流动性和偿债能力，增强企业抵御风险的能力，提高企业利润和发展潜力。短期负债筹资中，应用最广的是商业信用和短期借款。

2．商业信用

商业信用的具体形式有应付账款、应付票据、预收账款、其他应付款项等多种。

由于应付账款有付款期、折扣等信用条件。应付账款可以分为：免费信用，即买方企业在规定的折扣期内享受折扣而获得的信用；有代价信用，即买方企业放弃折扣付出代价而获得的信用；展期信用，即买方企业超过规定的信用期推迟付款而强制获得的信用。放弃现金折扣的成本与折扣百分比的大小、折扣期的长短同方向变化，与信用期的长短反方向变化。

应付票据根据承兑人的不同，分为商业承兑汇票和银行承兑汇票两种。根据是否带息分为带息应付票据和不带息应付票据两种。根据期限可分为短期应付票据和长期应付票据，一般期限在一年或一个经营期内的是短期应付票据，属于短期负债，期限在一年中一个经营期以上的是长期应付票据，属于长期负债。

预收账款一般用于生产周期长、资金需要量大的货物销售。

3．短期借款

短期借款主要有生产周转借款、临时借款、结算借款等。

短期借款的利率多种多样，分为优惠利率、浮动优惠利率和非优惠利率。

借款利息的支付方法有：收款法、贴现法、加息法。

一　单项选择题

1．企业的下列资产中，流动性最强的是（　　　）。

    A．库存材料　　　　　　　　　B．银行存款

    C．应收票据　　　　　　　　　D．应收账款

2．企业缺乏必要的现金，将不能应付业务开支，使企业蒙受损失，这种损失称为（　　　）。

    A．现金机会成本　　　　　　　B．短缺现金成本

    C．现金管理成本　　　　　　　D．现金风险损失

3．企业持有一定量现金用于保证月末职工的工资发放，属于置存现金的（　　　）需要。

    A．交易性　　　　　　　　　　B．投机性

    C．预防性　　　　　　　　　　D．收益性

4．甲、乙、丙三种现金持有方案的成本预测见表 12-1，其中预测不合理的成本项目是（　　　）。

表 12-1　现金持有方案的成本预测　　　　　　　　　　单位：万元

项目	甲	乙	丙
现金持有量	50000	70000	80000
机会成本	8000	6000	5000
管理成本	12000	12000	12000
短缺成本	6000	3000	500

　　A．机会成本　　　　　　　　B．管理成本

　　C．短缺成本　　　　　　　　D．现金持有量

　　5．企业现金管理应力争现金流量同步，意味着应当使（　　）趋于一致。

　　　　A．现金流入和产品销售的时间

　　　　B．现金流出发生时间和财务入账时间

　　　　C．现金流出和经济业务的发生时间

　　　　D．现金流入和现金流出发生的时间

　　6．为避免发生银行存款透支，企业现金管理中合理使用浮游量的关键是（　　）。

　　　　A．控制好现金使用量　　　　B．控制好使用时间

　　　　C．缩短应收账款的时间　　　　D．推迟应付款的支付

　　7．企业置存一定数量的现金导致这部分资金不能用于生产经营周转而造成的收益损失，属于持有现金成本的（　　）。

　　　　A．管理成本　　　　　　　　B．短缺成本

　　　　C．无形成本　　　　　　　　D．机会成本

　　8．下列成本中，属于与现金持有量无明显关系的是（　　）。

　　　　A．无形成本　　　　　　　　B．管理成本

　　　　C．短缺成本　　　　　　　　D．机会成本

　　9．某企业四种现金持有量方案的成本见表12-2。若采用成本分析模式控制现金持有规模，则企业最佳现金持有量方案应为（　　）。

表12-2　四种现金持有量方案的成本表　　　　　　　（单位：元）

项目	甲	乙	丙	丁
现金持有量	70000	80000	90000	100000
机会成本	6300	7200	8100	9000
管理成本	15000	15000	15000	15000
短缺成本	10000	3000	500	0

　　　　A．甲方案　　　　　　　　B．乙方案

　　　　C．丙方案　　　　　　　　D．丁方案

　　10．企业制定赊销信用政策时，若采用"5C"标准进行顾客评价，其中"品质"是指顾客的（　　）。

　　　　A．过去的付款记录和债务偿还的情况

　　　　B．财务实力、总资产和股东权益的大小

　　　　C．可作为抵押品的资产

　　　　D．流动资产的数量及性质

　　11．为有效对应收账款进行监督，明确各项应收账款收账时间和紧迫性，宜编制（　　）。

　　　　A．账龄分析表　　　　　　　B．应收账款日记账

　　　　C．盈亏平衡表　　　　　　　D．现金流量表

12. 施工企业的下列订货成本中，属于固定成本的是（　　）。

    A．常设采购机构订货差旅费   B．常设采购机构的固定人员工资

    C．订货函件往来邮寄费   D．订货合同公证费

13. 企业本月从仓库领用并运抵现场的一批材料价值 58 万元，其中运杂费用 2 万元。该批材料入库购置成本为 50 万元，订货成本为 5 万元，则该批材料的储存成本为（　　）万元。

    A．1

    B．3

    C．6

    D．8

14. 企业存货管理的目的是通过合理的进货批量和进货时间安排，使存货的（　　）最低。

    A．总成本

    B．缺货成本

    C．购置成本

    D．订购成本

15. 企业生产所需的某种材料年度采购总量为 800 吨，材料单价为 4500 元／吨，一次订货成本为 3000 元，每吨材料的年平均储备成本为 120 元。则该材料的经济采购批量为（　　）吨。

    A．100

    B．141

    C．200

    D．245

16. 企业采用 ABC 分析法进行存货管理，对 C 类材料一般采取的管理策略是（　　）。

    A．分品种进行重点管理

    B．认真规划经济采购批量并严格控制

    C．分类别进行一般控制

    D．根据经验灵活确定进货量

17. 企业采用 ABC 分析法进行存货管理，其中 A 类材料的特征是（　　）。

    A．品种多但每一类别数量少   B．品种多且资金占用少

    C．品种少但占用资金多   D．品种多但单位价值低

18. 企业一批存货的订货固定成本为 2 万元，订货变动成本为 1 万元，购置成本为 20 万元，储存成本为 5 万元，该批存货的取得成本为（　　）万元。

    A．21

    B．22

    C．23

    D．28

19. 企业向银行一次性借款、按协议等额偿还借款本金和利息的借款方式下，企业向银行支付利息的方法属于（　　）。

    A．收款法

    B．贴现法

    C．终值法

    D．加息法

20. 企业按年利率 5.9% 向银行借款 800 万元，银行要求维持借款限额 8% 的补偿性余额，该项借款的有效年利率为（　　）。

    A．5.428%

    B．5.9%

    C．6.372%

    D．6.413%

21. 企业享有的周转信贷额为 1000 万元，承诺费率为 0.5%，借款企业年度内

使用了 700 万元，余额 300 万元，借款企业该年度要向银行支付的承诺费为（　　　）万元。

    A．0   B．1.5

    C．3.5   D．5.0

22．企业按 2/15、$n/30$ 的条件购入货物 30 万元。如果该企业在第 14 天付款，则企业获得的折扣和免费信用额分别为（　　　）万元。

    A．0.6，29.4   B．0.6，30

    C．0.3，29.4   D．0.2，29.8

23．企业按 2/10、$n/30$ 的条件购入货物 50 万元，企业在第 30 天付款，则企业放弃现金折扣的成本为（　　　）。

    A．2.00%   B．2.04%

    C．36.7%   D．73.4%

24．关于应付票据的说法，正确的是（　　　）。

    A．应付票据是企业进行提前付款交易时开具的

    B．应付票据的利率一般比银行的借款利率高

    C．应付票据可以带息，也可以不带息

    D．开具应付票据需要保持相应的补偿余额

25．根据承兑人的不同，企业开出的应付票据分为（　　　）。

    A．企业承兑汇票和担保人承兑汇票

    B．商业承兑汇票和银行承兑汇票

    C．担保人承兑汇票和银行承兑汇票

    D．担保人承兑汇票和商业承兑汇票

二　多项选择题

1．关于企业现金管理的说法，正确的有（　　　）。

    A．企业置存必要的现金，目的之一是应付业务开支需要

    B．企业不得置存现金用于投机性购买

    C．企业置存过量现金会对企业盈利产生不利影响

    D．企业现金管理的目标是要保证尽可能高的资产流动性

    E．企业现金管理既要避免现金不足，又要避免现金过量

2．企业确定现金持有量的方法有（　　　）。

    A．成本分析模式   B．存货模式

    C．客户满意模式   D．经济批量模式

    E．随机模式

3．关于现金持有量与现金持有成本关系的说法，正确的有（　　　）。

    A．现金管理成本与现金持有量关联性强

    B．现金短缺成本随现金持有量增加而下降

    C．现金管理成本随现金持有量增加而下降

  D．现金机会成本随现金持有量增加而增加

  E．现金持有成本由一定现金持有量的机会成本、管理成本、短缺成本综合而成

4．企业制定赊销信用政策时，延长信用期对企业的影响有（　　）。

  A．有利于增加销售额   B．应收账款增加

  C．收款难度降低   D．收账费用增加

  E．坏账可能性下降

5．关于企业赊销现金折扣策略的说法，正确的有（　　）。

  A．目的在于吸引顾客为享受优惠提前付款

  B．现金折扣要与信用期间结合起来考虑

  C．招揽顾客前来购货以扩大销售量

  D．缩短企业的平均收款期

  E．现金折扣策略只会增加收入不会增加成本

6．企业利用自有仓库储存存货的变动成本有（　　）。

  A．仓库建筑折旧费用   B．常设采购机构人员工资

  C．仓库职工的固定月工资   D．存货占用资金的应计利息

  E．存货的破损和变质损失

7．下列施工企业的资产中，属于存货的有（　　）。

  A．施工机械   B．原材料

  C．银行存款   D．预制构件

  E．低值易耗品

8．下列存货的订货成本中，属于变动成本的有（　　）。

  A．常设采购机构办公费

  B．常设采购机构人员工资

  C．常设采购机构人员订货的差旅费

  D．常设采购机构固定资产折旧费

  E．订货比选业务费

9．企业采用成本分析模式确定现金持有量时，需要考虑的成本有（　　）。

  A．机会成本   B．隐性成本

  C．管理成本   D．融资成本

  E．短缺成本

10．企业存货决策时，计算缺货成本应考虑的要素有（　　）。

  A．仓库空置造成的收益损失

  B．库存缺货造成的拖欠发货损失

  C．紧急采购发生的额外成本

  D．无库存丧失销售机会的损失

  E．材料供应中断造成的停产损失

11．借款企业支付银行贷款利息的方法有（　　）。

  A．付款法   B．收款法

  C．加息法   D．终值法

E．贴现法

12．作为短期负债筹资的商业信用，其具体方式有（　　　）。

A．应收账款　　　　　　　　B．预收账款

C．应付票据　　　　　　　　D．应付账款

E．预付账款

13．企业短期借款的形式主要有（　　　）。

A．投资借款　　　　　　　　B．基本建设借款

C．生产周转借款　　　　　　D．临时借款

E．结算借款

14．关于短期借款筹资的说法，正确的有（　　　）。

A．短期借款筹资方式可以随企业的需要安排，便于灵活使用

B．短期内要归还，在带有诸多附加条件的情况下风险加剧

C．采用贴现法计息时，贷款的实际利率等于名义利率

D．采用加息法计息时，贷款的实际利率高于名义利率大约 1 倍

E．采用收款法计息时，企业应在借款到期时向银行支付利息

15．企业在选择提供贷款的金融机构时，除了考虑借款成本与借款条件外，还应考虑的因素有（　　　）。

A．金融机构对贷款风险的政策　　B．金融机构的稳定性

C．贷款的专业化程度　　　　　　D．金融机构对企业的态度

E．金融机构总部的所在地

【答案与解析】

一、单项选择题

1．B；　　2．B；　　3．A；　　4．A；　　5．D；　　6．B；　　7．D；　　8．B；
*9．C；　　10．A；　　11．A；　　12．B；　　*13．A；　　14．A；　　*15．C；　　16．D；
17．C；　　*18．C；　　19．D；　　*20．D；　　*21．B；　　22．A；　　*23．C；　　24．C；
25．B

【解析】

9．【答案】C

成本分析模式确定最佳现金持有量就是要使现金持有成本最低，现金持有成本包括机会成本、管理成本和短缺成本。四种现金持有量方案的成本见表 12-3。

表 12-3　四种现金持有量方案的成本表　　　　　（单位：元）

项目	甲	乙	丙	丁
现金持有量	70000	80000	90000	100000
机会成本	6300	7200	8100	9000
管理成本	15000	15000	15000	15000
短缺成本	10000	3000	500	0
现金持有成本合计	31300	25200	23600	24000

上述现金持有成本中，丙方案的成本最低，故选项 C 正确。

13.【答案】A

企业储备存货的有关成本包括取得成本、储存成本和缺货成本。本题中包括取得成本和储存成本，取得成本又划分为购置成本和订货成本，题目中没有直接给出储存成本，而是根据已知的其他成本推断出储存成本。因此，该批材料储存成本 = 58−2（运杂费）−50（购置成本）−5（订货成本）= 1 万元。故选项 A 正确。

15.【答案】C

经济采购批量 = $\sqrt{2 \times 3000 \times 800 \div 120}$ = 200 吨。

故选项 C 正确。

18.【答案】C

存货取得成本为订货成本和购置成本之和，储存成本不属于取得成本。取得成本应包括订货固定成本为 2 万元，订货变动成本为 1 万元，购置成本为 20 万元，合计 23 万元，不包括储存成本的 5 万元。故选项 C 正确。

20.【答案】D

补偿性余额是银行要求借款企业在银行中保持按贷款限额或实际借用额一定百分比的最低存款余额。本例中企业年利息为 800×5.9% = 47.2 万元，实际可使用的资金为 800×（1−8%）= 736 万元，企业实际利率为 47.2÷736×100% = 6.413%。所以选项 D 正确。

21.【答案】B

周转信贷协定是银行具有法律义务地承诺提供不超过某一最高限额的贷款协定。在有效期内，只要企业的借款总额未超过最高限额，银行必须满足企业任何时候提出的借款要求。企业享用周转信贷协定，通常要就贷款限额的未使用部分付给银行一笔承诺费。该协定的有效期通常超过 1 年。本案例中企业年度内有 300 万元未使用，应向银行支付承诺费 300×0.5% = 1.5 万元，故选项 B 正确。

23.【答案】C

放弃现金折扣的成本按下式计算：

2%÷（1−2%）×［360÷（30−10）］= 36.7%，故选项 C 正确。

二、多项选择题

1. A、C、E;	2. A、B、E;	3. B、D、E;	4. A、B、D;
5. A、B、C、D;	6. D、E;	7. B、D、E;	8. C、E;
9. A、C、E;	10. B、C、D、E;	11. B、C、E;	12. B、C、D;
13. C、D、E;	14. A、B、D、E;	15. A、B、C、D	

第3篇 工程计价

第13章 建设项目总投资构成及计算

复习要点

微信扫一扫
在线做题+答疑

13.1 建设项目总投资构成

1. 建设项目总投资相关概念

建设项目总投资是指为完成项目建设并达到使用要求或生产条件，在建设期内预计或实际发生的总费用。生产性建设项目总投资包括建设投资、建设期利息和流动资金三部分；非生产性建设项目总投资包括建设投资和建设期利息两部分。其中建设投资和建设期利息之和对应于固定资产投资；流动资金对应于流动资产投资。政府有关部门对建设项目管理监督所发生的，并由其部门财政支出的费用，不得列入相应建设项目总投资。

建设投资由工程费用（包括设备及工器具购置费和建筑安装工程费）、工程建设其他费用、预备费（包括基本预备费和价差预备费）组成。

工程造价是指工程项目在建设期预计或实际支出的建设费用，包括工程费用、工程建设其他费用和预备费（包括基本预备费和价差预备费），即前述建设投资。

工程费用是指建设期内直接用于工程建造、设备购置及其安装的费用，包括设备及工器具购置费和建筑安装工程费。

设备购置费是指购置或自制的达到固定资产标准的设备、工器具及生产家具等所需的费用。

建筑安装工程费包括建筑工程费和安装工程费。

建筑工程费是指建筑物、构筑物及与其配套的线路、管道等的建造、装饰费用。

安装工程费是指设备、工艺设施及其附属物的组合、装配、调试等费用。

工程建设其他费用是指建设期发生的与土地使用权取得、整个工程项目建设以及未来生产经营有关的，除工程费用、预备费、建设期利息、流动资金以外的费用。

预备费包括基本预备费和价差预备费。

建设期利息是指在建设期内应计的利息和在建设期内为筹集项目资金发生的财务费用。包括各类借款利息、债券利息、贷款评估费、国外借款手续费及承诺费、汇兑损益、债券发行费用及其他债务利息支出或融资费用。

流动资金指为进行正常生产运营，用于购买原材料、燃料，支付工资及其他经营费用等所需的周转资金。在可行性研究阶段用于财务分析时指的是全部流动资金，在初步设计及以后阶段用于计算"项目报批总投资"或"项目概算总投资"时指的是铺底流动资金。铺底流动资金是指生产性建设项目为保证生产和经营正常进行，按规定应列入建设项目总投资的铺底流动资金。

固定资产投资可以分为静态投资和动态投资两个部分。静态投资部分由设备及工器具购置费、建筑安装工程费、工程建设其他费和基本预备费构成。动态投资部分，是指在建设期内，因建设期利息和国家新批准的税费、汇率、利率变动以及建设期价格变动引起的建设投资增加额，包括价差预备费、建设期利息等。

2．建设项目总投资构成表

建设项目总投资构成表更加清晰地表述了建设项目总投资构成，见表 13-1。

表 13-1　建设项目总投资组成表

			费用项目名称
建设项目总投资	建设投资	第一部分工程费用	设备及工器具购置费
			建筑安装工程费
		第二部分工程建设其他费用	1 项目前期工作费
			2 项目建设管理费
			3 土地使用权取得费
			4 生态补偿与压覆矿产资源等补偿费
			5 工程准备费
			6 市政公用配套设施费
			7 专项评价费
			8 工程咨询服务费
			8.1 勘察费
			8.2 设计费
			8.3 监理费
			8.4 研究试验费
			8.5 特殊设备安全监督检验费
			8.6 招标代理费
			8.7 设计评审费
			8.8 信息管理系统开发及使用费
			8.9 工程造价咨询费
			8.10 造价信息和数据使用费
			8.11 其他咨询费
			9 专利及专有技术使用费
			10 联合试运转费
			11 生产准备费
			12 工程保险费
			13 税费
			13.1 城镇土地使用税
			13.2 耕地占用税
			13.3 车船使用税
			13.4 印花税

续表

费用项目名称			
建设项目 总投资	建设投资	第三部分 预备费	基本预备费
			价差预备费
		建设期利息	
	流动资产投资——流动资金		

3．建设项目计价特点

（1）建设项目投资需多次单独计算。

（2）建设项目计价依据复杂。

建设项目的计价依据繁多，关系复杂如图13-1所示。

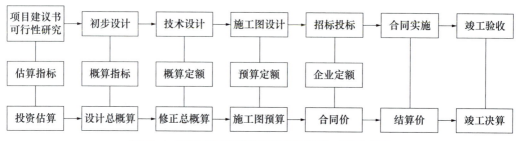

图13-1　建设项目投资计价依据及计价过程示意图

（3）分部组合计价特点。

建设项目计价的主要思路就是将建设项目细分至最基本的构造单元，根据相应的计价依据和计价方法先计算出基本构造单元单价，再从基本构造单元进行层层组合汇总，计算出相应工程造价。建设项目计价的基本原理就在于项目的分解与组合。

13.2　设备及工器具购置费构成及计算

设备及工器具购置费由达到固定资产标准的设备及工器具购置费和未达到固定资产标准的工器具及生产家具购置费和设备运杂费构成。

$$设备及工器具购置费＝设备及工器具原价（或进口设备抵岸价）＋$$
$$工器具及生产家具购置费＋设备运杂费$$

1．国产设备及工器具原价

国产设备原价是指国产标准设备、国产非标准设备、自制设备及工器具的原价。

国产标准设备原价一般指的是设备制造厂的交货价，即出厂价。在计算设备原价时，一般按带有备件的出厂价计算。

国产非标准设备原价有多种不同的计算方法，如成本计算估价法、系列设备插入估价法、分部组合估价法、定额估价法等。无论采用哪种方法，都应该使非标准设备计价的准确度接近实际出厂价，并且计算方法要简便。

2．进口设备抵岸价

如果进口设备采用装运港船上交货价（FOB），那么进口设备抵岸价由进口设备货价、国外运费、国外运输保险费、银行财务费、外贸手续费、进口关税、增资税和消费税构成，其计算公式为：

$$进口设备抵岸价＝进口设备货价＋国外运费＋国外运输保险费＋银行财务费＋$$
$$外贸手续费＋进口关税＋增值税＋消费税$$

（1）进口设备货价：一般可采用下列公式计算：

$$进口设备货价＝离岸价（FOB）× 人民币外汇牌价$$

（2）国外运费：我国进口设备大部分采用海洋运输方式，少部分采用铁路运输方式，个别采用航空运输方式。国外运费的计算公式为：

$$国外运费＝离岸价（FOB）× 运费率$$

或

$$国外运费＝运量 × 单位运价$$

式中，运费率或单位运价参照有关部门或进出口公司的规定。计算进口设备抵岸价时，再将国外运费换算为人民币。

（3）国外运输保险费：对外贸易货物运输保险是由保险人（保险公司）与被保险人（出口人或进口人）订立保险契约，在被保险人交付议定的保险费后，保险人根据保险契约的规定对货物在运输过程中发生的承保责任范围内的损失给予经济上的补偿，其计算公式为：

$$国外运输保险费＝［离岸价（FOB）＋国外运费］/（1－国外运输保险费率）×$$
$$国外运输保险费率$$

计算进口设备抵岸价时，再将国外运输保险费换算为人民币。

（4）银行财务费：一般指银行手续费，其计算公式为：

$$银行财务费＝离岸价（FOB）× 人民币外汇牌价 × 银行财务费率$$

其中，银行财务费率一般为 0.4%～0.5%。

（5）外贸手续费：是指按商务部规定的外贸手续费率计取的费用，外贸手续费率一般取 1.5%，其计算公式为：

$$外贸手续费＝进口设备到岸价（CIF）× 人民币外汇牌价 × 外贸手续费率$$

式中，进口设备到岸价（CIF）的计算公式为：

$$进口设备到岸价（CIF）＝离岸价（FOB）＋国外运费＋国外运输保险费$$

（6）进口关税：关税是由海关对进出国境的货物和物品征收的一种税，属于流转性课税，其计算公式为：

$$进口关税＝到岸价（CIF）× 人民币外汇牌价 × 进口关税率$$

（7）增值税：增值税是我国政府对从事进口贸易的单位和个人，在进口商品报关进口后征收的税种。我国增值税条例规定，进口应税产品均按组成计税价格，依税率直接计算应纳税额，不扣除任何项目的金额或已纳税额，其计算公式为：

$$进口产品增值税额＝组成计税价格 × 增值税率$$

式中，增值税基本税率为 13%，组成计税价格的计算公式为：

$$组成计税价格＝到岸价（CIF）× 人民币外汇牌价＋进口关税＋消费税$$

（8）消费税：对部分进口产品（如轿车等）征收，其计算公式为：

$$消费税＝［到岸价（CIF）× 人民币外汇牌价＋关税］/（1－消费税率）× 消费税率$$

3．设备运杂费

设备运杂费是指设备及工器具原价（或进口设备抵岸价）、工器具及生产家具原价中未包括的包装和包装材料器具费、运输费、装卸费、采购费及仓库保管费、供销部门手续费等。

设备运杂费计算公式为：

$$设备运杂费 = 设备原价 × 设备运杂费率$$

13.3 建筑安装工程费构成及计算

1．建筑安装工程费（按费用构成要素划分）

按照费用构成要素划分，建筑安装工程费由人工费、材料（包含工程设备，下同）费、施工机具使用费、企业管理费、利润、规费和税金构成。其中人工费、材料费、施工机具使用费、企业管理费和利润对应在后文所述的按照造价形成划分的分部分项工程费、措施项目费、其他项目费中（图 13-2）。

（1）人工费

人工费是指按工资总额构成规定，支付给从事建筑安装工程施工的生产工人和附属生产单位工人的各项费用，由计时工资或计件工资、奖金、津贴补贴、加班加点工资和特殊情况下支付的工资构成。① 计时工资或计件工资。② 奖金。③ 津贴补贴：是指为了补偿职工特殊或额外的劳动消耗和因其他特殊原因支付给个人的津贴，以及为了保证职工工资水平不受物价影响支付给个人的物价补贴。如流动施工津贴、特殊地区施工津贴、高温（寒）作业临时津贴、高空津贴等。④ 加班加点工资。⑤ 特殊情况下支付的工资：根据国家法律、法规和政策规定，因病、工伤、产假、计划生育假、婚丧假、事假、探亲假、定期休假、停工学习、执行国家或社会义务等原因按计时工资标准或计时工资标准的一定比例支付的工资。

（2）材料费

材料费是指工程施工过程中耗费的各种原材料、半成品、构配件的费用，以及周转材料等的摊销、租赁费用，由材料原价、运杂费、运输损耗费和采购及保管费构成。采购及保管费：是指为组织采购、供应和保管材料、工程设备过程中所需要的各项费用。包括采购费、仓储费、工地保管费、仓储损耗。

（3）施工机具使用费

施工机具使用费是指施工作业所发生的施工机械、仪器仪表使用费或其租赁费，由施工机械使用费和施工仪器仪表使用费构成。

① 施工机械使用费：是指施工机械作业发生的使用费或租赁费，以施工机械台班耗用量与施工机械台班单价的乘积表示。施工机械台班单价包括折旧费、检修费、维护费、安拆费及场外运费、人工费、燃料动力费和其他费用。

② 维护费：是指施工机械在规定的耐用总台班内，按规定的维护间隔进行各级维护和临时故障排除所需的费用。包括为保障机械正常运转所需替换设备与随机配备工具附具的摊销和维护费用，机械运转中日常保养所需润滑与擦拭的材料费用及机械停滞期间的维护和保养费用等。

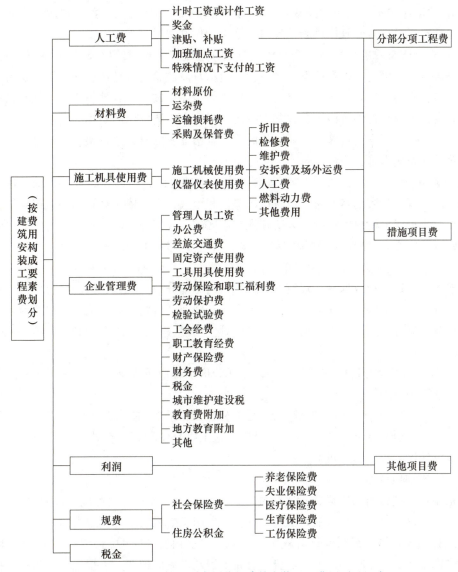

图 13-2　按费用构成要素划分的建筑安装工程费用项目组成

③ 安拆费及场外运费：安拆费是指施工机械（大型机械除外）在现场进行安装与拆卸所需的人工、材料、机械和试运转费用以及机械辅助设施的折旧、搭设、拆除等费用。场外运费是指施工机械整体或分体自停放地点运至施工现场或由一施工地点运至另一施工地点的运输、装卸、辅助材料及架线等费用。

（4）企业管理费

企业管理费是指建筑安装企业组织施工生产和经营管理所需的费用，由管理人员工资、办公费、差旅交通费、固定资产使用费、工具用具使用费、劳动保险和职工福利费、劳动保护费、检验试验费、工会经费、职工教育经费、财产保险费、财务费、税金、城市维护建设税、教育费附加和地方教育附加及其他管理费构成。

① 劳动保险和职工福利费：是指由企业支付的职工退职金、按规定支付给离休干部的经费，集体福利费、夏季防暑降温费、冬季取暖补贴、上下班交通补贴等。

② 劳动保护费：是企业按规定发放的劳动保护用品的支出。如工作服、手套、防暑降温饮料以及在有碍身体健康的环境中施工的保健费用等。

③ 检验试验费：是指施工企业按照有关标准规定，对建筑以及材料、构件和建筑安装物进行一般鉴定、检查所发生的费用。包括自设试验室进行试验所耗用的材料等费用。不包括新结构、新材料的试验费，对构件做破坏性试验及其他特殊要求检验试验的费用和发包人委托检测机构进行检测的费用，对此类检测发生的费用，由发包人在工程建设其他费用中列支。对施工企业提供的具有合格证明的材料进行检测，其结果不合格的，该检测费用由施工企业支付。

④ 城市维护建设税：是指为了加强城市的维护建设，扩大和稳定城市维护建设资金的来源，规定凡缴纳增值税、消费税的单位和个人，应当依照规定缴纳城市维护建设税。城市维护建设税税率：纳税人所在地在市区的，税率为7%；纳税人所在地在县城、镇的，税率为5%；纳税人所在地不在市区、县城或者镇的，税率为1%。

2．建筑安装工程费（按造价形成划分）

按照工程造价形成划分，建筑安装工程费由分部分项工程费、措施项目费、其他项目费、规费和税金构成。其中分部分项工程费、措施项目费、其他项目费包括前述按费用构成要素划分的人工费、材料费、施工机具使用费、企业管理费和利润（图13-3）。

（1）分部分项工程费

分部分项工程费是指各专业工程的分部分项工程应予列支的各项费用。分部分项工程费计算公式为：

$$分部分项工程费 = \Sigma（分部分项工程量 \times 综合单价）$$

式中，综合单价包括人工费、材料费、施工机具使用费、企业管理费和利润以及一定范围的风险费用（下同）。

（2）措施项目费

措施项目费是指为完成建设工程施工，发生于该工程施工前和施工过程中的技术、生活、安全、环境保护等措施项目应予列支的费用。措施项目及其包含的内容详见各类专业工程的现行国家或行业计算规范。措施项目费由安全文明施工费、夜间施工增加费、二次搬运费、冬雨季施工增加费、已完工程及设备保护费、工程定位复测费、特殊地区施工增加费、大型机械设备进出场及安拆费和脚手架工程费构成。

对于国家计算规范规定应予计量的措施项目，措施项目费计算公式为：

$$措施项目费 = \Sigma（措施项目工程量 \times 综合单价）$$

对于国家计算规范规定不宜计量的措施项目，措施项目费计算方法分别为：

$$安全文明施工费 = 计算基数 \times 安全文明施工费费率（\%）$$

式中，计算基数应为定额基价（定额分部分项工程费＋定额中可以计量的措施项目费）、定额人工费（或定额人工费＋定额机械费），其费率由工程造价管理机构根据各专业工程的特点综合确定。

$$夜间施工增加费 = 计算基数 \times 夜间施工增加费费率（\%）$$

式中，计费基数应为定额人工费（或定额人工费＋定额机械费），其费率由工程造价管理机构根据各专业工程特点和调查资料综合分析后确定。

$$二次搬运费 = 计算基数 \times 二次搬运费费率（\%）$$

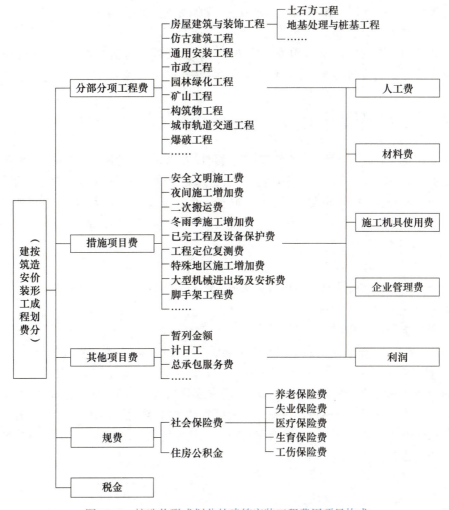

图 13-3　按造价形成划分的建筑安装工程费用项目构成

式中，计费基数应为定额人工费（或定额人工费＋定额机械费），其费率由工程造价管理机构根据各专业工程特点和调查资料综合分析后确定。

$$冬雨季施工增加费＝计算基数 \times 冬雨季施工增加费费率(\%)$$

式中，计费基数应为定额人工费（或定额人工费＋定额机械费），其费率由工程造价管理机构根据各专业工程特点和调查资料综合分析后确定。

$$已完工程及设备保护费＝计算基数 \times 已完工程及设备保护费费率(\%)$$

式中，计费基数应为定额人工费（或定额人工费＋定额机械费），其费率由工程造价管理机构根据各专业工程特点和调查资料综合分析后确定。

（3）其他项目费

其他项目费由暂列金额、计日工和总承包服务费构成。

暂列金额：指发包人在工程量清单中暂定并包括在工程合同价款中的一笔款项。用于施工合同签订时尚未确定或者不可预见的所需材料、工程设备、服务的采购，施工中可能发生的工程变更、合同约定调整因素出现时的工程价款调整以及发生的索赔、现场签证确认等的费用。暂列金额由发包人根据工程特点，按有关计价规定估算，施工过程中由发包人掌握使用、扣除合同价款调整后如有余额，归发包人。

（4）规费和税金

建设项目工程发包人和承包人均应按照省、自治区、直辖市或行业建设主管部门发布的标准计算规费和税金，不得作为竞争性费用。

13.4 工程建设其他费构成及计算

工程建设其他费由项目前期工作费、项目建设管理费、土地使用权取得费、生态补偿与压覆矿产资源等补偿费、工程准备费、市政公用配套设施费、专项评价费、工程咨询服务费、专利及专有技术使用费、联合试运转费、生产准备费、工程保险费、税费构成。

13.5 预备费计算

预备费由基本预备费和价差预备费构成。

1. 基本预备费

基本预备费计算公式为：

$$基本预备费 = （工程费用 + 工程建设其他费用）\times 基本预备费费率$$

2. 价差预备费

价差预备费是指为在建设期内利率、汇率或价格等因素的变化而预留的可能增加的费用，亦称为价格变动不可预见费。价差预备费的内容包括：人工、设备、材料、施工机具的价差费，建筑安装工程费及工程建设其他费用调整，利率、汇率调整等增加的费用。价差预备费计算公式为：

$$P = \sum_{t=1}^{n} I_t \left[(1+f)^m (1+f)^{0.5} (1+f)^{t-1} - 1 \right]$$

式中　P——价差预备费；

　　　n——建设期年份数；

　　　t——建设期第 t 年；

　　　I_t——建设期第 t 年的投资计划额，包括工程费用、工程建设其他费用及基本预备费，即第 t 年的静态投资计划额；

　　　f——投资价格指数，按国家颁布的计取，当前暂时为零，计算式中 $(1+f)^{0.5}$ 表示建设期第 t 年当年投资分期均匀投入考虑涨价的幅度，对设计建设周期较短的项目价差预备费计算公式可简化处理。特殊项目或必要时可进行项目未来价差分析预测，确定各时期投资价格指数；

　　　m——建设前期年限（从编制概算到开工建设年数）。

13.6 增值税计算

1. 增值税税率

根据《关于深化增值税改革有关政策的公告》（财政部 税务总局 海关总署公告

〔2019〕39 号），调整后的增值税税率见表 13-2。

表 13-2　增值税税率

序号	增值税纳税行业		增值税税率或扣除率
1	销售或进口一般货物（另有列举的货物除外）		13%
	提供服务	提供加工、修理、修配劳务	
		提供有形动产租赁服务	
2	销售或进口货物	粮食等农产品、食用植物油、食用盐	9%
		自来水、暖气、冷气、热气、煤气、石油液化气、天然气、沼气、居民用煤炭制品	
		图书、报纸、杂志、音像制品、电子出版物	
		饲料、化肥、农药、农机、农膜	
		国务院规定的其他货物	
	销售（提供）服务	转让土地使用权、销售不动产、提供不动产租赁、提供建筑服务、提供交通运输服务、提供邮政服务、提供基础电信服务	
3	销售（转让）无形资产	技术、商标、著作权、商誉、自然资源使用权（不含土地使用权）和其他权益性无形资产	6%
	提供服务（另有列举的服务除外）		
4	出口货物（国务院另有规定的除外）		零税率
	提供服务	国际运输服务、航天运输服务	
		向境外单位提供的完全在境外消费的相关服务	
		财政部和国家税务总局规定的其他服务	

2. 增值税应纳税额

建筑安装工程费用中增值税的计税方法，包括一般计税方法和简易计税方法。一般纳税人发生应税行为适用一般计税方法计税。小规模纳税人发生应税行为适用简易计税方法计税。

（1）一般计税方法。一般计税方法的应纳税额，按照建筑业增值税税率 9% 计算，其计算公式为：

$$增值税销项税额 = 税前造价 \times 9\%$$

式中，税前造价为人工费、材料费、施工机具使用费、企业管理费、利润和规费之和，各费用项目均按不包含增值税可抵扣进项税额的价格计算。

（2）简易计税方法。简易计税方法的应纳税额，按照销售额和增值税征收率计算的增值税额，不得抵扣进项税额。当采用简易计税方法时，建筑业增值税征收率为 3%，其计算公式为：

$$增值税 = 税前造价 \times 3\%$$

式中，税前造价为人工费、材料费、施工机具使用费、企业管理费、利润和规费之和，各费用项目均以包含增值税进项税额的含税价格计算。

13.7　建设期利息与流动资金计算

1．建设期利息

建设期利息包括各类借款利息、债券利息、贷款评估费、国外借款手续费及承诺费、汇兑损益、债券发行费用及其他债务利息支出或融资费用。

为了简化计算，在编制投资估算时通常假定借款均在每年的年中支用，借款第一年按半年计息，其余各年份按全年计息。

根据不同资金来源及利率分别计算，其计算公式为：

$$Q = \sum_{j=1}^{n} (P_{j-1} + A_j/2)i$$

式中　Q——建设期利息；

　　　j——建设期第 j 年；

　　　P_{j-1}——建设期第（$j-1$）年末贷款累计金额与利息累计金额之和；

　　　A_j——建设期第 j 年贷款金额；

　　　i——贷款年利率；

　　　n——建设期年数。

2．流动资金

流动资金指为进行正常生产运营，用于购买原材料、燃料，支付工资及其他经营费用等所需的周转资金。在可行性研究阶段可根据需要计为全部流动资金，在初步设计及以后阶段可根据需要计为铺底流动资金。铺底流动资金是指经营性建设项目为保证初期生产和经营正常进行所需的流动资金，并按规定在建设期列入建设项目总投资的流动资金，一般按流动资金的 30% 计算。

流动资金的估算方法有扩大指标估算法和分项详细估算法两种。

一　单项选择题

1．某建设项目设备购置费 1000 万元，建筑安装工程费 2500 万元，工程建设其他费 700 万元，基本预备费 210 万元，价差预备费 310 万元，建设期利息 320 万元，则该项目的静态投资为（　　）万元。

　　A．4200　　　　　　　　　　　B．4410

　　C．4720　　　　　　　　　　　D．5040

2．某工程设备的购置费 3500 万元，建筑安装工程费 2000 万元，工程建设其他费 1200 万元，基本预备费 300 万元，价差预备费 700 万元，建设期利息 500 万元，流动资金 300 万元，则该项目的动态投资部分为（　　）万元。

　　A．700　　　　　　　　　　　B．1200

　　C．1500　　　　　　　　　　　D．1800

3．下列建设项目总投资构成中，属于动态投资部分的是（　　）。

　　A．预备费和铺底流动资金　　　B．价差预备费和建设期利息

　　C．工程建设其他费和铺底流动资金　D．建设期利息和铺底流动资金

4. 生产性建设项目工程费用 15000 万元，工程建设其他费 3000 万元，预备费 1000 万元，建设期利息 1000 万元，铺底流动资金 500 万元，则该项目的建设投资为（　　）万元。

  A. 18000　　　　　　　　　　B. 19000

  C. 20000　　　　　　　　　　D. 20500

5. 固定资产投资是指（　　）。

  A. 建筑工程费＋安装工程费＋预备费

  B. 建筑工程费＋安装工程费＋工程建设其他费

  C. 建筑安装工程费＋工程建设其他费＋预备费

  D. 工程费用＋工程建设其他费＋预备费＋建设期利息

6. 项目建设投资 12000 万元，其中工程建设其他费 2000 万元，预备费 500 万元。建设期利息 900 万元，流动资金 300 万元，则该项目的固定资产投资额为（　　）万元。

  A. 12900　　　　　　　　　　B. 13400

  C. 15400　　　　　　　　　　D. 15700

7. 进口机电设备，离岸价 1500 万元，国外运费 75 万元，国外运输保险费 3.16 万元，银行财务费 6 万元，外贸手续费 22.9 万元，进口关税税率 8%，增值税率 13%，国内运杂费率 3%，则设备购置费（含增值税）为（　　）万元。

  A. 1955.729　　　　　　　　　B. 2002.231

  C. 1999.886　　　　　　　　　D. 2020.094

8. 某公司从国外进口一套机电设备，离岸价折合人民币为 1000 万元，国外运费 30 万元，国外运输保险费 3 万元，银行手续费 40 万元，进口关税税率为 10%，增值税税率为 13%，则该进口设备的增值税为（　　）万元。

  A. 134.290　　　　　　　　　　B. 143.000

  C. 147.719　　　　　　　　　　D. 153.439

9. 下列各项费用，应计入进口设备运杂费的是（　　）。

  A. 国际运费　　　　　　　　　B. 国际运输保险费

  C. 过境费　　　　　　　　　　D. 国内仓库保管费

10. 在施工过程中，承包人完成发包人提出的施工图纸以外的零星项目所需的费用计入（　　）。

  A. 计日工　　　　　　　　　　B. 暂列金额

  C. 总承包服务费　　　　　　　D. 暂估价

11. 下列各项费用中，属于施工企业管理费中财务费的是（　　）。

  A. 财务专用工具购置费　　　　B. 预付款担保

  C. 审计费　　　　　　　　　　D. 财产保险费

12. 下列措施项目费中，适宜采用综合单价法计价的是（　　）。

  A. 冬雨季施工增加费　　　　　B. 已完工程及设备保护费

  C. 脚手架工程费　　　　　　　D. 二次搬运费

13. 从事建筑安装工程施工生产的工人，执行国家或社会义务等原因支付的工资属于建筑安装工程人工费中的（　　）。

　　A．计时工资　　　　　　　　　　　B．特殊情况下支付的工资

　　C．津贴补贴　　　　　　　　　　　D．加班加点工资

14．某施工机械预算价格为 50 万元，折旧年限为 10 年，年平均工作 225 个台班，残值率为 5%，则该机械台班折旧费为（　　　）元。

　　A．211　　　　　　　　　　　　　　B．222

　　C．2110　　　　　　　　　　　　　D．2220

15．某施工机械原价为 200 万元，运杂费为原价的 5%，采购保管费为机械原价加上运杂费的 2%，折旧年限为 10 年，年平均工作 250 个台班，残值率为 5%，则该机械台班折旧费为（　　　）元。

　　A．775.20　　　　　　　　　　　　B．798.00

　　C．813.20　　　　　　　　　　　　D．813.96

16．在施工过程中承包人按有关规定，对进场材料进行检验试验的费用应在（　　　）中列支。

　　A．建筑安装工程的措施项目费　　　B．建筑安装工程的企业管理费

　　C．工程建设其他费的研究试验费　　D．建筑安装工程的材料费

17．根据我国现行建筑安装工程费用项目组成规定，施工企业按规定标准为职工缴纳的基本医疗保险费应计入建筑安装工程造价的（　　　）。

　　A．人工费　　　　　　　　　　　　B．措施项目费

　　C．规费　　　　　　　　　　　　　D．企业管理费

18．下列费用项目中，属于施工企业管理费的是（　　　）。

　　A．生产工人津贴　　　　　　　　　B．工伤保险费

　　C．劳动保护费　　　　　　　　　　D．已完工程保护费

19．从事建筑安装工程施工生产的工人，工伤期间的工资属于人工费中的（　　　）。

　　A．计时工资　　　　　　　　　　　B．津贴补贴

　　C．特殊情况支付的工资　　　　　　D．加班加点工资

20．下列各项费用中，属于建筑安装工程人工费的是（　　　）。

　　A．劳动保护费　　　　　　　　　　B．流动施工津贴

　　C．住房公积金　　　　　　　　　　D．社会保险费

21．某公司位于县城，应缴纳的城市维护建设税税率为（　　　）。

　　A．1%　　　　　　　　　　　　　　B．3%

　　C．5%　　　　　　　　　　　　　　D．7%

22．将塔式起重机自停放地点运至施工现场的运输、拆卸、安装的费用属于（　　　）。

　　A．施工机械使用费　　　　　　　　B．二次搬运费

　　C．大型机械进出场及安拆费　　　　D．固定资产使用费

23．建筑工人实名制管理费应计入（　　　）。

　　A．措施项目费　　　　　　　　　　B．规费

　　C．其他项目费　　　　　　　　　　D．分部分项工程费

24．施工现场设立的安全警示标志、现场围挡等所需的费用属于（　　　）费用。

　　A．分部分项工程　　　　　　　　　B．零星项目

C. 其他项目　　　　　　　　　D. 措施项目

25. 施工企业采购的某建筑材料出厂价为 3500 元／吨，运费为 400 元／吨，运输损耗率为 2%，采购保管费率为 5%，则计入建筑安装工程材料费的该建筑材料单价为（　　）元／吨。

A. 3745.0　　　　　　　　　　B. 3748.5

C. 4173.0　　　　　　　　　　D. 4176.9

26. 为保障施工机械正常运转所需的随机配备工具附具的摊销和维护费用，属于施工机具使用费中的（　　）。

A. 折旧费　　　　　　　　　　B. 施工仪器使用费

C. 安拆费　　　　　　　　　　D. 维护费

27. 下列施工中发生的与材料有关的费用，属于建筑安装工程费中材料费的是（　　）。

A. 对原材料进行一般鉴定、检查所发生的费用

B. 原材料在运输装卸过程中不可避免的损耗费

C. 施工机械场外运输所需的辅助材料费

D. 机械设备日常保养所需的材料费用

28. 施工企业按规定标准发放的工作服、手套、防暑降温饮料等发生的费用，应计入建筑安装工程费中的（　　）。

A. 津贴补贴　　　　　　　　　B. 特殊情况下支付的工资

C. 劳动保护费　　　　　　　　D. 劳动保险费

29. 下列费用中，属于安全文明施工费中临时设施费的是（　　）。

A. 现场配备的医疗保健器材费

B. 塔式起重机及外用电梯安全防护措施费

C. 临时文化福利用房费

D. 新建项目的场地准备费

30. 施工过程中进行的全部施工测量放线的费用应计入（　　）。

A. 工程建设其他费　　　　　　B. 其他项目费

C. 分部分项工程费　　　　　　D. 措施项目费

31. 关于项目建设管理费的说法，正确的是（　　）。

A. 是指建设单位从项目筹建之日起至通过竣工验收之日止发生的管理性支出

B. 按照工程费用和用地与工程准备费之和乘以项目建设管理费率计算

C. 代建管理费和项目建设管理费之和不得高于项目建设管理费限额

D. 不得用于委托咨询机构进行施工项目管理发生的施工项目管理费支出

32. 建设单位对设计方案进行评审所发生的费用应计入工程建设其他费用中的（　　）。

A. 建设管理费　　　　　　　　B. 专项评价费

C. 勘察设计费　　　　　　　　D. 工程监理费

33. 下列费用中，属于工程建设其他费用中的联合试运转费的是（　　）。

A. 试运转过程中所需的专家指导费

    B．试运转过程中因施工质量原因发生的处理费用

    C．单台设备调试及试车费用

    D．试运转过程中设备缺陷发生的处理费用

34．下列建设项目实施过程中发生的技术服务费属于专项评价费的是（　　　）。

    A．可行性研究费　　　　　　　　B．节能评估费

    C．设计评审费　　　　　　　　　D．技术经济标准使用费

35．下列费用中，计入技术服务费中勘察设计费的是（　　　）。

    A．设计评审费　　　　　　　　　B．技术经济标准使用费

    C．技术革新研究试验费　　　　　D．非标准设备设计文件编制费

36．关于工程建设其他费用中的场地准备费和临时设施费，下列说法正确的是（　　　）。

    A．场地准备费是由承包人组织进行场地平整等准备工作而发生的费用

    B．临时设施费是承包人为满足工程建设需要搭建临时建筑物的费用

    C．新建项目的场地准备费和临时设施费应根据实际工程量估算或按工程费用比例计算

    D．场地准备费和临时设施费应考虑大型土石方工程费用

37．发包人为验证某结构构件的安全性，要求承包人对结构构件进行破坏性试验发生的费用属于（　　　）。

    A．固定资产使用费　　　　　　　B．研究试验费

    C．施工机具校验费　　　　　　　D．检验试验费

38．建设项目的基本预备费可用于列支（　　　）。

    A．质量不合格的隐蔽工程开挖后的修复费用

    B．承包商自行变更施工方法增加的费用

    C．施工过程中业主提出的设计变更增加的费用

    D．承包商施工质量有缺陷的工程修复费用

39．某拟建项目，建筑安装工程费11.2亿元，设备购置费33.6亿元，工程建设其他费8.4亿元，建设单位管理费3亿元，基本预备费费率为5%，则拟建项目基本预备费为（　　　）亿元。

    A．0.56　　　　　　　　　　　　B．2.24

    C．2.66　　　　　　　　　　　　D．2.81

40．某建设工程的静态投资为8000万元，其中基本预备费率为5%，工程的建设前期的年限为0.5年，建设期2年，计划每年完成投资的50%。若平均投资价格上涨率为5%，则该项目建设期价差预备费为（　　　）万元。

    A．610.00　　　　　　　　　　　B．640.50

    C．822.63　　　　　　　　　　　D．863.76

41．某建设项目静态投资计划额为10000万元，建设前期年限为1年。建设期为2年，分别完成投资的40%和60%。若年均投资价格上涨率为4%，则该项目建设期价差预备费为（　　　）万元。

    A．442.79　　　　　　　　　　　B．649.60

C. 860.00   D. 1075.58

42. 关于一般计税方法和简易计税方法的选择，下列说法正确的是（   ）。

    A. 允许采用简易计税方法时，选择何种方法主要取决于可抵扣的进项税额

    B. 计税方法一经选择，48个月内不得变更

    C. 同一时期承包人的不同项目只能选择相同的计税方法

    D. 不允许发包人在招标合同条款中要求选择特定的计税方法

43. 采用简易计税方法计算建筑业增值税应纳税额时，增值税征收率为（   ）。

    A. 6%   B. 9%

    C. 13%   D. 3%

44. 某办公楼工程建筑面积为 $10000 m^2$，编制最高投标限价的计算数据为：建筑分部分项工程造价为2400元 $/m^2$（不含增值税进项税额），安装分部分项工程造价为1200元 $/m^2$（不含增值税进项税额），装饰装修分部分项工程造价为900元 $/m^2$（不含增值税进项税额），其中定额人工费占分部分项工程造价的15%。措施费以分部分项工程费为计费基础，其中安全文明施工费费率为4%，其他措施费费率合计1%。其他项目费合计900万元（不含增值税进项税额），规费费率为14%，增值税税率为9%。则该项目的最高投标限价合计为（   ）万元。

    A. 4725.000   B. 5625.000

    C. 5719.500   D. 6234.255

45. 某工程的分部分项工程费15600万元（不含增值税进项税额），其中定额人工费占分部分项工程费的15%，措施费以分部分项工程费为计费基础，措施项目费费率为5%，其他项目费合计810万元（不含增值税进项税额），规费费率为14%，增值税税率为9%，则该工程的增值税为（   ）万元。

    A. 1404.00   B. 1474.20

    C. 1503.68   D. 1576.584

46. 某项目建设期为2年，共向银行借款20000万元，借款年利率为6%。第1年和第2年借款比例分别为45%和55%。借款在各年内均衡使用，建设期内只计息不付息。则编制设计概算时该项目建设期利息总和为（   ）万元。

    A. 600.0   B. 886.2

    C. 1156.2   D. 1772.4

47. 某工程建设期2年，第一年投入2000万元，第二年投入3000万元，建设期利息只计息不付息，利率10%，则建设期利息是（   ）万元。

    A. 455   B. 460

    C. 720   D. 830

48. 某新建项目，建设期为3年，共向银行借款1300万元，其中第一年借款700万元，第二年借款600万元，借款在各年内均衡使用，年利率为6%，建设期每年计息，但不还本付息，则第3年应计的借款利息为（   ）万元。

    A. 0   B. 82.94

    C. 85.35   D. 104.52

49. 某项目建设期为2年，共向银行借款10000万元，借款年利率为6%。第1年

和第2年借款比例均为50%。借款在各年内均衡使用，建设期内只计息不付息。则编制投资估算时该项目建设期利息总和为（　　　）万元。

A．300　　　　　　　　　　B．450

C．459　　　　　　　　　　D．609

二　多项选择题

1. 下列费用，属于建设项目静态投资部分的有（　　　）。

A．建筑工程费　　　　　　B．安装工程费

C．基本预备费　　　　　　D．价差预备费

E．设备及工器具购置费

2. 建设项目的动态投资部分包括（　　　）。

A．建筑工程费　　　　　　B．安装工程费

C．建设期利息　　　　　　D．基本预备费

E．价差预备费

3. 下列费用中，属于进口设备抵岸价的有（　　　）。

A．设备在出口国内发生的运费　　B．设备的国际运输费用

C．银行财务费　　　　　　D．设备在进口国内发生的运费

E．外贸手续费

4. 下列费用必须按照省、自治区、直辖市或行业建设主管部门发布的标准计算，不得作为竞争性费用的有（　　　）。

A．规费　　　　　　　　　B．税金

C．安全文明施工费　　　　D．建设管理费

E．企业管理费

5. 关于暂列金额的说法，正确的有（　　　）。

A．暂列金额是发包人根据工程特点估算的

B．暂列金额施工过程中由承包人掌握，扣除合同调整款后如有余额，归发包人

C．暂列金额是发包人在工程量清单中暂定但是不包括在合同价款中的款项

D．暂列金额可以用于不可预见的材料价格上涨的额外支出

E．暂列金额确定后还可以随着工程的进展而逐步调整数额

6. 关于国产设备原价的说法，正确的有（　　　）。

A．国产标准设备的原价一般是指出厂价

B．由设备成套公司供应的国产标准设备，原价为订货合同价

C．国产标准设备在计算原价时，一般按带有备件的出厂价计算

D．非标准国产设备原价的计算方法应简便，并使估算价接近实际出厂价

E．非标准国产设备原价中应包含运杂费

7. 下列费用中，属于规费的有（　　　）。

A．劳动保护费　　　　　　B．职工福利费

C．工伤保险费　　　　　　D．医疗保险费

E．财产保险费

8．下列措施项目费中，宜采用参数法计价的有（　　　）。

A．垂直运输工程费
B．脚手架工程费

C．混凝土模板工程费
D．冬雨季施工增加费

E．夜间施工增加费

9．下列措施项目费中，宜采用综合单价法计价的有（　　　）。

A．垂直运输工程费
B．脚手架工程费

C．混凝土模板工程费
D．冬雨季施工增加费

E．夜间施工增加费

10．下列施工企业支出费用中，不属于建筑安装工程费用中企业管理费的有（　　　）。

A．对混凝土试块进行强度检测所发生的费用

B．到外地购买钢材所产生的差旅费用

C．工人按规定定期休假所支付的工资费用

D．为职工报销探亲路费所发生的费用

E．按规定缴纳印花税所支付的费用

11．下列费用中，应计入建筑安装工程材料费的有（　　　）。

A．材料原价
B．材料运杂费

C．材料二次搬运发生的损耗
D．材料采购和保管费

E．对材料进行一般鉴定和检查的费用

12．下列各项费用中，属于安全文明施工费的有（　　　）。

A．环境保护费
B．劳动保护费

C．工伤保险费
D．临时设施费

E．建筑工人实名制管理费

13．按照费用构成要素划分，建筑安装工程费包括（　　　）。

A．企业管理费

B．措施项目费

C．人工费、材料费、施工机具使用费

D．利润及税金

E．规费

14．按照造价形成划分的建筑安装工程费用中，暂列金额主要用于（　　　）。

A．施工中可能发生的工程变更的费用

B．总承包人为配合发包人进行专业工程发包产生的服务费用

C．施工合同签订时尚未确定的工程设备采购的费用

D．在高海拔特殊地区施工增加的费用

E．工程施工中合同约定调整因素出现时工程价款调整的费用

15．关于建筑安装工程人工费中日工资单价，下列说法正确的有（　　　）。

A．日工资单价是施工企业技术最熟练的生产工人在每工作日应得的工资总额

B．工程造价管理机构应参考项目实物工程量人工单价综合分析确定日工资单价

    C. 最低日工资单价不得低于工程所在地人力资源和社会保障部门发布的最低工资标准

    D. 企业投标报价时应自主确定日工资单价

    E. 工程计价定额中应根据项目技术要求和工种差别划分多种日工资单价

16. 下列费用中，应计入建筑安装工程施工机具使用费的有（　　）。

    A. 施工机械折旧费　　　　　　B. 施工机械检修费

    C. 工程所需仪器摊销费　　　　D. 施工企业试验部门仪器维护费

    E. 施工企业附属单位车辆折旧费

17. 下列各项费用中，属于建筑安装工程费中企业管理费的有（　　）。

    A. 施工机械年保险费　　　　　B. 劳动保险费

    C. 工伤保险费　　　　　　　　D. 财产保险费

    E. 工程保险费

18. 关于施工企业利润的说法，正确的有（　　）。

    A. 企业根据自身需求结合市场实际自主确定

    B. 在确定定额中利润时，只能以定额人工费为基数

    C. 以单项或单位工程为对象测算

    D. 在税前建筑安装工程费的比率不低于 8%

    E. 应列入分部分项工程和措施项目中

19. 下列措施费用中，适合采用参数法计价的有（　　）。

    A. 脚手架搭设工程费　　　　　B. 安全文明施工费

    C. 特殊地区施工增加费　　　　D. 已完工程及设备保护费

    E. 混凝土模板拆除费

20. 关于联合试运转费的说法，正确的有（　　）。

    A. 联合试运转费包括在试运转中暴露出来的因施工原因发生的处理费用

    B. 不发生试运转或试运转收入大于费用支出的工程，不列联合试运转费

    C. 当联合试运转收入小于试运转支出时，联合试运转费＝联合试运转费用支出－联合试运转收入

    D. 联合试运转费包括单台设备的调试费用

    E. 联合试运转支出包括施工单位参加试运转的人工费、专家指导费

21. 关于工程建设其他费的内容，下列说法正确的有（　　）。

    A. 研究试验费中包含施工企业技术革新的研究试验费

    B. 配套设施费包括城市基础设施配套费和人防易地建设费

    C. 工程咨询服务费中包含专有技术使用费

    D. 联合试运转费不包含应由设备安装工程费开支的调试及试车费用

    E. 生产准备费包含保证初期正常生产必需的办公、生活家具用具购置费

22. 下列各项费用中，属于工程建设其他费用中联合试运转费的有（　　）。

    A. 施工单位参加试运转人工费

    B. 试运转所需低值易耗品费用

    C. 试运转过程中因施工质量原因发生的处理费用

D．单台设备调试及试车费用

E．试运转过程中设备缺陷发生的处理费用

23．计算一般纳税人增值税应纳税额时，不得从销项税额中抵扣的进项税额有
（　　）。

A．从海关取得的海关进口增值税专用缴款书上注明的增值税额

B．非正常损失的购进材料的发票上标明的增值税额

C．非正常损失的在产品耗用的购进材料的进项税额

D．从销售方取得的增值税专用发票上注明的增值税额

E．用于集体福利购进货物的专用发票上标明的进项税额

【答案与解析】

一、单项选择题

1．B；　　2．B；　　3．B；　　*4．B；　　5．D；　　*6．A；　　*7．C；　　*8．C；

9．D；　　10．A；　　11．B；　　12．C；　　13．B；　　*14．A；　　*15．D；　　16．B；

17．C；　　18．C；　　19．C；　　20．B；　　21．C；　　22．C；　　23．A；　　24．D；

25．D；　　26．D；　　27．B；　　28．C；　　29．C；　　30．D；　　31．C；　　32．A；

33．A；　　34．B；　　35．D；　　36．C；　　37．B；　　38．C；　　*39．C；　　*40．A；

41．C；　　42．A；　　43．D；　　*44．D；　　*45．D；　　*46．C；　　*47．B；　　48．B；

49．C

【解析】

4．【答案】B

建设投资 = 15000 + 3000 + 1000 = 19000 万元。故选项 B 正确。

6．【答案】A

固定资产投资额 = 建设投资 + 建设期利息 = 12000 + 900 = 12900 万元。故选项 A
正确。

7．【答案】C

进口设备抵岸价（设备原价）= 货价（离岸价）+ 国外运费 + 国外运输保险费 +
银行财务费 + 外贸手续费 + 进口关税 + 增值税 +
消费税
= 1500 + 75 + 3.16 + 6 + 22.9 + （1500 + 75 + 3.16）×
8% + （1500 + 75 + 3.16）×（1 + 8%）×13%
= 1954.886 万元

设备购置费 = 进口设备抵岸价 + 国内运杂费 = 1954.886 + 1500×3% = 1999.886 万元
故选项 C 正确。

8．【答案】C

进口设备增值税额 = 组成计税价格 × 增值税税率

组成计税价格 = 到岸价 × 人民币外汇牌价 + 进口关税 + 消费税

进口设备增值税额 = （1000 + 30 + 3 + 1033×10%）×13% = 147.719 万元

故选项 C 正确。

14.【答案】A

A = 50×（1－5%）/2250 = 0.0211

B = 50×/2250 = 0.0222

C = 50×（1－5%）/225 = 0.211

D = 50×/225 = 0.222

故选项 A 正确。

15.【答案】D

$$工程设备单价 = （设备原价＋运杂费）×[1＋采购保管费率（%）]$$
$$= 200×（1＋5%）×（1＋2%）$$
$$= 214.2 万元$$

$$机械台班折旧费 = [机械预算价格×（1－残值率）]/耐用总台班数$$
$$= 214.2×10000×（1－5%）/（10×250）$$
$$= 813.96 元$$

故选项 D 正确。

39.【答案】C

建筑安装工程费＋设备及工器具购置费＋工程建设其他费 = 11.2＋33.6＋8.4 = 53.2 亿元；基本预备费 = 53.2×5% = 2.66 亿元。故选项 C 正确。

40.【答案】A

$$8000×50%×[（1＋5%）^{0.5}×（1＋5%）^{0.5}－1] = 200$$

$$8000×50%×[（1＋5%）^{0.5}×（1＋5%）^{2-1}×（1＋5%）^{0.5}－1] = 410$$

$$200＋410 = 610$$

故选项 A 正确。

44.【答案】D

表 13-3　最高投标限价计价程序

序号	内容	计算方法	金额（万元）
1	分部分项工程费	（1.1＋1.2＋1.3）	4500
1.1	建筑工程	10000×2400	2400
1.2	安装工程	10000×1200	1200
1.3	装饰装修工程	10000×900	900
2	措施项目费	分部分项工程费×5%	225
2.1	其中：安全文明施工费	分部分项工程费×4%	180
3	其他项目费		900
4	规费	分部分项工程费 4500×15%×14%	94.5
5	税金	（1＋2＋3＋4）×9% = 5719.5×9%	514.755
最高投标限价合计＝（1＋2＋3＋4＋5）＝6234.255 万元			

故选项 D 正确。

45.【答案】D

表 13-4　增值税计算方法

序号	内容	计算方法	金额（万元）
1	分部分项工程费		15600
2	措施项目费	分部分项工程费 ×5%	780
3	其他项目费		810
4	规费	分部分项工程费 15600×15%×14%	327.6
5	税金	（1＋2＋3＋4）×9% = 17550.99×9%	1576.584

税金为 1576.584 万元，故选项 D 正确。

46.【答案】C

在建设期，各年利息计算如下：

第 1 年应计利息 $= \dfrac{1}{2} \times 20000 \times 45\% \times 6\% = 270$ 万元

第 2 年应计利息 $= \left(9000 + 270 + \dfrac{1}{2} \times 20000 \times 55\% \right) \times 6\% = 886.2$ 万元

$C = $ 利息总计 $= 270 + 886.2 = 1156.2$ 万元

$A = 10000 \times 6\% = 600$ 万元

$B = $ 第 2 年应计利息 $= \left(9000 + 270 + \dfrac{1}{2} \times 20000 \times 55\% \right) \times 6\% = 886.2$ 万元

$D = 9000 \times （1 + 6\%）^2 + 11000 \times （1 + 6\%）- 20000 = 1772.4$ 万元

故选项 C 正确。

47.【答案】B

第一年建设期利息 $= 2000/2 \times 10\% = 100$ 万元，第二年的建设期利息 $=（2000 + 100 + 3000/2）\times 10\% = 360$ 万元，建设期利息 $= 100 + 360 = 460$ 万元。故选项 B 正确。

二、多项选择题

1. A、B、C、E；	2. C、E；	*3. A、B、C、E；	4. A、B、C；
5. A、D；	6. A、B、C、D；	7. C、D；	8. D、E；
9. A、B、C；	10. B、C；	11. A、B、D；	12. A、D、E；
13. A、C、D、E；	14. A、C、E；	15. B、C、D、E；	16. A、B、C；
17. B、D；	18. A、C、E；	19. B、C、D；	20. B、C、E；
21. B、D、E；	22. A、B；	23. B、C、E	

【解析】

3.【答案】A、B、C、E

进口设备抵岸价＝进口设备货价＋国外运费＋国外运输保险费＋银行财务费＋
　　　　　　　外贸手续费＋进口关税＋增值税＋消费税

故选项 A、B、C、E 正确。

第14章　工程计价依据

微信扫一扫
在线做题＋答疑

复习要点

14.1　工程造价管理标准体系与工程定额体系

1．工程造价管理标准体系

工程造价管理标准是指除了法律、法规规范外，还应以国家标准、行业标准等规范性文件进行规范的工程管理和工程造价咨询行为、质量的有关技术要求。

工程造价管理标准体系涵盖统一工程造价管理的基本术语、费用构成等的基础标准；规范工程造价管理行为、项目划分和工程量计算规则等的管理规范；规范各类工程造价成果文件编制的业务操作规程；规范工程造价咨询质量和档案质量的标准；规范工程造价指数发布及信息交换的信息标准等。

2．工程定额体系

1）工程定额与工程计价定额的定义

工程定额一般是指在一定的生产力水平下，在工程建设中单位产品上人工、材料、机械消耗的规定额度。工程计价定额是指工程定额中直接用于工程计价的定额或指标，包括预算定额、概算定额、概算指标和投资估算指标等。

2）工程定额的分类

（1）按生产要素分类：人工消耗定额、材料消耗定额和施工机具消耗定额。

（2）按编制用途分类：施工定额、预算定额、概算定额、概算指标和投资估算指标。

（3）按适用范围分类：全国统一定额、行业定额、地区统一定额和企业定额。

（4）按费用性质分类：建筑工程定额、设备安装工程定额、建筑安装工程费用定额、工器具定额以及工程建设其他费用定额等。

14.2　人工、材料与施工机具台班消耗量确定

1．人工定额消耗量确定

1）人工定额编制的主要工作

人工定额反映生产工人在正常施工条件下的劳动效率，表明每个工人在单位时间内为生产合格产品所必须消耗的劳动时间，或者在一定的劳动时间中所生产的合格产品数量。编制人工定额的主要工作包括拟定正常的施工作业条件和测定定额时间。

（1）拟定正常的施工作业条件：拟定施工作业的内容；拟定施工作业的方法；拟定施工作业地点的组织；拟定施工作业人员的组织等。

（2）测定定额时间：一般是在全面分析各种影响因素的基础上，通过计时观察、大数据分析等资料，获得定额的各种必须消耗时间。

2）人工定额的确定方法

（1）技术测定法；（2）统计分析法；（3）比较类推法；（4）经验估计法。

3）工人工作时间消耗分类

编制定额时间的前提是对工作时间按其消耗性质进行分类，研究工时消耗的数量及其特点。工人在工作班内消耗的工作时间，按其消耗的性质，基本可以分为两大类：必需消耗的时间和损失时间。如图 14-1 所示。

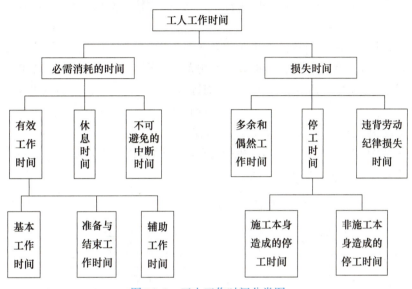

图 14-1　工人工作时间分类图

4）确定人工定额消耗量

（1）确定基本工作时间；（2）确定辅助工作时间；（3）确定准备与结束时间；（4）确定不可避免的中断时间；（5）确定休息时间。

基本工作时间、辅助工作时间、准备与结束工作时间、不可避免中断时间与休息时间之和，就是人工定额的定额时间。

时间定额的计算公式如下：定额时间＝基本工作时间＋辅助工作时间＋准备与结束工作时间＋不可避免的中断时间＋休息时间

5）人工定额的表现形式

（1）人工定额按表现形式的不同，可分为时间定额和产量定额两种表现形式。

① 时间定额。就是某种专业，某种技术等级工人班组或个人，在合理的劳动组织和合理使用材料的条件下，完成单位合格产品所必需的工作时间，包括基本工作时间、辅助工作时间、准备与结束时间、不可避免的中断时间及工人必需的休息时间。

② 产量定额。产量定额，就是在合理的劳动组织和合理使用材料的条件下，某种专业、某种技术等级的工人班组或个人在单位工日中所应完成的合格产品的数量。

（2）人工定额按定额的标定对象不同，又分为单项工序定额和综合定额两种，综合定额表示完成同一产品中的各单项（工序或工种）定额的综合。

（3）时间定额和产量定额都表示同一人工定额项目，它们是同一人工定额项目的两种不同的表现形式。

2. 材料定额消耗量的确定

施工中材料的消耗可分为必需的材料消耗和损失的材料两类性质。必需消耗的材料包括：直接用于建筑和安装工程的材料净用量、不可避免的施工废料、不可避免的材料损耗。施工中的材料又可分为实体材料和非实体材料两类。实体材料是指直接构成工程实体的材料，包括工程直接性材料和辅助材料。非实体材料是指在施工中必须使用但又不能构成工程实体的施工措施性材料，主要指周转性材料，如模板、脚手架、支撑等。

（1）实体性材料定额消耗量确定方法：（1）理论计算法；（2）实验室试验法；（3）现场技术测定法；（4）现场统计法。

（2）非实体性材料（周转性材料）定额消耗量确定。周转性材料消耗一般与下列四个因素有关：（1）第一次制造时的材料消耗（一次使用量）；（2）每周转使用一次材料的损耗（第二次使用时需要补充）；（3）周转使用次数；（4）周转材料的最终回收及其回收折价。

3. 施工机具定额台班消耗量确定

（1）机械工作时间消耗的分类：机械工作时间的消耗，分为必需消耗的时间和损失时间两大类。如图14-2所示。

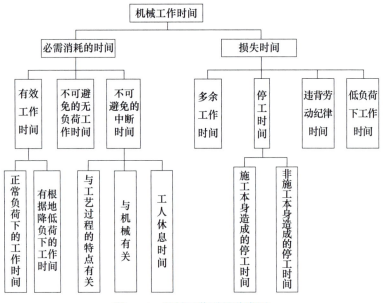

图14-2　机械工作时间分类图

（2）施工机具台班定额消耗量的确定：（1）确定机械1h纯工作正常生产率；（2）确定施工机械的时间利用系数；（3）计算施工机械台班定额

（3）施工机械台班消耗量定额的表现形式

（1）施工机械时间定额：施工机械时间定额以"台班"表示，即一台机械工作一个作业班时间。一个作业班时间为8h。

（2）施工机械产量定额：在合理劳动组织与合理使用机械条件下，机械在每个台班时间内，应完成合格产品的数量。

施工机械产量定额和机械时间定额互为倒数关系。

14.3　人工、材料与施工机具台班单价确定

1. 人工日工资单价确定方法

人工日工资单价由计时工资或计件工资、奖金、津贴补贴以及特殊情况下支付的工资组成。

（1）确定年平均每月法定工作日。由于人工日工资单价是每一个法定工作日的工资总额，因此需要对年平均每月法定工作日进行计算。

（2）计算人工日工资单价。确定了年平均每月法定工作日后，将工资总额进行分摊，即形成了人工日工资单价。

2. 材料单价确定方法。材料单价＝［（材料原价＋运杂费）×［1＋运输损耗率（％）］］×［1＋采购保管费率（％）］

（1）材料原价（或供应价格）。材料原价是指国内采购材料的出厂价格，国外采购材料抵达买方边境、港口或车站并缴纳完各种手续费、税费（不含增值税）后形成的价格。

（2）材料运杂费。材料运杂费是指国内采购材料自来源地、国外采购材料自到岸港运至工地仓库或指定堆放地点发生的费用（不含增值税）。含外埠中转运输过程中所发生的一切费用和过境过桥费用，包括调车和驳船费、装卸费、运输费及附加工作费等。

（3）运输损耗。在材料的运输中应考虑一定的场外运输损耗费用。这是指材料在运输装卸过程中不可避免的损耗。运输损耗＝（材料原价＋运杂费）× 运输损耗率（％）。

（4）采购及保管费。采购及保管费是指为组织采购、供应和保管材料过程中所需要的各项费用，包含：采购费、仓储费、工地保管费和仓储损耗。材料采购及保管费计算公式如下：采购及保管费＝材料运到工地仓库价格 × 采购及保管费率（％）。

或　采购及保管费＝（材料原价＋运杂费＋运输损耗费）× 采购及保管费率（％）。

3. 施工机械台班单价确定方法

施工机械台班单价是指一台施工机械，在正常运转条件下一个工作班中所发生的全部费用，每台班按 8 个小时工作制计算。施工机械台班单价由七项费用组成：折旧费、检修费、维护费、安拆费及场外运费、人工费、燃料动力费和其他费用等。

（1）折旧费确定

① 机械预算价格：a. 国产施工机械预算价格。国产施工机械预算价格按照机械原值、相关手续费和一次运杂费以及车辆购置税之和计算。b. 进口施工机械预算价格。进口施工机械的预算价格按照到岸价格、关税、消费税、相关手续费和国内一次运杂费、银行财务费、车辆购置税之和计算。

② 残值率：残值率是指机械报废时回收其残余价值占施工机械预算价格的百分比数。残值率应按编制期国家有关规定确定：目前各类施工机械均按 5% 计算。

③ 耐用总台班：耐用总台班指施工机械从开始投入使用至报废前使用的总台班数，应按相关技术指标取定。机械耐用总台班的计算公式为：耐用总台班＝折旧年限 × 年工作台班＝检修间隔台班 × 检修周期。

（2）检修费确定：检修费是指施工机械在规定的耐用总台班内，按规定的检修间隔进行必要的检修，以恢复其正常功能所需的费用。检修费是机械使用期限内全部检修

费之和在台班费用中的分摊额，它取决于一次检修费、检修次数和耐用总台班的数量。

（3）维护费确定：维护费是指施工机械在规定的耐用总台班内，按规定的维护间隔内进行各级维护和临时故障排除所需的费用。包括保障机械正常运转所需替换与随机配备工具附具的摊销和维护费用、机械运转及日常保养维护所需润滑与擦拭的材料费用及机械停滞期间的维护费用等。

（4）安拆费及场外运费确定

安拆费指施工机械在现场进行安装与拆卸所需的人工、材料、机械和试运转费用以及机械辅助设施的折旧、搭设、拆除等费用；场外运费指施工机械整体或分体自停放地点运至施工现场或由一施工地点运至另一施工地点的运输、装卸、辅助材料及架线等费用。安拆费及场外运费根据施工机械不同分为计入台班单价、单独计算和不需计算三种类型。

① 计入台班单价：安拆简单、移动需要起重机运输机械的轻型施工机械，其安拆费及场外运费计入台班单价。

② 单独计算：a.安拆复杂、移动需要起重机运输机械的重型施工机械，其安拆费及场外运费单独计算。b.利用辅助设施移动的施工机械，其辅助设施（包括轨道和枕木）等的折旧、搭设和拆除等费用可单独计算。c.自升式塔式起重机、施工电梯安拆费的超高起点及其增加费，各地区、部门可根据具体情况确定。

③ 不需计算：a.不需安拆的施工机械，不计算一次安拆费。b.不需相关机械辅助运输的自行移动机械，不计算场外运费。c.固定在车间的施工机械，不计算安拆费及场外运费。

（5）人工费确定：人工费是指机上司机（司炉）和其他操作人员的人工费。

（6）燃料动力费确定：燃料动力费是指施工机械在运转作业中所耗用的燃料及水、电等费用。

（7）其他费用确定：其他费用是指施工机械按照国家规定应缴纳的车船税、保险费及检测费等。

4．施工仪器仪表台班单价确定方法。施工仪器仪表台班单价由四项费用组成：折旧费、维护费、校验费、动力费。施工仪器仪表台班单价中的费用组成不包括检测软件的相关费用。

（1）折旧费：指施工仪器仪表在耐用总台班内，陆续收回其原值的费用；（2）维护费：指施工仪器仪表各级维护、临时故障排除所需的费用及为保证仪器仪表正常使用所需备件（备品）的维护费用；（3）校验费：指按国家与地方政府规定的标定与检验的费用；（4）动力费：指施工仪器仪表在施工过程中所耗用的电费。

14.4　预算定额、概算定额与概算指标

1. 预算定额及其基价

1）预算定额的作用：预算定额是编制施工图预算、确定建筑安装工程造价的基础；预算定额是编制最高投标限价的基础；预算定额是编制施工组织设计、进行经济分析的依据；预算定额是编制概算定额的基础。

2）预算定额的编制原则：按社会平均水平确定预算定额的原则；简明适用的原则。

3）预算定额的编制依据：现行施工定额；现行设计规范、施工及验收规范，质量评定标准和安全操作规程；具有代表性的典型工程施工图及有关标准图；成熟推广的新技术、新结构、新材料和先进的施工方法等；有关科学实验、技术测定和统计、经验资料。这类资料是确定定额水平的重要依据；现行的预算定额、材料单价、机械台班单价及有关文件规定等。

4）预算定额消耗量的确定

（1）人工消耗量指标的确定。预算定额中人工消耗量指标包括完成该分项工程必需的各种用工量，包括基本用工和其他用工。

（2）人工消耗指标的计算：① 综合取定工程量。综合取定工程量是指按照一个地区历年实际设计房屋的情况，选用多份设计图纸，进行测算取定数量。② 计算人工消耗量。按照综合取定的工程量或单位工程量和劳动定额中的时间定额。

（3）材料耗用量指标的确定

材料耗用量指标是在节约和合理使用材料的条件下，生产单位合格产品所必须消耗的一定品种规格的材料、燃料、半成品或配件数量标准。

（4）机械台班消耗指标的确定

预算定额中的施工机械消耗指标，是以台班为单位进行计算，每一台班为8小时工作制。预算定额的机械化水平，应以多数施工企业采用的和已推广的先进施工方法为标准。

① 机械台班消耗指标的计算，可以采用小组产量计算法和台班产量计算法。

② 机械幅度差。内容包括：施工机械转移工作面及配套机械互相影响损失的时间；在正常的施工情况下，机械施工中不可避免的工序间歇；检查工程质量影响机械操作的时间；临时水、电线路在施工中移动位置所发生的机械停歇时间；工程结尾时，工作量不饱满所损失的时间。由于垂直运输用的塔式起重机、卷扬机及砂浆、混凝土搅拌机是按小组配合，应以小组产量计算机械台班产量，不另增加机械幅度差。

5）预算定额基价的确定

预算定额基价就是预算定额分项工程或定额子目的单价，只包括人工费、材料费和施工机具使用费，即工料单价。预算定额基价一般通过编制单位估价表来确定单价，用于直接编制施工图预算。工料单价是确定定额计量单位的分部分项工程的人工费、材料费和机械使用费的费用标准，即人、料、机费用单价。

6）预算定额说明

预算定额的说明包括预算定额总说明、分部工程说明及各分项工程说明。涉及各分部需说明的共性问题列入总说明，属某一分部需说明的事项列章节说明。

2. 概算定额及其基价

1）概算定额的作用。是编制初步设计阶段工程概算、扩大初步设计阶段修正概算的主要依据；是对设计项目进行技术经济分析比较的基础资料之一；是编制建设工程主要材料计划的依据；是控制施工图预算和最高投标限价的依据；是工程结束后，进行竣工决算和项目评价的依据；是编制概算指标的依据。

2）概算定额编制原则。概算定额的编制深度要适应设计深度的要求。概算定额水平的确定应与全国统一或地区通用的预算定额或基础定额的水平基本一致。

3）概算定额的编制依据。相关的国家和地区文件；现行的设计规范、施工验收技术规范和各类工程预算定额；具有代表性的典型工程设计图纸和其他设计资料；有关的施工图预算及有代表性的工程决算资料；现行的人工日工资单价标准、材料单价、机械台班单价及其他的价格资料。

4）概算定额的编制方法。概算定额是在预算定额的基础上综合而成的，每一项概算定额项目都包括了数项预算定额的定额项目。具体方法有：直接利用综合预算定额；在预算定额的基础上再合并其他次要项目；改变计量单位；采用标准设计图纸的项目，可以根据预先编好的标准预算计算；工程量计算规则进一步简化。

5）概算定额基价。概算定额基价只包括人工费、材料费和机具费。概算定额基价是通过编制扩大单位估价表所确定的单价，用于直接编制设计概算。概算定额基价和预算定额基价的编制方法相同，单价均为不含增值税进项税额的价格。

6）概算定额手册。按专业特点和地区特点编制的概算定额手册，内容基本上是由文字说明、定额项目表和附录三个部分组成。

3. 概算指标

概算指标通常是以单位工程为对象，以建筑面积、体积或成套设备装置的台或组为计量单位而规定的人工、材料、机具台班的消耗量标准和造价指标。概算指标可分为两大类，一类是建筑工程概算指标，包括一般土建工程概算指标、电气工程指标、给水排水工程指标、采暖通风工程指标等；另一类是设备及安装工程概算指标，包括机械设备及安装工程指标、电气设备及安装工程指标、筑炉及安装工程指标、保温防腐及安装工程指标等。

1）概算指标的作用

概算指标是初步设计阶段编制概算，确定工程概算造价的依据；概算指标可以作为编制投资估算的参考；概算指标中的主要材料指标可以作为匡算主要材料用量的依据；概算指标是设计单位进行设计方案比较、设计技术经济分析的依据；概算指标是编制固定资产投资计划，确定投资额和主要材料计划的主要依据。

2）概算指标的编制方法。概算指标是概算定额的扩大与合并，它是以整个房屋或构筑物为对象，以更为扩大的计量单位来编制的，也包括人工、材料和机械台班定额三个基本部分。同时，还列出了各结构分部的工程量及单位工程（以体积计或以面积计）的造价。单位工程概算指标，一般选择常见的工业建筑的辅助车间和一般民用建筑项目为编制对象，根据设计图纸和现行的概算定额等，测算出每 $100m^2$ 建筑面积或每 $1000m^3$ 建筑体积所需的人工、主要材料、机械台班的消耗量指标和相应的费用指标等。

3）概算指标的内容和形式。概算指标的组成内容一般分为文字说明、指标列表和附录等几部分。

14.5　工程造价指标与指数

1. 工程计价信息

工程计价信息是指国家、各地区、各部门工程造价管理机构、行业组织以及信息服务企业发布的指导或服务建设工程计价的建设工程造价指数、要素价格信息、综合指标信息等。

1）工程造价指数。工程造价指数包括：国家或地方的房屋建筑工程、市政工程造价指数，以及各行业、各专业工程造价指数。

2）工程要素价格信息。工程要素价格信息包括：建筑安装工程人工价格信息、材料价格信息、施工机械租赁价格信息，工程设备价格信息等。

3）工程综合指标信息。工程综合指标信息包括：建设项目的综合造价指标、单项工程的综合指标、单位工程的指标、扩大分部分项工程指标和分部分项工程指标。

2．工程造价指标

1）工程造价指标表。工程造价指标表包括：工程类别及编码表、工程造价指标层级及编码表、建设项目特征信息及参数表、工程特征信息及参数表、建设项目总投资指标表、建设项目投资指标明细表（或单项工程指标明细表）、工程经济指标表、主要工程量指标表、主要工料价格与消耗量指标表、单位工程工料价格指标表、功能性（相关性）指标表等。

2）工程造价指标的应用。（1）作为国家、地方、行业，以及企业编制固定资产投资计划、确定基本建设投资规模的参考依据；（2）用作编制建设项目投资估算的重要依据；（3）用作编制初步设计概算和审查施工图预算的重要依据；（4）用作编制最高投标限价和投标报价的参考资料；（5）用作编制和修订各类工程计价定额的基础资料；（6）用以测定调价系数、编制造价指数的依据；（7）用作技术经济分析与研究的基础资料。

3．工程造价指数

1）工程造价指数的概念

工程造价指数是一定时期的工程造价相对于某一固定时期工程造价的比值，以某一设定值为参照得出的同比例数值。

2）工程造价指数的分类

（1）按照工程范围、类别、用途分类，工程造价指数分为建设工程造价综合指数和建设工程要素价格指数。

（2）按照基数不同划分，工程造价指数分为定基指数和环比指数。

3）工程造价指数的作用

（1）能够正确反映建筑市场的供求关系变化和生产力发展水平，可供管理部门估计工程造价变化对宏观经济的影响，为政府进行宏观经济调控服务。

（2）政府部门可以通过编制和发布工程造价指数，掌握并向社会提供工程造价的发展和趋势信息，为工程建设市场服务，提升社会治理能力。

（3）建设单位可以利用工程造价指数分析价格变动的趋势及其原因，为企业投资决策、投融资管理服务。

（4）工程咨询企业依托已完工程造价数据库，可以利用工程造价指数，动态进行工程估算、概算、工程量清单计价以及做好工程价款结算工作，并实现全过程工程造价管理。

（5）是推行工程量清单计价方法的有力补充，工程造价指数能为承发包双方快速、公平、合理地进行工程结算的价款调整提供可靠依据，实现工程造价合理确定与调整。

（6）分析价格变动趋势，施工企业才能适应市场竞争，进行合理报价。

一　单项选择题

1. 下列工程造价管理标准体系中，属于操作规程的是（　　）。

　　A.《建设工程造价咨询规范》　　　　B.《建设工程工程量清单计价规范》

　　C.《建设工程造价鉴定规范》　　　　D.《建筑安装工程费用项目组成》

2. 下列工程造价管理标准体系中，属于信息标准的是（　　）。

　　A.《建设工程人工材料设备机械数据标准》

　　B.《建设工程计价设备材料划分标准》

　　C.《工程造价术语标准》

　　D.《建筑安装工程费用项目组成》

3. 能够作为施工企业编制施工组织设计和施工工作计划的依据定额是（　　）。

　　A. 预算定额　　　　　　　　　　　B. 施工定额

　　C. 概算定额　　　　　　　　　　　D. 概算指标

4. 工程定额中分项最细、定额子目最多，也是工程定额中的基础性定额的是（　　）。

　　A. 施工定额　　　　　　　　　　　B. 预算定额

　　C. 概算定额　　　　　　　　　　　D. 概算指标

5. 关于施工定额的说法，正确的是（　　）。

　　A. 是以建筑物或构筑物各个分部分项工程为对象编制的定额

　　B. 是编制单位估价表、确定工程造价、控制建设工程投资的基础和依据

　　C. 能够直接用来编制施工作业计划、签发施工任务单、签发限额领料单

　　D. 是设计单位编制设计概算或建设单位编制年度投资计划的依据

6. 以合格分项工程和结构构件为对象，在正常施工条件下完成一定计量单位的合格分项工程和结构构件所需消耗的人工、材料、施工机械台班数量及其费用标准的定额是（　　）。

　　A. 施工定额　　　　　　　　　　　B. 预算定额

　　C. 概算定额　　　　　　　　　　　D. 概算指标

7. 以合格扩大分项工程或扩大结构构件为对象，完成单位合格扩大分项工程或扩大结构构件所需消耗的人工、材料、施工机具的数量及其费用标准的定额是（　　）。

　　A. 施工定额　　　　　　　　　　　B. 预算定额

　　C. 概算定额　　　　　　　　　　　D. 概算指标

8. 概算指标的编制对象是（　　）。

　　A. 分部工程　　　　　　　　　　　B. 扩大分项工程

　　C. 扩大结构构件　　　　　　　　　D. 单位工程

9. 以每1000m³房屋或构筑物、每1000m管道或道路、每座小型独立构筑物为计量单位，规定所需的劳动力、材料和机械台班的消耗数量及造价的定额属于（　　）。

　　A．施工定额　　　　　　　　　　　　B．预算定额

　　C．概算定额　　　　　　　　　　　　D．概算指标

　　10．以机修车间、金工车间、装配车间为编制对象，测算出每100m² 建筑面积或每1000m³ 建筑体积所需的人工、主要材料、机械台班的消耗量指标和相应的费用指标属于（　　）。

　　A．分部工程概算指标　　　　　　　　B．分项工程概算指标

　　C．单项工程概算指标　　　　　　　　D．单位工程概算指标

　　11．在编制人工定额时，把过去施工生产中同类工程或同类产品的工时消耗资料，与当前生产技术和施工组织条件的变化因素结合起来进行分析的方法是（　　）。

　　A．技术测定法　　　　　　　　　　　B．统计分析法

　　C．比较类推法　　　　　　　　　　　D．经验估计法

　　12．根据生产技术和施工组织条件，对施工过程中各工序采用测时法、写实记录法、工作日写实法，测出各工序的工时消耗等资料，再对所获得的资料进行科学的分析，制定出人工定额的方法是（　　）。

　　A．技术测定法　　　　　　　　　　　B．统计分析法

　　C．比较类推法　　　　　　　　　　　D．经验估计法

　　13．编制人工定额时，工人定额工作时间中应予以合理考虑的情况是（　　）。

　　A．由于水源或电源中断引起的停工时间

　　B．由于工程技术人员和工人差错引起的工时损失

　　C．由于劳动组织不合理导致工作中断所占用的时间

　　D．由于材料供应不及时引起的停工时间

　　14．关于工程施工过程中抹灰工不得不补上偶然遗留墙洞等工作所耗费时间的说法，正确的是（　　）。

　　A．属于多余的工作时间，拟定定额时不需考虑

　　B．属于违背劳动纪律造成的工作时间损失，在定额中予以考虑

　　C．该工作能获得一定产品，拟定定额时要适当考虑其影响

　　D．由于施工工艺特点引起的工作中断所必需的时间，在定额中予以考虑

　　15．在工程施工过程中，由于水源、电源中断引起的停工时间属于（　　）。

　　A．非施工本身造成的停工时间，定额中则应给予合理的考虑

　　B．施工本身造成的停工时间，定额中则不应予以考虑

　　C．多余工作的工时损失，定额中则不应予以考虑

　　D．劳动组织不合理引起的，属于损失时间，不能计入定额时间

　　16．在合理的劳动组织和正常的施工条件下，完成某单位合格分项工程的时间消耗为所有班组完成时间均不超过1个工日，其中个别班组可以在0.50工日完成，多数班组经过努力可以在0.80工日完成。则编制施工定额时，人工消耗宜为（　　）工日。

　　A．1.00　　　　　　　　　　　　　　B．0.80

　　C．0.77　　　　　　　　　　　　　　D．0.50

　　17．工程项目施工中使用的模板，属于材料消耗定额指标中的（　　）。

　　A．主要材料　　　　　　　　　　　　B．辅助材料

C. 周转材料   D. 零星材料

18. 砌 1000m³ 的 240mm 厚标准砖墙的净用砖量为（   ）块。（标准砖尺寸为 240mm×115mm×53mm，灰缝 10mm）

A. 529100   B. 530000

C. 549100   D. 553000

19. 砌 1000m³ 的 370mm 厚标准砖墙的砂浆总消耗量为（   ）m³。（标准砖尺寸为 240mm×115mm×53mm，灰缝 10mm；标准砖和砂浆的损耗率均为 1%）

A. 225   B. 239

C. 365   D. 370

20. 根据设计、施工验收规范和材料规格等计算材料净用量的方法是（   ）。

A. 理论计算法   B. 测定法

C. 图纸计算法   D. 经验法

21. 某建设工程项目，钢材的采购数量为 100 吨，在项目建设过程中钢材的净用量为 80 吨，损耗率为 1%，则该项目钢材的总消耗量为（   ）吨。

A. 80.0   B. 80.8

C. 100.0   D. 101.0

22. 根据对材料消耗过程的测定与观察，通过完成产品数量和材料消耗量的计算，确定各种材料消耗定额的方法是（   ）。

A. 理论计算法   B. 实验室试验法

C. 现场技术测定法   D. 现场统计法

23. 某混凝土结构施工采用木模板。木模板一次净用量为 200m²，模板现场制作安装不可避免的操作损耗率为 3%，该模板可周转使用 5 次，每次补损率为 5%，该模板周转使用量为（   ）m²。

A. 41.20   B. 49.44

C. 43.20   D. 51.50

24. 某预制混凝土构件的模板净用量为 200m²，预制过程中的操作损耗率为 3%，模板可周转使用 5 次，则该模板使用的摊销量为（   ）m²。

A. 40.00   B. 41.20

C. 43.20   D. 51.50

25. 斗容量为 1m³ 的反铲挖土机，挖三类土，装车，深度在 3m 内，小组成员 4 人，机械台班产量为 3.84（定额单位为 100m³），则挖 100m³ 的人工时间定额为（   ）工日。

A. 0.26   B. 0.78

C. 1.04   D. 3.84

26. 在编制机械台班使用定额时，工程项目施工过程中把灰浆泵由一个工作地点转移到另一工作地点的工作中断所耗费的时间，属于（   ）。

A. 正常负荷下的工作时间

B. 不可避免的无负荷工作时间

C. 与工艺过程特点有关的不可避免中断工作时间

D. 与机械有关的不可避免中断工作时间

27. 在编制机械台班使用定额时，工程项目施工过程中由于未及时供给机械燃料引起停工而耗费的时间属于（　　）。

    A．机械的多余工作时间

    B．机械的停工时间

    C．违反劳动纪律引起的机械的时间损失

    D．低负荷下的工作时间

28. 已知某斗容量为 $1m^3$ 的正铲挖土机，机械台班产量为 $476m^3$，机械利用系数为 0.85，则它在正常工作条件下，1 小时纯工作时间内可以挖土约（　　） m^3。

    A．47   B．51

    C．56   D．70

29. 已知某挖土机挖土的一个工作循环需 2 分钟，每循环一次挖土 $0.5m^3$，工作班的延续时间为 8 小时，机械利用系数为 0.85，则其台班产量定额为（　　） m^3／台班。

    A．12.8   B．15.0

    C．102.0   D．120.0

30. 施工机具台班定额消耗量编制的相关工作有：① 确定 1h 纯工作正常生产率；② 确定正常施工组织条件；③ 计算施工机械台班定额；④ 确定施工机械时间利用系数。则正确的顺序是（　　）。

    A．②—①—④—③   B．①—②—④—③

    C．①—④—②—③   D．①—②—③—④

31. 在确定人工工资单价时，对于高级技工，最低日工资单价不得低于工程所在地人力资源社会保障部门所发布的最低工资标准的（　　）倍。

    A．1.3   B．2

    C．2.5   D．3

32. 在确定材料单价时，关于国外采购材料原价的说法，正确的是（　　）。

    A．以采购材料的出厂价格为准

    B．以抵达买方边境并支付完运杂费计算为准

    C．以材料抵达买方边境并缴纳完各种手续费为准

    D．以抵达买方边境并缴纳完各种手续费和税费（不含增值税）为准

33. 在确定材料单价时，凡同一种材料因来源地、交货地、供货单位、生产厂家不同，而有几种价格（原价）时，其综合原价的确定应以（　　）。

    A．最低价格为准   B．最高价格为准

    C．加权平均的价格为准   D．最低和最高价格平均值为准

34. 某建筑材料出厂价为 3000 元／吨，运杂费为 200 元／吨，采购保管费为 30 元／吨。若该材料的运输损耗率为 5%，则该材料的运输损耗为（　　）元／吨。

    A．150   B．151.5

    C．160   D．161.5

35. 施工企业采购的某建筑材料出厂价为 3500 元／吨，运费为 400 元／吨，运输损耗率为 2%，采购保管费率为 5%，则计入建筑安装工程材料费的该建筑材料单价为（　　）元／吨。

A．4176.9　　　　　　　　　B．4173.0

C．3748.5　　　　　　　　　D．3745.0

36．关于施工机械台班单价的说法，正确的是（　　　）。

　　A．是一台施工机械在正常运转条件下一个工作班中所发生的全部费用

　　B．每台班按 10 个小时工作制计算

　　C．施工机械台班单价由折旧费、检修费、维护费、安拆费及场外运费组成

　　D．施工机械台班单价由人工费、燃料动力费和其他费用组成

37．某施工机械预算价格为 50 万元，折旧年限为 5 年，年平均工作 200 个台班，残值率为 5%，该机械台班折旧费为（　　　）元。

　　A．2500　　　　　　　　　B．2375

　　C．500　　　　　　　　　　D．475

38．计算施工机械台班单价中的检修费时，其除税系数中的"税"指的是（　　　）。

　　A．增值税进项税额　　　　　B．增值税销项税额

　　C．企业所得税　　　　　　　D．消费税

39．下列施工机械的安拆费及场外运费中，需要计入台班单价的是（　　　）。

　　A．安拆复杂、移动需要起重机运输机械的重型施工机械费

　　B．安拆简单、移动需要起重机运输机械的轻型施工机械费

　　C．自升式塔式起重机、施工电梯安拆费的超高起点及其增加费

　　D．利用辅助设施移动的施工机械，其辅助设施搭设和拆除费

40．计算施工机械台班单价中的场外运费时，其运输距离均按平均（　　　）km 计算。

　　A．10　　　　　　　　　　　B．20

　　C．30　　　　　　　　　　　D．40

41．某施工机械配司机 1 人，当年制度工作日为 270 天，年工作台班为 200 台班，人工单价为 150 元，该机械的人工费为（　　　）元 / 台班。

　　A．352.5　　　　　　　　　B．300

　　C．202.5　　　　　　　　　D．150

42．施工仪器仪表台班单价的费用组成不包括（　　　）。

　　A．软件检测费用　　　　　　B．维护费

　　C．校验费　　　　　　　　　D．动力费

43．关于预算定额编制原则的说法，正确的是（　　　）。

　　A．主要的、常用的、价值量大的项目，分项工程划分宜粗略

　　B．次要的、不常用的、价值量相对较小的项目宜详细

　　C．同一种材料用不同的计量单位和一量多用

　　D．按生产过程中所消耗的社会必要劳动时间确定定额水平

44．对于垂直运输用的塔式起重机、混凝土搅拌机的机械用工，其计算方式是（　　　）。

　　A．增加机械幅度差　　　　　B．用台班产量计算

　　C．用利用系数计算　　　　　D．用小组产量计算

45．在确定预算定额中人工消耗量指标时，施工现场工人筛沙子所增加的用工量，

属于（　　）。

  A．基本用工   B．超运距用工

  C．辅助用工   D．零星用工

  46．在建设项目施工现场内有两项单位工程，在分析预算定额中人工消耗指标时，现场因两单位工程之间操作地点转移而影响的操作时间所产生的用工属于（　　）。

  A．基本用工   B．超运距用工

  C．辅助用工   D．人工幅度差用工

  47．在进行预算定额人工工日消耗量计算时，完成单位合格产品的基本用工为 22 工日，超运距用工为 4 工日，辅助用工为 2 工日，人工幅度差系数为 12%，则预算定额中人工工日消耗量为（　　）工日。

  A．24.64   B．26.88

  C．29.12   D．31.36

  48．按照单位工程量和劳动定额中的时间定额计算出的基本用工数量为 20 工日，超运距用工量为 4 工日，辅助用工为 2 工日，人工幅度差系数为 10%，则人工幅度差用工数量为（　　）工日。

  A．2.0   B．2.2

  C．2.4   D．2.6

  49．关于预算定额基价编制的说法，正确的是（　　）。

  A．应按全国统一的资源价格来编制

  B．应是以某一时期固定的价格为基础

  C．只包括人工费、材料费和施工机具使用费

  D．以全国统一的预算定额为基础确定人工、材料、机械台班价格

  50．通过改变计量单位方式编制概算定额的工程对象是（　　）。

  A．地面的平整场地   B．墙身的伸缩缝

  C．钢筋混凝土基础   D．房屋的天窗架

  51．概算指标的编制对象是（　　）。

  A．单项工程   B．单位工程

  C．分部工程   D．分项工程

  52．工程造价指标表中的工程特征信息及参数，是以（　　）为单位，对其基本信息及参数、工程专业信息、计价信息进行描述。

  A．建设项目   B．单项工程

  C．单位工程   D．分部分项工程

  53．按工程建筑面积、体积、长度、功能性单位或自然计量单位计算得出的全费用的单位指标、相关单位指标、占造价比例是工程造价指标表中的（　　）。

  A．建设项目总投资指标   B．主要工程量指标

  C．工程经济指标   D．主要工料价格与消耗量指标

  54．按工程建筑面积、体积、长度、功能性单位或自然计量单位计算得出的工程实体主要构件或要素的工程量、单位指标、相关单位指标是工程造价指标表中的（　　）。

  A．建设项目总投资指标   B．主要工程量指标

　　　　C．工程经济指标　　　　　　　D．主要工料价格与消耗量指标

55．按工程建筑面积、体积、长度、功能性单位或自然计量单位计算得出的生产过程中消耗的工日用量、材料用量及对应单价、合价的单位指标、占造价比例是工程造价指标表中的（　　　）。

　　　　A．单位工程工料价格指标　　　B．主要工程量指标

　　　　C．工程经济指标　　　　　　　D．主要工料价格与消耗量指标

56．以一栋建筑为对象形成的工程造价指数是属于（　　　）。

　　　　A．单项工程造价指数　　　　　B．单位工程造价指数

　　　　C．分项工程造价指数　　　　　D．分部工程造价指数

57．以一个生产系统为对象形成的工程造价指数是属于（　　　）。

　　　　A．单项工程造价指数　　　　　B．单位工程造价指数

　　　　C．分项工程造价指数　　　　　D．分部工程造价指数

58．一栋建筑给水排水工程费用的工程造价指数是属于（　　　）。

　　　　A．单项工程造价指数　　　　　B．单位工程造价指数

　　　　C．分项工程造价指数　　　　　D．分部工程造价指数

59．工程造价指数对施工企业的作用是（　　　）。

　　　　A．为企业投资决策、投融资管理服务

　　　　B．分析价格变动趋势，进行合理报价

　　　　C．实现全过程工程造价管理

　　　　D．为工程建设市场服务，提升社会治理能力

二　多项选择题

1．下列工程造价管理标准体系中，属于基础标准的有（　　　）。

　　　　A.《建设工程人工材料设备机械数据标准》

　　　　B.《建设工程造价指标指数分类与测算标准》

　　　　C.《工程造价术语标准》

　　　　D.《建设工程计价设备材料划分标准》

　　　　E．有关建设工程造价费用构成通则

2．下列工程造价管理标准体系中，属于管理规范的有（　　　）。

　　　　A.《建设工程工程量清单计价规范》

　　　　B.《建设工程造价咨询规范》

　　　　C.《建筑工程建筑面积计算规范》

　　　　D.《建设项目工程结算编审规程》

　　　　E.《建设工程造价鉴定规范》

3．下列建设工程定额中，属于按生产要素内容分类的有（　　　）。

　　　　A．人工消耗定额　　　　　　　B．施工定额

　　　　C．材料消耗定额　　　　　　　D．设备安装工程定额

　　　　E．施工机具消耗定额

4. 下列建设工程定额中，属于按编制用途分类的有（　　　）。

    A. 人工消耗定额
    B. 施工定额

    C. 预算定额
    D. 概算定额

    E. 概算指标

5. 下列建设工程定额中，属于按费用性质分类的有（　　　）。

    A. 建筑工程定额
    B. 施工定额

    C. 设备安装定额
    D. 概算定额

    E. 工器具定额

6. 关于投资估算指标的说法，正确的有（　　　）。

    A. 是以建设项目、单项工程、单位工程为对象

    B. 可以反映建设项目其建设总投资及其各项费用构成的经济指标

    C. 可以反映单项工程人工、材料、机具消耗量

    D. 作为一种计价定额，主要用于编制投资估算

    E. 反映完成扩大分项工程的人工、材料、机具消耗量及其相应费用

7. 编制人工定额中拟定施工的正常条件包括（　　　）。

    A. 拟定施工作业的内容
    B. 拟定施工作业的方法

    C. 拟定施工作业地点的组织
    D. 拟定施工作业人员的组织

    E. 拟定施工企业的组织形式

8. 编制人工定额时，下列工人工作时间中，属于有效工作时间的有（　　　）。

    A. 基本工作时间
    B. 准备与结束工作时间

    C. 辅助工作时间
    D. 非施工本身造成的停工时间

    E. 不可避免的中断时间

9. 在编制人工定额时，对工人工作时间按其消耗性质进行分类，属于必需消耗的时间有（　　　）。

    A. 工人完成一定产品的施工工艺过程所消耗的时间

    B. 为保证基本工作能顺利完成所消耗的时间

    C. 与施工过程、工艺特点有关的工作中断时间

    D. 由于工程技术人员和工人的差错而引起的时间耗费

    E. 由于材料供应不及时、工作面准备工作做得不好引起的停工时间

10. 关于确定人工定额消耗量时的基本工作时间的说法，正确的有（　　　）。

    A. 基本工作时间消耗一般应根据计时观察资料、大数据分析来确定

    B. 首先确定得出各工作过程的综合工时消耗，然后确定工作过程每一组成部分的工时消耗

    C. 如果组成部分的产品计量单位和工作过程的产品计量单位不符，需先求出不同计量单位的换算系数

    D. 各组成部分与最终产品单位一致时，基本工作时间为施工过程各个组成部分作业时间的总和

    E. 各组成部分单位与最终产品单位不一致时，各组成部分基本工作时间应分别乘以相应的换算系数

11. 在编制周转性材料消耗定额时，需要考虑的相关因素有（   ）。

    A．周转性材料的类别   B．一次性使用量

    C．周转使用次数   D．周转材料的最终回收及折价

    E．每周转使用一次的损耗

12. 在编制材料消耗定额时，必需消耗的材料主要包括的内容有（   ）。

    A．在材料运输过程中产生的不可避免的损耗

    B．确定直接使用在工程上的材料净用量

    C．在施工现场内运输及操作过程中的不可避免的废料

    D．在施工现场内运输及操作过程中的不可避免的损耗

    E．项目竣工后剩余材料产生的损耗

13. 下列在编制机械台班使用定额时的机械工作时间中，属于不可避免的中断时间的有（   ）。

    A．正常负荷下的工时消耗时间

    B．有根据地降低负荷下的工时消耗时间

    C．与工艺过程的特点有关的时间

    D．与机械有关的时间

    E．工人休息时间

14. 机械台班使用定额的编制内容包括（   ）。

    A．拟定机械作业的正常施工条件

    B．确定机械纯工作一小时的正常生产率

    C．拟定机械的停工时间

    D．确定机械的利用系数

    E．计算机械台班定额

15. 关于机械台班使用定额的编制中机械工作时间消耗分类的说法，正确的有（   ）。

    A．筑路机在工作区末端调头耗费的时间属于不可避免的无负荷工作时间

    B．汽车装货和卸货时的停车所耗费的时间属于定期的不可避免中断工作时间

    C．工人没有及时供料而使机械空运转的时间属于机械的多余工作时间

    D．暴雨时压路机停工耗费的时间属于非施工本身造成的机械停工时间

    E．由于工人擅离岗位等引起的机械停工时间属于低负荷下的工作时间

16. 下列机械工作时间中，属于机械工作必需消耗的时间有（   ）。

    A．不可避免的无负荷工作时间   B．有效工作时间

    C．多余工作时间   D．低负荷下工作时间

    E．非施工本身造成的停工时间

17. 人工工日单价的组成内容包括（   ）。

    A．计时工资或计件工资   B．奖金

    C．津贴补贴   D．特殊情况下支付的工资

    E．差旅费报销额

18. 关于确定材料单价时运杂费的说法，正确的有（   ）。

A. 国内采购材料运杂费是自来源地至工地仓库或指定堆放地点发生的费用

B. 国外采购材料运杂费是自到岸港运至工地仓库或指定堆放地点发生的费用

C. 材料运杂费应包含所发生的增值税和外埠中转运输过程中所发生的一切费用

D. 同一品种的材料有若干个来源地，应采用加权平均的方法计算材料运杂费

E. 若以"两票制"方式支付材料运杂费，应采用与材料原价相同的方式扣减增值税进项税额

19. 关于国产机械预算价格编制的说法，正确的有（　　）。

A. 国产施工机械预算价格按照机械原值、相关手续费和一次运杂费以及车辆购置税之和计算

B. 机械原值应按不同的途径询价和采集

C. 相关手续费和一次运杂费只能按实际费用综合取定

D. 车辆购置税计取基数是机械原值

E. 相关手续费和一次运杂费只能按其占施工机械原值的百分率确定

20. 国产机械原值询价和采集的途径有（　　）。

A. 编制期施工企业内部自行拟定的价格

B. 编制期施工企业购进施工机械的成交价格

C. 编制期施工机械展销会发布的参考价格

D. 编制期施工机械生产厂的销售价格

E. 编制期施工机械经销商的销售价格

21. 在确定施工机械台班单价时，其耐用总台班的影响因素有（　　）。

A. 机械制造商　　　　　　　　B. 机械折旧年限

C. 机械年工作台班　　　　　　D. 机械检修间隔台班

E. 机械检修周期

22. 在确定施工机械台班单价时，其检修费主要取决于（　　）。

A. 折旧政策　　　　　　　　　B. 一次检修费

C. 检修次数　　　　　　　　　D. 耐用总台班的数量

E. 设备价格

23. 施工机械台班单价中的维护费主要包括（　　）。

A. 在规定的耐用总台班内，按规定的检修间隔进行必要的检修，以恢复其正常功能所需的费用

B. 保障机械正常运转所需替换与随机配备工具附具的摊销和维护费用

C. 机械运转及日常保养维护所需润滑费用

D. 机械运转及日常保养擦拭的材料费用

E. 机械停滞期间的维护费用

24. 计算施工机械台班单价中的安拆费及场外运费时，需要单独计算费用的机械有（　　）。

A. 安拆复杂、移动需要起重机运输机械的重型施工机械

B. 需要进行折旧和搭设的辅助设施

C. 自升式塔式起重机、施工电梯安拆费的超高起点及其增加费

D. 安拆简单、移动需要起重机运输机械的轻型施工机械

E. 固定在车间的施工机械

25. 确定施工机械台班单价中燃料动力费时，应综合考虑的数据有（　　）。

A. 市场最高值
B. 实测数

C. 定额平均值
D. 调查平均值

E. 企业最低值

26. 下列税费中，属于施工机械台班单价中其他费用的有（　　）。

A. 车船税
B. 保险费

C. 检测费
D. 燃料动力费

E. 场外运费

27. 关于预算定额作用的说法，正确的有（　　）。

A. 控制劳动消耗、材料消耗和机械台班消耗

B. 是编制最高投标限价的基础

C. 是编制施工组织设计、进行经济分析的依据

D. 是编制概算定额的基础

E. 控制工程结算

28. 下列预算定额的编制原则中，属于简明适用原则的有（　　）。

A. 对于那些主要的、常用的、价值量大的项目，分项工程划分宜细

B. 对于次要的、不常用的、价值量相对较小的项目则可以粗一些

C. 要补充因采用新技术、新结构、新材料而出现的新的定额项目

D. 尽量减少定额附注和换算系数

E. 对于同一种材料用不同的计量单位和一量多用

29. 下列资料中，可以作为预算定额的编制依据的有（　　）。

A. 现行概算定额

B. 现行施工定额

C. 具有代表性的典型工程施工图

D. 现行设计规范、施工及验收规范

E. 有关科学实验、技术测定和统计、经验资料

30. 下列分项工程的用工量中，属于基本用工的有（　　）。

A. 砌筑各种墙体工程的砌砖用工量

B. 调制砂浆以及运输砖和砂浆的用工量

C. 筛砂子、淋石灰膏等增加的用工量

D. 超过人工定额规定的材料、半成品运距的用工量

E. 材料需在现场加工的用工量

31. 关于预算定额中人工消耗指标的说法，正确的有（　　）。

A. 砌筑各种墙体工程的砌砖用工量属于基本用工

B. 筛砂子、淋石灰膏等增加的用工量属于超运距用工

C. 施工过程中水电维修用工属于人工幅度差用工

D. 超过人工定额规定的材料、半成品运距的用工属于辅助用工

E. 施工过程中工种之间交叉作业造成的不可避免的修复等用工属于人工幅度
差用工

32. 在编制预算定额时，应予以考虑的机械幅度差包括（　　　）。

A. 检查工程质量影响机械操作的时间

B. 垂直运输用的塔式起重机产生的运输时间

C. 工程结尾时，工作量不饱满所损失的时间

D. 混凝土搅拌机操作所产生的时间

E. 正常施工情况下，机械施工中不可避免的工序间歇

33. 预算定额的说明包括（　　　）。

A. 总说明　　　　　　　　　　　　B. 单项工程说明

C. 单位工程说明　　　　　　　　　D. 分部工程说明

E. 各分项工程说明

34. 概算定额的作用有（　　　）。

A. 是编制预算定额的基础

B. 是编制建设工程主要材料计划的依据

C. 是编制概算指标的依据

D. 是工程结束后，进行竣工决算和项目评价的依据

E. 是对设计项目进行技术经济分析比较的基础资料之一

35. 关于概算定额编制原则的说法，正确的有（　　　）。

A. 定额项目划分应坚持简化

B. 定额项目划分应准确和适用

C. 在预算定额基础上适当地再一次扩大、综合和简化

D. 反映在正常条件下，大多数企业的设计、生产、施工管理水平

E. 概算定额与预算定额之间必须保持一致

36. 下列工程对象中，可以直接利用综合预算定额编制概算定额的有（　　　）。

A. 砖基础　　　　　　　　　　　　B. 钢筋混凝土基础

C. 楼梯、阳台　　　　　　　　　　D. 构筑物中的烟囱

E. 屋架、天窗架

37. 下列概算指标中，属于设备及安装工程概算指标的有（　　　）。

A. 电气工程指标　　　　　　　　　B. 给水排水工程指标

C. 筑炉及安装工程指标　　　　　　D. 电气设备及安装工程指标

E. 保温防腐及安装工程指标

38. 下列概算指标中，属于建筑工程概算指标的有（　　　）。

A. 土建工程概算指标　　　　　　　B. 电气工程指标

C. 采暖通风工程指标　　　　　　　D. 机械设备及安装工程指标

E. 筑炉及安装工程指标

39. 概算指标的作用有（　　　）。

A. 以作为编制投资估算的参考

B. 是设计单位进行设计方案比较、设计技术经济分析的依据

C．确定投资额和主要材料计划的主要依据

D．是初步设计阶段编制概算，确定工程概算造价的依据

E．是控制施工图预算和最高投标限价的依据

40．下列指标表中，属于工程造价指标表内容的有（　　　）。

A．分部分项工程工料价格指标表

B．工程特征信息及参数表

C．功能性（相关性）指标表

D．主要工程量指标表

E．工程经济指标表

41．工程造价指标表中的工程造价指标层级及编码根据专业工程特点搭建，还需要结合考虑的因素有（　　　）。

A．企业分类　　　　　　　　B．工程分类

C．专业分类　　　　　　　　D．费用分类

E．组织分类

42．关于工程造价指标的应用的说法，正确的有（　　　）。

A．用作编制建设项目投资估算的重要依据

B．用作编制初步设计概算和审查施工图预算的重要依据

C．用作编制最高投标限价和投标报价的参考资料

D．用作编制和修订各类工程计价定额的基础资料

E．用作工程结算和保修金确定的参考依据

43．下列建设工程造价指数中，属于综合指数的有（　　　）。

A．建设项目工程造价综合指数　　B．单项工程造价指数

C．单位工程造价指数　　　　　　D．人工费价格指数

E．施工机械使用费价格指数

44．下列工程中，可以作为工程造价综合指数研究对象的是（　　　）。

A．分项工程　　　　　　　　B．分部工程

C．单位工程　　　　　　　　D．单项工程

E．建设项目

45．下列工程造价指数中，属于建设工程要素价格指数的有（　　　）。

A．人工费价格指数　　　　　　B．材料费价格指数

C．施工机械使用费价格指数　　D．建设项目工程造价综合指数

E．单项工程造价指数

46．下列工程造价指数中，属于单项价格指数的有（　　　）。

A．材料费价格指数　　　　　　B．施工机械使用费价格指数

C．措施费指数　　　　　　　　D．单项工程造价指数

E．单位工程造价指数

47．对于工程咨询企业可以依托已完工程造价数据库开展的工作有（　　　）。

A．动态进行工程估算、概算

B．动态进行工程量清单计价以及做好工程价款结算工作

C. 实现全过程工程造价管理

D. 分析价格变动趋势并进行工程投标报价

E. 为工程建设市场服务，提升社会治理能力

【答案与解析】

一、单项选择题

1. C;　　2. A;　　3. B;　　4. A;　　5. C;　　6. B;　　7. C;　　8. D;

9. D;　　10. D;　　11. B;　　12. A;　　13. A;　　14. C;　　15. A;　　16. B;

17. C;　　*18. A;　　*19. B;　　20. A;　　*21. B;　　22. C;　　*23. B;　　*24. B;

*25. C;　　26. C;　　27. B;　　*28. D;　　*29. C;　　30. A;　　31. D;　　32. D;

33. C;　　*34. C;　　*35. A;　　36. A;　　*37. D;　　38. A;　　39. B;　　40. C;

*41. C;　　42. A;　　43. D;　　44. B;　　45. C;　　46. D;　　*47. D;　　*48. D;

49. C;　　50. D;　　51. B;　　52. B;　　53. C;　　54. B;　　55. D;　　56. A;

57. A;　　58. B;　　59. B

【解析】

18.【答案】A

$$1000 \times \frac{1}{0.24 \times (0.24 + 0.01) \times (0.053 + 0.01)} \times 1 \times 2 = 1000 \times \frac{1}{0.00378} \times 2 =$$

$1000 \times 529.1 = 529100$ 块，故选项 A 正确。

19.【答案】B

$1m^3$ 的 370mm 厚标准砖墙的砖净用量为 $\frac{1.5 \times 2}{0.365 \times 0.25 \times 0.063} = 521.9$ 块，砂浆净用

量为 $1 - 0.0014628 \times 521.9 = 1 - 0.763 = 0.237m^3$，砂浆总消耗量为 $0.237 \times (1 + 1\%) =$

$0.239m^3$。则 $1000m^3$ 的砂浆总消耗量 $= 1000 \times 0.239 = 239m^3$。故选项 B 正确。

21.【答案】B

$80 \times (1 + 1\%) = 80.8$。故选项 B 正确。

23.【答案】B

一次使用量＝净用量 ×（1＋操作损耗率）＝ $200 \times (1 + 3\%) = 206m^2$。

周转使用量＝一次使用量 ×［1＋（周转次数－1）× 补损率］/ 周转次数 ＝ $206 \times$

［1＋（5－1）×5%］÷5 ＝ $49.44m^2$。故 B 选项正确。

24.【答案】B

一次使用量＝净用量 ×（1＋操作损耗率）＝ $200 \times (1 + 3\%) = 206m^2$。

摊销量＝一次使用量 ÷ 周转次数 ＝ $206 \div 5 = 41.2m^2$。故选项 B 正确。

25.【答案】C

$4 \div 3.84 = 1.04$ 工日。故选项 C 正确。

28.【答案】D

施工机械台班产量定额＝机械 1h 纯工作正常生产率 × 工作班延续时间 × 机械利

用系数，故：机械 1h 纯工作正常生产率＝施工机械台班产量定额 /（工作班延续时间 ×

机械利用系数）= 476/（8×0.85）= 70m³。故选项 D 正确。

29.【答案】C

（60÷2×0.5）×8×0.85 = 102m³。故选项 C 正确。

34.【答案】C

运输损耗 =（材料原价 + 运杂费）× 运输损耗率（%）=（3000 + 200）×5% = 160 元 / 吨。

35.【答案】A

材料单价 =（原价 + 运费）×（1 + 损耗率）×（1 + 采购保管费率）=（3500 + 400）×（1 + 2%）×（1 + 5%）= 4176.9 元 / 吨。故选项 A 正确。

37.【答案】D

根据计算规则，台班折旧费 $= \dfrac{机械预算价格 ×（1 - 残值率）}{耐用总台班数} = 50 ×（1 - 5\%）×$ 10000/（5×200）= 475 元。故选项 D 正确。

41.【答案】C

人工费 $= 1 × \left(1 + \dfrac{270 - 200}{200}\right) × 150 = 202.5$（元 / 台班）。故选项 C 正确。

47.【答案】D

（22 + 4 + 2）×1.12 = 31.36 工日。故选项 D 正确。

48.【答案】D

人工幅度差用工数量 = ∑（基本用工 + 超运距用工 + 辅助用工）× 人工幅度差系数 =（20 + 4 + 2）×10% = 2.6 工日。故选项 D 正确。

二、多项选择题

1. C、D、E;   2. A、B、C;   3. A、C、E;   4. B、C、D、E;

5. A、C、E;   6. A、B、C、D;   7. A、B、C、D;   8. A、B、C;

9. A、B、C;   10. A、C、D、E;   11. B、C、D、E;   12. B、C、D;

13. C、D、E;   14. A、B、D、E;   15. A、C、D;   16. A、B;

17. A、B、C、D;   18. A、B、D;   19. A、B;   20. B、C、D、E;

21. B、C、D、E;   22. B、C、D;   23. B、C、D、E;   24. A、B、C;

25. B、C、D;   26. A、B、C;   27. A、B、C、D;   28. A、B、C、D;

29. B、C、D、E;   30. A、B;   31. A、C、E;   32. A、C、E;

33. A、D、E;   34. B、C、D、E;   35. A、B、C、D;   36. A、B、C;

37. C、D、E;   38. A、B、C;   39. A、B、C、D;   40. B、C、D、E;

41. B、C、D;   42. A、B、C、D;   43. A、B、C、D;   44. C、D、E;

45. A、B、C;   46. A、B、C;   47. A、B、C

第 15 章　设计概算与施工图预算

复习要点

微信扫一扫
在线做题＋答疑

15.1　设计概算编制

1．设计概算定义和作用

（1）设计概算是固定资产投资管理的依据。（2）设计概算是衡量设计方案技术经济合理性和选择最佳设计方案的依据。（3）设计概算是控制项目施工图设计和施工图预算的依据。（4）设计概算是项目在初步设计阶段进行工程总承包招标投标时编制最高投标限价（或标底）和投标报价的参考依据。

2．设计概算编制依据

（1）设计说明书及设计图纸；（2）批准的可行性研究报告；（3）国家和地方政府有关工程建设和造价管理的法律、法规和方针政策；（4）当地和主管部门颁布的概算定额、指标（或预算定额、综合预算定额）、单位估价表、类似工程造价指标、工程费用定额和相关费用规定的文件等；（5）当地现行的建设工程价格信息；（6）建设单位提供的有关概算的其他资料；（7）工程建设其他费用计费依据；（8）有关文件、合同、协议等。

3．设计概算的编制工作程序

建设工程项目设计概算一般按图 15-1 的工作顺序编制。

4．设计概算编制方法

设计概算应按逐级汇总进行编制，总概算应以综合概算为基础进行编制，综合概算应以单位建筑工程概算和单位设备及安装工程概算为基础进行编制。设计概算可分为单位工程概算、单项工程综合概算和建设工程项目总概算三级。当只有一个单项工程的建设项目时，应采用二级形式编制设计概算；当包含两个及以上单项工程的建设项目时，应采用三级编制形式。

1）单位工程概算的编制方法

单位工程概算是确定各单位工程建设费用的文件，它是根据初步设计或扩大初步设计图纸和概算定额或概算指标以及市场价格信息等资料编制而成的单位建筑工程概算表和单位设备及安装工程概算表。单位工程概算只包括单位工程的工程费用，由人、料、机费用和企业管理费、利润、规费、税金组成。

（1）单位建筑工程概算编制方法

单位建筑工程概算的编制方法有概算定额法、概算指标法、类似工程预算法三种。

① 概算定额法。概算定额法又叫扩大单价法或扩大结构定额法。单位建筑工程概算应按概算定额的分部分项工程项目划分，计算工程量，套用相应的概算定额子目，分别计算各个单位工程中的建筑工程费。一般对建设项目中占投资比例大的主体工程或主要生产设施的概算编制采用概算定额法。该方法要求初步设计达到一定深度，建筑结构比较明确时方可采用。

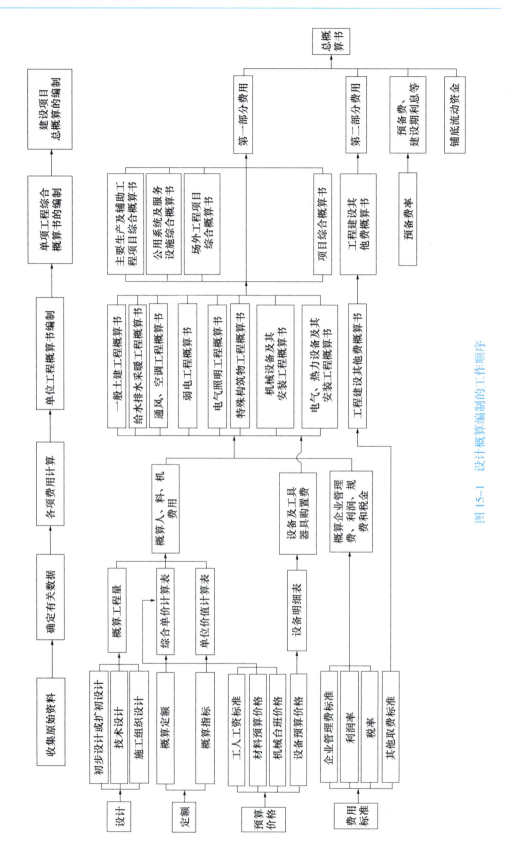

图 15-1 设计概算编制的工作顺序

② 概算指标法。在初步设计、方案设计或概念性设计深度不够，单位工程或分部分项工程量无法准确提供或计算，行业和地方对应概算定额资料不足的条件下，而工程设计采用的技术比较成熟，已有平台数据库在建设地点、工程特征和结构特征、建设规模等类似的单位工程概算指标和分部分项工程概算指标时，可以采用概算指标法编制设计概算。概算指标法将拟建厂房、住宅的建筑面积或体积乘以技术条件相同或基本相同的概算指标而得出人、料、机费用，然后按规定计算出企业管理费、利润、规费和税金等。概算指标法计算精度较低，但由于其编制速度快，因此对一般附属、辅助和服务工程等项目，以及住宅和文化福利工程项目或投资比较小、比较简单的工程项目投资概算编制有一定实用价值。

③ 类似工程预算法。类似工程预算法是利用技术条件与设计对象相类似的已完工程或在建工程的工程造价资料来编制拟建工程设计概算的方法。该方法适用于拟建工程初步设计与已完工程或在建工程的设计相类似且没有可用的概算指标的情况，但必须对建筑结构差异和价差进行调整。

（2）单位设备购置费概算编制方法

设备购置费是指为项目建设而购置或自制的达到固定资产标准的设备、工器具、交通运输设备、生产家具等本身及其运杂费用。工具、器具及生产家具购置费一般以设备购置费为计算基数，按照部门或行业规定的工具、器具及生产家具费率计算。

（3）单位设备安装工程概算的编制方法

单位设备安装工程概算的编制方法有预算单价法、扩大单价法、概算指标法等。

① 预算单价法。当初步设计有详细设备清单时，可直接按预算单价（预算定额单价）编制设备安装工程概算。根据计算的设备安装工程量，乘以安装工程预算单价，经汇总求得。使用预算单价法编制概算，计算比较具体，精确性较高。

② 扩大单价法。当初步设计的设备清单不完备，或仅有成套设备的重量时，可采用主体设备、成套设备或工艺线的综合扩大安装单价编制概算。

③ 概算指标法。安装工程费应按构成单位工程的主要分部分项工程并依据初步设计图纸计算工程量，应按相应的概算指标子目列表计算。当初步设计的设备清单不完备，或安装预算单价及扩大综合单价不全，无法采用预算单价法和扩大单价法时，可采用概算指标法编制概算。

2）单项工程综合概算的编制方法

单项工程综合概算是确定一个单项工程所需建设费用的文件，是由该单项工程所包含的单位建筑工程概算表和单位设备及安装工程概算表为基础汇总编制而成的单项工程综合概算表及说明，是建设工程项目总概算的组成部分。单项工程综合概算文件一般包括编制说明和综合概算表两部分。

3）总概算的编制方法

建设工程项目总概算是以整个建设工程项目为对象，确定项目从立项开始，到竣工交付使用整个过程的全部建设费用（即建设项目总投资）的文件，建设项目总投资构成应由建设投资、建设期利息、预备费和经营性项目的铺底流动资金组成。建设投资包括工程费用、工程建设其他费用和预备费。工程费用包括建筑工程费、设备购置费、安装工程费。按照概算编制工作顺序则由各单项工程综合概算、工程建设其他费用、建设期利息、预备费和经营性项目的铺底流动资金组成。

总概算编制的成果文件为总概算表。编制总概算表的基本步骤如下：（1）按总概算组成的顺序和各项费用的性质，将各个单项工程综合概算及其他工程和费用概算汇总列入工程项目总概算表。（2）将工程项目和费用名称及各项数值填入相应各栏内，然后按各栏分别汇总。（3）以汇总后总额为基础，按取费标准计算预备费用、建设期利息、铺底流动资金。（4）计算回收金额。（5）计算总概算价值。（6）计算技术经济指标。（7）投资分析。

5. 设计概算编制成果文件

编制总概算应按照主管部门规定的统一表格编制，最终形成设计概算成果文件——设计概算书，简称设计概算或总概算书。设计概算书应包括封面、签署页及目录、编制说明、总概算表、其他费用表、综合概算表、单位工程概算表等。

15.2 施工图预算编制

1. 施工图预算定义和作用

1）施工图预算对建设单位的作用

（1）施工图预算是施工图设计阶段确定建设项目投资的依据；（2）施工图预算是建设单位在施工期间安排建设资金计划和使用建设资金的依据；（3）施工图预算是确定项目最高投标限价的参考依据；（4）施工图预算可以作为确定合同价款、拨付工程进度款及办理工程结算的基础。

2）施工图预算对施工单位的作用

（1）施工图预算是确定投标报价的参考依据；（2）施工图预算是施工单位进行施工准备的依据，是施工单位在施工前组织材料、机具、设备及劳动力供应的重要参考，是施工单位编制进度计划、统计完成工作量、进行经济核算的参考依据；（3）施工图预算是施工企业控制工程成本的依据；（4）施工企业可以通过施工图预算和施工预算的对比分析，找出差距，采取必要的措施。

3）施工图预算对其他方面的作用

（1）对于工程咨询单位而言，尽可能客观、准确地为委托方做出施工图预算，是其业务水平、素质和信誉的体现；（2）对于工程造价管理部门而言，施工图预算是监督检查执行国家及行业标准、合理确定工程造价、测算造价指数及审核最高投标限价的参考依据；（3）如在履行合同过程中发生经济纠纷，施工图预算还是有关仲裁、管理、司法机关按照法律程序处理、解决问题的参考依据。

2. 施工图预算编制依据

1）国家、行业和地方有关规定；2）预算定额或企业定额、单位估价表等；3）施工图设计文件及相关标准图集和规范；4）项目相关文件、合同、协议等；5）工程所在地的人工、材料、设备、施工机具单价、工程造价指标指数等；6）施工组织设计和施工方案；7）项目的管理模式、发包模式及施工条件；8）其他应提供的资料。

3. 施工图预算的编制工作程序

施工图预算由建设项目总预算、单项工程综合预算和单位工程预算组成。建设项目总预算由单项工程综合预算汇总而成，单项工程综合预算由组成本单项工程的各单位工程预算汇总而成，单位工程预算包括建筑工程预算和设备及安装工程预算。因此，施工图预算的编制工作程序是：单位工程预算—单项工程综合预算—建设项目总预算。

4．施工图预算编制方法

施工图预算根据建设项目实际情况可采用三级预算编制或二级预算编制形式。当建设项目只有一个单项工程时，应采用二级预算编制形式，二级预算编制形式由建设项目总预算和单位工程预算组成。当建设项目有多个单项工程时，应采用三级预算编制形式，三级预算编制形式由建设项目总预算、单项工程综合预算、单位工程预算组成。

1）单位工程预算的编制方法

单位工程预算的编制方法有实物量法、定额单价法和工程量清单单价法。

（1）定额单价法

定额单价法是用事先编制好的分项工程的定额单价来编制施工图预算的方法。定额单价法编制施工图预算的基本步骤如图 15-2 所示。

图 15-2　定额单价法的编制步骤

（2）工程量清单单价法

工程量清单单价法是根据国家统一的工程量计算规则计算工程量，采用综合单价的形式计算工程造价的方法。综合单价是指分部分项工程单价综合了人、料、机费用及其以外的多项费用内容。按照单价综合内容的不同，综合单价可分为：不完全费用综合单价和全费用综合单价。

（3）实物量法

实物量法是依据施工图纸和预算定额的项目划分及工程量计算规则，先计算出分部分项工程量，然后套用预算定额（实物量定额）来编制施工图预算的方法。

用实物量法编制施工图预算，主要是先用计算出的各分项工程的实物工程量，分别套取预算定额中人、料、机消耗指标，并按类相加，求出单位工程所需的各种人工、材料、施工机械台班的总消耗量，然后分别乘以当时当地各种人工、材料、机具台班的单价，求得人工费、材料费和施工机具使用费，再汇总求和。企业管理费、利润等费用的计算则根据当时当地建筑市场供求情况予以具体确定。实物量法的编制步骤如图 15-3 所示。

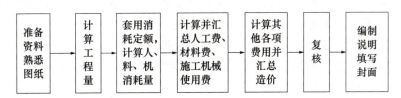

图 15-3　实物量法的编制步骤

2）单项工程综合预算

单项工程综合预算是反映施工图设计阶段一个单项工程（设计单元）费用的文件，是总预算的组成部分，由构成该单项工程的各个单位工程的施工图预算组成。其编制的费用项目是各单项工程的建筑安装工程费和设备及工器具购置费的总和。单项工程综合预算形成综合预算表。

3）建设项目总预算

建设项目总预算是反映施工图设计阶段建设项目投资总额的文件，是施工图预算文件的主要组成部分。由组成该建设项目的各个单项工程的综合预算和相关费用组成。具体包括：建筑安装工程费、设备及工器具购置费、工程建设其他费用、预备费、建设期利息及铺底流动资金。建设项目总预算形成总预算表。

5. 施工图预算编制成果文件

采用三级预算编制形式的工程预算文件包括：封面、签署页及目录、编制说明，总预算表、综合预算表、单位工程预算表、附件等内容。采用二级预算编制形式的工程预算文件包括：封面、签署页及目录、编制说明，总预算表、单位工程预算表、附件等内容。

15.3　设计概算与施工图预算的审查

1. 设计概算与施工图预算审查的意义

设计概算与施工图预算的审查（根据审查主体不同，也可以称为审核、评审）有助于促进编制人员提高编制质量；有助于促进设计的技术先进性与经济合理性的统一；可以使建设项目总投资力求做到准确、完整，缩小概算与预算之间的差距，避免实际投资大幅突破概算；有利于核定建设项目的投资规模；有利于合理分配投资资金、加强投资计划管理。

2. 内部审核和外部审查或评审

设计概算与施工图预算审查分为编制单位内部审核和外部审查。内部审核一般实行编制、审核、审定三级质量管理制度；设计概算与施工图预算外部审查或评审是指第三方审核。

3. 设计概算的审查内容

1）审查设计概算的编制依据：合法性审查；时效性审查；适用范围审查。

2）审查单位工程设计概算构成：

（1）审查建筑工程概算，包括对工程量计算、概算定额选用、取费及材料价格等的审查。

（2）设备及安装工程概算的审查，重点是设备清单与安装费用的计算，包括：标准设备原价的审查、非标准设备原价的审查、设备运杂费的审查、进口设备费用的审查、设备安装工程概算的审查。

4. 设计概算的审查方法

审计概算的审查可采用对比分析法、查询核实法、联合会审法。

5. 施工图预算的审查内容

1）审查施工图预算的编制是否符合现行国家、行业、地方政府有关法律、法规和规定要求。2）审查工程量计算的准确性、工程量计算规则与计量标准或定额规则的一致性。3）审查在施工图预算的编制过程中，各种计价依据使用是否恰当，各项费率计取是否正确；审查依据主要有施工图设计资料、有关定额、施工组织设计、有关造价文件规定和技术规范、规程等。4）审查各种要素市场价格选用是否合理。5）审查施工图设计中是否存在擅自扩大建设规模、提高建设标准等现象。审查施工图预算是否超过设计概算，是否进行偏差分析。

6. 施工图预算的审查方法

施工图预算的审核可采用全面审查法、标准预算审查法、分组计算审查法、对比审查法、筛选审查法、重点审查法等。

一　单项选择题

1. 设计概算编制过程中，应该首先编制的设计概算的类型是（　　）。
    A. 分部分项工程概算　　　　　B. 单位工程概算
    C. 单项工程综合概算　　　　　D. 建设工程项目总概算

2. 对于初步设计达到一定深度，建筑结构比较明确的单位建筑工程概算适宜采用的编制方法是（　　）。
    A. 预算单价法　　　　　　　　B. 概算指标法
    C. 概算定额法　　　　　　　　D. 类似工程预算法

3. 利用概算定额法编制设计概算的具体步骤有：① 确定各分部分项工程项目的概算定额单价（基价）；② 按照概算定额分部分项顺序，列出各分项工程的名称；③ 计算企业管理费、利润、规费和税金；④ 计算单位工程的人、料、机费用；⑤ 计算单位工程概算造价。正确的顺序是（　　）。
    A. ②①④③⑤　　　　　　　　B. ②①③④⑤
    C. ①②③④⑤　　　　　　　　D. ①④②③⑤

4. 利用概算定额法编制设计概算，在确定各分部分项工程项目的概算定额单价（基价）时，如遇设计图中的分项工程项目名称、内容与采用的概算定额手册中相应的项目有某些不相符，正确的做法是（　　）。
    A. 按规定对定额进行换算后套用
    B. 直接套用类似定额
    C. 采用类似项目的基础数据
    D. 根据当前市场情况调整定额后套用

5. 某项目单位安装工程的工程费用构成为：人、料、机费用总和为 6000 万元（其中项目定额人工费为 1200 万元），企业管理费取费率为 5%，利润 7%，规费为定额人工费的 38%，税率为 9%。采用概算定额法计算的造价总计为（　　）万元。
    A. 7197.00　　　　　　　　　B. 7821.84
    C. 7844.73　　　　　　　　　D. 9810.00

6. 某行政办公大楼的初步设计深度不够，不能准确地计算工程量，但工程设计采用的技术比较成熟而又有类似工程概算指标可以利用，则最合适的编制工程概算的方法是（   ）。

    A．概算指标法   B．概算定额法

    C．扩大单价法   D．预算单价法

    7．如果拟建工程在建设地点、结构特征、地质及自然条件、建筑面积等方面与概算指标相同或相近，则编制设计概算时适宜的做法是（   ）。

    A．直接套用概算定额编制   B．采用扩大单价法编制

    C．采用预算单价法编制   D．直接套用概算指标编制

    8．利用概算指标法编制拟建工程概算，已知概算指标中每 $100m^2$ 建筑面积中分摊的人工消耗量为 500 工日。拟建工程与概算指标相比，仅楼地面做法不同，概算指标为瓷砖地面，拟建工程为花岗岩地面。查预算定额得到铺瓷砖和花岗岩地面的人工消耗量分别为 37 工日 $/100m^2$ 和 24 工日 $/100m^2$。拟建工程楼地面面积占建筑面积的 65%。则对概算指标修正后的人工消耗量为（   ）工日 $/100m^2$。

    A．316.55   B．491.55

    C．508.45   D．845.00

    9．某新建项目建筑面积 $5000m^2$，按概算指标和地区材料预算单价等算出一般土建工程单位造价 1440 元（其中，人、料、机费用 1200 元，综合费率 20%）。但新建项目的设计资料与概算指标相比，其结构中有部分变更：设计资料中外墙 1 砖半厚，预算单价 300 元 $/m^3$，而概算指标中外墙 1 砖厚，预算单价 330 元 $/m^3$，并且设计资料中每 $100m^2$ 建筑面积含外墙 $60m^3$，而概算指标中含 $50m^3$。其余条件不考虑，则调整后的一般土建工程概算单价为（   ）元 $/m^2$。

    A．1185.00   B．1458.00

    C．1461.60   D．1545.00

    10．某工程项目按概算指标和地区材料价格计算出的土建单价为 1304 元 $/m^2$，其中人、料、机费用为 900 元 $/m^2$。按当地造价部门规定，企业管理费费率为 8%，规费以人、料、机和企业管理费为基数取 15%，利润以人、料、机、企业管理费为基数取 7%；增值税税率为 9%。因结构件变更，每 $100m^2$ 人、料、机增加 3000 元，则修正后的土建工程单位造价为（   ）元 $/m^2$。

    A．1070   B．1155

    C．1336   D．1347

    11．某建设工程项目所需设备出厂价为 180 万元，运杂费费率为 10%，工具、器具及生产家具为设备购置费的 5%，则工具、器具及生产家具购置费为（   ）万元。

    A．0.9   B．8.1

    C．9.0   D．9.9

    12．某建设工程项目所需设备有甲、乙两种，出厂价格分别为每台 30 万元和 20 万元，数量为 10 台和 5 台。运杂费费率为 10%，卖方承担乙产品的运杂费。则该项目所需设备购置费概算为（   ）万元。

    A．440   B．430

    C．400   D．350

    13．当初步设计有详细的设备清单时，为提高设备安装工程概算的精确性，其合

适的编制方法是（　　）。

  A．扩大单价法   B．预算单价法

  C．概算指标法   D．概算定额法

14．某建设工程项目，在初步设计阶段形成的设备清单不详细，仅有项目所需成套设备的重量，则对设备安装工程概算的编制最准确的方法是（　　）。

  A．预算单价法

  B．扩大单价法

  C．设备价值的百分比（安装费率）的概算指标法

  D．每吨设备安装费的概算指标法

15．下列关于建设工程项目总概算的说法，正确的是（　　）。

  A．由单项工程综合概算、工程建设其他费用概算、预备费、建设期利息概算和经营性项目铺底流动资金概算等汇总而成

  B．是确定整个建设工程项目从施工到竣工验收、交付使用所需的全部费用的文件

  C．包括单位工程的工程费用，由人、料、机费用和企业管理费、利润、规费、税金组成

  D．按其工程性质分为建筑工程概算和设备及安装工程概算两大类

16．建设工程项目总概算是以整个建设工程项目为对象，确定项目（　　）所需全部建设费用的文件。

  A．从招标至工程保修期结束

  B．从初步设计至竣工验收合格

  C．从立项至竣工交付使用整个过程

  D．从施工图设计至竣工验收合格

17．某建设工程项目的工程费用为 7300 万元，其他费用为 1700 万元，预备费为 500 万元，建设期利息为 1400 万元，所需铺底流动资金为 300 万元，预计在建设过程中试车收入为 350 万元，试车支出为 100 万元，则该项目的总概算价值为（　　）万元。

  A．10900   B．11200

  C．10950   D．11550

18．某学校新校区建设内容包括教学楼、运动场、实验楼三部分，关于编制该学校新校区建设项目总概算的说法，正确的是（　　）。

  A．按照教学楼、运动场、实验楼分别编制对应的概算

  B．包括从项目建设开始到竣工交付使用整个过程的全部建设费用

  C．包括从项目立项开始到竣工交付使用整个过程的建安工程费用

  D．应作为该学校新校区设计文件的重要组成部分

19．关于建设工程项目总概算表的说法，正确的是（　　）。

  A．总概算表只反映建设项目的动态投资部分

  B．静态投资指概算编制期到竣工验收前的工程和价格变化等多种因素所需的投资

  C. 动态投资是按设计概算编制期价格、费率、利率、汇率等因素确定的投资

  D. 总概算表的费用包括工程费用、其他工程和费用、预备费、建设期贷款利息和铺底流动资金

20. 某加工生产建设工程项目总概算表中，机修车间和木工车间的概算属于（　　）。

  A. 工程费用

  B. 其他工程和费用项目

  C. 预备费

  D. 铺底流动资金

21. 建设工程项目总概算表中包含的动态投资指的是工程（　　）的价格变化等多种因素所需的投资。

  A. 从立项开始，到竣工交付使用整个过程

  B. 按设计概算编制期价格、费率、利率、汇率等确定

  C. 按国家或地区或部委所规定标准确定

  D. 概算编制期到竣工验收前

22. 关于建设工程项目总概算表中回收金额的说法，正确的是（　　）。

  A. 回收金额的计算方法，应结合建设单位具体情况执行

  B. 是在整个施工过程中所获得的各种收入

  C. 包含原有房屋拆除所回收的材料和旧设备等的变现收入

  D. 包含试车收入小于支出部分的价值

23. 施工企业可以通过"两算"对比分析，找出费用差距，其"两算"是指（　　）。

  A. 设计概算和施工预算

  B. 施工图预算和施工预算

  C. 设计概算和施工图预算

  D. 施工图预算和竣工结算

24. 可以作为建设单位确定合同价款、拨付工程款及办理工程结算基础的是（　　）。

  A. 设计概算

  B. 最高投标限价

  C. 投标报价

  D. 施工图预算

25. 根据施工图预算的编制工作程序，首先应编制的是（　　）。

  A. 分项工程预算

  B. 分部工程预算

  C. 单位工程预算

  D. 单项工程综合预算

26. 当建设项目有多个单项工程时，关于施工图预算编制形式的说法，正确的是（　　）。

  A. 采用二级预算编制形式，由单项工程综合预算和单项工程预算组成

  B. 采用二级预算编制形式，由建设项目总预算和单项工程预算组成

  C. 采用三级预算编制形式，由建设项目总预算、单项工程综合预算和单位工程预算组成

  D. 采用三级预算编制形式，由单项工程综合预算、单位工程预算和分部分项工程预算组成

27. 利用事先编制好的分项工程定额单价来编制施工图预算的方法是（　　）。

  A. 工程量清单单价法

  B. 实物量法

  C. 扩大指标法

  D. 定额单价法

28. 利用定额单价法编制施工图预算，应首先计算出（　　）的工程量。

A．单位工程　　　　　　　　　B．单项工程

C．分部工程　　　　　　　　　D．分项工程

29. 利用定额单价法编制施工图预算，根据工程内容和定额项目，列出所需计算工程量的对象是（　　）。

A．分部分项工程　　　　　　　B．单项工程

C．单位工程　　　　　　　　　D．建设项目

30. 采用定额单价法编制施工图预算，在套用定额单价，计算人、材、机费用后，下一步工作是（　　）。

A．计算其他各项费用　　　　　B．编制工料分析表

C．复核　　　　　　　　　　　D．编制说明

31. 采用定额单价法编制施工图预算的基本工作内容有：① 套用定额单价，计算人、料、机费用；② 编制工料分析表，计取其他费用，并汇总造价；③ 计算工程量；④ 复核和编制说明。正确的编制步骤是（　　）。

A．①③②④　　　　　　　　　B．②③①④

C．③④①②　　　　　　　　　D．③①②④

32. 用定额单价法编制施工图预算，计算人、材、机费用时，若分项工程的名称、规格、计量单位与定额单价或单位估价表中所列内容完全一致时，处理方式为（　　）。

A．直接套用定额单价　　　　　B．按实际使用材料价格换算定额单价

C．一般调量不换价　　　　　　D．应编制补充定额单价

33. 用定额单价法编制施工图预算的编制时，计算人、材、机费用，若分项工程施工工艺条件与定额单价或单位估价表不一致而造成人工、机械的数量增减时，应采取的合理处理方式为（　　）。

A．直接套用定额单价　　　　　B．按实际使用材料价格换算定额单价

C．调量不换价　　　　　　　　D．编制补充定额单价

34. 用定额单价法编制施工图预算时，计算人、材、机费用，若分项工程的主要材料品种与定额单价或单位估价表中规定材料不一致时，应采取的合理处理方式为（　　）。

A．直接套用定额单价　　　　　B．按实际使用材料价格换算定额单价

C．调量不换价　　　　　　　　D．编制补充定额单价

35. 对于分部分项工程用定额单价法编制施工图预算时，计算人、材、机费用，若分项工程不能直接套用定额、不能换算和调整时，应采取的合理处理方式为（　　）。

A．直接套用定额单价　　　　　B．按实际使用材料价格换算定额单价

C．调量不换价　　　　　　　　D．编制补充定额单价

36. 我国目前实行的工程量清单计价采用的综合单价是不完全费用综合单价，其单价中未包括（　　）。

A．管理费和利润　　　　　　　B．措施费、其他项目费、规费和税金

C．一定范围内的风险费用　　　D．管理费、利润和其他项目费

37. 综合了人、材、机费用，企业管理费，风险费用以及规费，利润和税金的价

格是（   ）。

  A．工料单价   B．施工图预算单价

  C．不完全费用综合单价   D．全费用综合单价

  38．在编制施工图预算时，相对于实物量法，定额单价法所特有的工作步骤是

（   ）。

  A．准备熟悉资料   B．计算工程量

  C．编制说明   D．工料分析

  39．实物量法编制施工图预算与定额单价法编制施工图预算，在步骤上的主要区别体现在（   ）。

  A．计算人工费、材料费和机械使用费及汇总三种费用之和

  B．计算工程量

  C．编制说明、填写封面

  D．准备资料、熟悉施工图纸

  40．在市场经济条件波动较大的情况下编制建设工程项目施工图预算，能够较准确地反映实际水平，并且误差较小的方法是（   ）。

  A．工程量清单单价法   B．定额单价法

  C．实物量法   D．类似工程比较法

  41．采用实物量法编制施工图预算，其项目划分和工程量计算规则依据的是施工图纸和（   ）。

  A．施工定额   B．预算定额

  C．企业定额   D．概算定额

  42．用实物量法编制施工图预算，对于企业管理费、利润等费用的计算应根据

（   ）。

  A．当时当地建筑市场供求情况

  B．当时当地企业管理水平情况

  C．当时全国的建筑市场供求情况

  D．建造时全国建筑市场供求情况

  43．用实物量法编制施工图预算，求出单位工程所需的各种人工、材料、施工机械台班的总消耗量后，所用的人工、材料、机械台班的单价是（   ）。

  A．项目建设时点全国统一单价

  B．项目建设时点所在区域单价

  C．预算编制时点企业内部形成的单价

  D．预算编制时点所在区域单价

  44．关于单项工程综合预算和建设项目总预算的说法，正确的是（   ）。

  A．单项工程综合预算费用是由构成该单项工程的各个单位工程施工图预算组成

  B．建设项目总预算是反映决策结算项目投资总额的文件，是施工图预算文件的主要组成部分

  C．单位建筑工程预算按其工程性质分为一般土建工程预算，给水排水工程预

算及电气设备安装工程预算

    D．安装工程预算按其工程性质分为机械设备安装工程预算、设备及安装工程预算、弱电工程预算

45．反映施工图设计阶段建设项目总投资，作为施工图预算文件主要组成部分文件的是（　　）。

    A．建设项目总预算　　　　　　　　　B．单项工程综合预算

    C．单位工程预算　　　　　　　　　　D．施工图预算

46．下列对于设计概算与施工图预算内部审核的工作内容中，属于编制的项目负责人的是（　　）。

    A．充分了解建设项目的设计内容、设计工艺流程、关键设备选型、设计标准等内容

    B．按照相关指引的要求，并根据项目特点等文件选择适用的工作流程、工作软件、工作模板、工程计价依据或类似工程资料，进行关键节点的质量跟踪检查

    C．编制设计概算文件或施工图预算成果文件，并整理好工作过程文件

    D．审核委托人提供的书面资料的完整性、有效性、合法性和逻辑性

47．通常情况下，审核人审查设计概算与施工图预算时，对编制人的工程计量、计价等基础工作的关键环节、关键内容的复核科目数量不应低于所有科目的（　　）。

    A．3%　　　　　　　　　　　　　　　B．5%

    C．8%　　　　　　　　　　　　　　　D．10%

48．通常情况下，审核人审查设计概算与施工图预算时，对编制人的工程计量、计价等基础工作的关键环节、关键内容的复核科目所占费用不应低于总投资的（　　）。

    A．50%　　　　　　　　　　　　　　B．75%

    C．88%　　　　　　　　　　　　　　D．90%

49．下列设计概算与施工用预算的评审中，属于待摊投资概算和其他投资概算的是（　　）。

    A．工程量计算的评审

    B．定额套用、取费和材料价格的评审

    C．项目建设程序的评审

    D．不同取得方式的土地使用权费用评审

50．对某建设工程项目的设计概算进行审查时，审查了定额、指标、价格、取费标准等各种编制依据是否根据国家有关部门的现行规定执行，这属于（　　）。

    A．合法性审查　　　　　　　　　　　B．适用范围审查

    C．工程量审查　　　　　　　　　　　D．时效性审查

51．对某建设工程的设计概算中部分项目发生的特殊费用进行审查时，审查了项目建设的具体情况和有关部门的批复意见，这属于（　　）。

    A．合法性审查　　　　　　　　　　　B．适用范围审查

    C．工程量审查　　　　　　　　　　　D．时效性审查

52. 对工程量较小、工艺比较简单的工程，在对施工图预算审查时，按照定额顺序或施工顺序，对各项工程细目逐项审查的方法属于（　　）。

    A．标准预算审查法   B．全面审查法

    C．重点审查法   D．分组计算审查法

53. 对于某教学楼的施工图预算，审查人员按照定额顺序，对各项工程细目逐项详细审查的方法是（　　）。

    A．全面审查法   B．标准预算审查法

    C．分组计算审查法   D．重点审查法

54. 对某行政大楼的施工图预算进行审查，审查人员对其使用通用图纸的工程集中编制标准预算并以此为准来进行审查的方法是（　　）。

    A．全面审查法   B．分组计算审查法

    C．标准预算审查法   D．对比审查法

55. 有9项采用通用图纸的单位工程，上部结构和做法完全相同，地质条件差异使基础部分有局部改变。则对上部结构施工图预算进行审查适宜采用的方法是（　　）。

    A．标准预算审查法   B．分组计算审查法

    C．对比审查法   D．重点审查法

56. 在对建设项目施工图预算进行审查时，先将若干分部分项工程按相邻且有一定内在联系的项目进行分类，利用工程间具有相同或相近计算基数的关系，审查一个分项工程数据，由此判断同组中其他几个分项工程的准确程度，这种审查方法是（　　）。

    A．标准预算审查法   B．重点审查法

    C．对比审查法   D．分组计算审查法

57. 拟建工程与在建工程采用同一施工图，但二者基础部分和现场施工条件不同，则审查拟建工程施工图预算时，为提高审查效率，对其与在建工程相同部分宜采用的审查方法是（　　）。

    A．全面审查法   B．分组计算审查法

    C．对比审查法   D．标准预算审查法

58. 若拟建工程与已完或在建工程预算采用同一施工图，但基础部分和现场施工条件不同，则相同部分可采用的审查方法是（　　）。

    A．分组计算审查法   B．对比审查法

    C．筛选审查法   D．重点审查法

59. 若两工程面积相同，但设计图纸不完全相同，对不能对比的分部分项工程其审查方式是（　　）。

    A．分组计算审查   B．按图纸计算审查

    C．筛选审查   D．全面审查

60. 用筛选法对建设项目施工图预算进行审查时，一般采用的单方基本指标是（　　）。

    A．工程量、价格和用工   B．工程量、价格和取费标准

    C．价格、用工和台班   D．用工、台班和产量

61. 用筛选法对建设项目施工图预算进行审查时，用工程量、价格、用工三个单

方基本指标筛选的对象是（　　　）。

    A．建设项目
        B．单项工程

    C．单位工程
        D．分部分项工程

62．用重点审查法对建设工程项目施工图预算进行审查，审查的重点是（　　　）。

    A．造价高的工程
        B．编制依据

    C．编制说明
        D．工程量小的工程

二　多项选择题

1．关于设计概算在建设项目管理中的作用的说法，正确的有（　　　）。

    A．是进行建设项目投资决策的依据

    B．是固定资产投资管理的依据

    C．是衡量设计方案技术经济合理性和选择最佳设计方案的依据

    D．是控制项目施工图设计和施工图预算的依据

    E．是项目进行工程总承包招投标时编制最高投标限价（或标底）和投标报价的依据

2．下列资料中，属于设计概算编制的依据有（　　　）。

    A．设计说明书及图纸
        B．批准的可行性研究报告

    C．工程所在地现行的价格信息
    D．施工企业定额

    E．工程建设其他费用计算依据

3．下列单位工程的概算类型中，属于建筑工程概算的有（　　　）。

    A．给水排水采暖工程概算
    B．通风空调工程概算

    C．电气照明工程概算
       D．弱电工程概算

    E．机械设备及安装工程概算

4．下列单位工程的概算类型中，属于设备及安装工程概算的有（　　　）。

    A．通风空调工程概算
      B．特殊构筑物工程概算

    C．机械设备及安装工程概算
   D．热力设备及安装工程概算

    E．工器具及生产家具购置费概算等

5．单位工程概算包括的工程费用有（　　　）。

    A．人、料、机费用
        B．企业管理费和利润

    C．规费和税金
         D．建设期贷款利息

    E．风险补偿费

6．现需对某行政大楼的土建工程部分编制设计概算，可以采取的方法有（　　　）。

    A．概算定额法
         B．概算指标法

    C．类似工程预算法
      D．设备价值百分比法

    E．综合吨位指标法

7．单位建筑工程概算的编制方法有（　　　）。

    A．预算单价法
         B．扩大单价法

    C．概算定额法
         D．概算指标法

E．类似工程预算法

8．直接套用概算指标编制单位建筑工程设计概算时，拟建工程应符合的条件包括（　　）。

A．建设地点与概算指标中的工程建设地点相同

B．结构特征与概算指标中的工程特征基本相同

C．建筑面积与概算指标中的工程建筑面积相差不大

D．建造时间与概算指标中工程建造时间相近

E．物价水平与概算指标中工程的物价水平基本相同

9．关于用概算指标法编制单位建筑工程概算应具备的条件有（　　）。

A．平台数据库有类似的单位工程概算指标和分部分项工程概算指标

B．初步设计、方案设计或概念性设计深度不够

C．能够准确提供单位工程或分部分项工程量

D．行业和地方对应概算定额资料不足

E．工程设计采用的技术比较成熟

10．采用概算指标法编制设备安装工程概算时其计算形式主要有（　　）。

A．按占设备价值的百分比（安装费率）的概算指标计算

B．按每吨设备安装费的概算指标计算

C．按座、台、套、组、根或功率等为计量单位的概算指标计算

D．按设备安装工程每平方米建筑面积的概算指标计算

E．按类似项目中人、料、机的比例进行计算

11．单项工程综合概算文件一般包括（　　）。

A．编制说明　　　　　　　　　　B．总概算表

C．综合概算表　　　　　　　　　D．工程建设其他费用概算表

E．单位工程概算表

12．单位工程综合概算表纵向应分解到（　　）。

A．单项工程费　　　　　　　　　B．其主要单位工程费

C．建筑工程费　　　　　　　　　D．设备购置费

E．安装工程费

13．某县机关事务行政办公楼的建设项目总概算包括（　　）。

A．单项工程综合概算　　　　　　B．预备费概算

C．铺底流动资金概算　　　　　　D．建设期利息概算

E．工程建设其他费用概算

14．建设工程项目总概算的编制说明应包括的内容有（　　）。

A．工程建设其他费用的标准确定

B．资金来源及投资方式

C．引进项目的引进内容及与国内配套工程等主要情况

D．建设项目性质、特点、生产规模等主要情况

E．采用的概算编制方法

15．施工图预算对建设单位的作用有（　　）。

A．可以通过施工图预算和施工预算对比分析，找出差距，采取必要的措施

B．是施工图设计阶段确定建设项目投资的依据

C．是建设单位在施工期间安排建设资金计划和使用建设资金的依据

D．是确定项目最高投标限价的参考依据

E．作为确定合同价款、拨付工程进度款及办理工程结算的基础

16．施工图预算对施工单位的作用有（　　　）。

A．是确定投标报价的参考依据

B．进行施工准备的依据

C．是施工单位在施工前组织材料、机具、设备及劳动力供应的重要参考

D．是施工单位编制进度计划、统计完成工作量、进行经济核算的参考依据

E．可以作为确定合同价款、拨付工程进度款及办理工程结算的基础

17．下列资料中，能够作为施工图预算编制依据的有（　　　）。

A．施工组织设计和施工方案

B．项目的管理模式、发包模式及施工条件

C．企业组织管理模式及控制目标

D．项目相关文件、合同、协议

E．国家、行业和地方有关规定

18．施工图预算的组成有（　　　）。

A．建设项目总预算　　　　　　　　B．单项工程综合预算

C．单位工程预算　　　　　　　　　D．分部工程预算

E．分项工程预算

19．建设项目只有一个单项工程而采用二级预算编制形式的组成有（　　　）。

A．建设项目总预算　　　　　　　　B．单项工程预算

C．单位工程预算　　　　　　　　　D．分部工程预算

E．分项工程预算

20．建设项目有多个单项工程而采用三级预算编制形式的组成有（　　　）。

A．建设项目总预算　　　　　　　　B．单项工程预算

C．单位工程预算　　　　　　　　　D．分部工程预算

E．分项工程预算

21．采用定额计价法编制施工图预算步骤中，在"复核"环节的内容有（　　　）。

A．工程量计算公式及结果　　　　B．采用的实际价格是否合理

C．项目填列内容　　　　　　　　　D．套用的单价

E．采用的取费费率

22．关于用定额单价法编制施工图预算的说法，正确的有（　　　）。

A．若分项工程的名称、规格、计量单位与单位估价表中所列内容完全一致，
则直接套用定额单价

B．若分项工程的主要材料品种与单位估价表中规定材料不一致，按实际使用
材料价格换算定额单价

C．分项工程施工工艺条件与单位估价表不一致而造成人工、机械的数量增减，

一般调价不换量

  D．分项工程不能直接套用定额时，应编制补充定额单价

  E．分项工程不能换算和调整时，应编制补充定额单价

 23．根据《建设工程工程量清单计价规范》若用各分项工程量乘以不完全费用综合单价形成合价，再形成施工图预算，则还需考虑（ ）。

  A．项目措施费
     B．其他项目费

  C．规费
        D．税金

  E．风险费用

 24．我国目前实行的工程量清单计价采用的综合单价是不完全费用综合单价，分部分项工程综合单价中除人、料、机费用外，还包括（ ）。

  A．规费
        B．利润

  C．一定范围的风险费
    D．管理费

  E．税金

 25．工程量清单单价法中的不完全费用综合单价所包含的组成有（ ）。

  A．人、料、机费用
    B．措施费、其他项目费

  C．管理费、利润
     D．规费和税金

  E．一定范围内的风险费用

 26．采用实物量法编制施工图预算，定额消耗量中的"量"应满足的条件是（ ）。

  A．在相关规范和工艺水平等未有较大变化之前具有相对稳定性

  B．符合国家技术规范和质量标准要求

  C．反映当时施工工艺水平

  D．充分体现项目本身的特殊性

  E．结合项目建设单位的实际管理水平

 27．采用实物量法编制施工图预算，计算并汇总人工费、材料费、施工机械使用费时，确定人工工资单价、材料预算价格、施工机械台班单价的依据是（ ）。

  A．当时当地工程造价管理部门定期发布价格

  B．项目采用的工艺技术

  C．企业所得到的市场价格

  D．项目所处的区域位置状况

  E．项目建设期间物价变化情况

 28．采用实物量法编制施工图预算，在进行复核时应重点复核的内容有（ ）。

  A．人工、材料、机械台班的消耗量计算

  B．套取的定额

  C．采用的实际价格

  D．采用的取费费率

  E．编制的方法和程序

 29．下列工程预算文件的内容中，属于采用二级预算编制形式的有（ ）。

  A．编制说明
      B．总预算表

　　C. 单位工程预算表　　　　　　　D. 综合预算表

　　E. 签署页及目录

30. 当建设项目只有一个单项工程时，施工图预算文件内容包括（　　　）。

　　A. 综合预算表　　　　　　　　　B. 编制说明

　　C. 总预算表　　　　　　　　　　D. 单位工程预算表

　　E. 附件

31. 对设计概算与施工图预算审查的意义在于（　　　）。

　　A. 有助于编制主体优化组织结构和提升工作效率

　　B. 有助于促进设计的技术先进性与经济合理性的统一

　　C. 有利于核定建设项目的投资规模

　　D. 有利于合理分配投资资金、加强投资计划管理

　　E. 可以使建设项目总投资力求做到准确，避免实际投资大幅突破概算

32. 编制单位对设计概算与施工图预算内部审核的质量管理行为包括（　　　）。

　　A. 编制　　　　　　　　　　　　B. 论证

　　C. 审核　　　　　　　　　　　　D. 分析

　　E. 审定

33. 下列对于设计概算与施工图预算内部审核的工作内容中，属于编制人的有
（　　　）。

　　A. 重点关注编制工作方案，进行关键节点的质量跟踪检查

　　B. 对委托人提供的书面资料的完整性、有效性、合法性、逻辑性进行核对

　　C. 对建设项目的设计内容、设计工艺流程、关键设备选型、设计标准等进行
　　　充分了解

　　D. 编制设计概算文件或施工图预算成果文件，并整理好工作过程文件

　　E. 对设计概算文件中修改科目作出说明和批注

34. 对建设工程项目概算的评审包括（　　　）。

　　A. 项目建设程序　　　　　　　　B. 建筑安装工程概算

　　C. 待摊投资概算　　　　　　　　D. 建设主体

　　E. 建设承发包模式

35. 单位工程设计概算构成中的建筑工程概算的审查内容主要包括（　　　）。

　　A. 编制单位的资质　　　　　　　B. 工程量审查

　　C. 采用的定额或指标的审查　　　D. 材料预算价格的审查

　　E. 各项费用的审查

36. 对设计概算的工程量进行审查的内容包括（　　　）。

　　A. 项目划分是否合理　　　　　　B. 计算是否重复

　　C. 计算规则选用是否正确　　　　D. 汇总计算是否正确

　　E. 指标是否存在缺项

37. 建设工程项目施工图预算审查的重点是（　　　）。

　　A. 工程量计算　　　　　　　　　B. 预算单价套用

　　C. 各项取费费率　　　　　　　　D. 资源要素价格

E．编制说明

38．施工图预算的审查内容主要有（　　　）。

A．编制是否符合现行国家、行业、地方政府有关法律、法规和规定要求

B．工程量计算的准确性、工程量计算规则与计量标准或定额规则的一致性

C．各种要素市场价格选用是否合理

D．施工图设计中是否存在擅自扩大建设规模、提高建设标准

E．编制单位的资质和能力是否符合要求

39．关于采用标准预算审查法审查施工图预算的说法，正确的有（　　　）。

A．时间短，效果好

B．应先集中力量编标准预算

C．适用于采用标准图纸的工程

D．审查工作量大，时间较长

E．对局部修改的部分单独审查

40．采用对比法进行建设工程项目施工图预算审查须符合的条件有（　　　）。

A．拟建工程与已完或在建工程预算采用同一施工图的相同部分

B．两工程的建筑面积之比与两工程各分部分项工程量之比大体一致

C．两工程面积相同，但设计图纸不完全相同，则相同的部分可使用

D．工程设计相同，但建筑面积不同，建筑面积之比与各分部分项工程量之比存在较大差异

E．两工程面积相同，但设计图纸完全不同，各分部分项工程量之比大体一致

【答案与解析】

一、单项选择题

1. B;　　2. C;　　3. A;　　4. A;　　*5. C;　　6. A;　　7. D;　　*8. B;
*9. B;　　*10. C;　　*11. D;　　*12. B;　　13. B;　　14. B;　　15. A;　　16. C;
*17. C;　　18. D;　　19. D;　　20. A;　　21. D;　　22. C;　　23. B;　　24. D;
25. C;　　26. C;　　27. D;　　28. D;　　29. A;　　30. B;　　31. D;　　32. A;
33. C;　　34. B;　　35. D;　　36. B;　　37. D;　　38. D;　　39. A;　　40. C;
41. B;　　42. A;　　43. D;　　44. A;　　45. A;　　46. B;　　47. D;　　48. D;
49. D;　　50. D;　　51. A;　　52. B;　　53. A;　　54. C;　　55. A;　　56. D;
57. C;　　58. B;　　59. D;　　60. A;　　61. D;　　62. A

【解析】

5.【答案】C

企业管理费 ＝ 6000×5% ＝ 300 万元；利润 ＝ 6300×7% ＝ 441 万元；规费 ＝ 1200×38% ＝ 456 万元；概算造价总计 ＝（6000 ＋ 300 ＋ 441 ＋ 456）×（1 ＋ 9%）＝ 7844.73 万元。故选项 C 正确。

8.【答案】B

修正后的人工消耗量 ＝ 500 ＋ 65%×24－65%×37 ＝ 491.55 工日 /100m²。故选项

B 正确。

9.【答案】B

调整后的概算指标为：$J + Q_1 P_1 - Q_2 P_2 = 1200 + （60÷100）×300 - （50÷100）×330 = 1215.00$ 元 /m^2；则调整后的土建工程概算单价 $= 1215.00×（1 + 20\%）= 1458.00$ 元 /m^2。故选项 B 项正确

10.【答案】C

企业管理费 $=（900 + 3000/100）×8\% = 74.4$ 万元；规费 $=（900 + 3000/100 + 74.4）×15\% = 150.66$ 万元；利润 $=（900 + 3000/100 + 74.4）×7\% = 70.308$ 万元；故修正后的单位造价 $=（900 + 3000/100 + 74.4 + 150.66 + 70.308）×（1 + 9\%）= 1336$ 元 /m^2。故选项 C 正确。

11.【答案】D

工具、器具及生产家具购置费一般以设备购置费为计算基数，按照部门或行业规定的工具、器具及生产家具费率计算。$180×（1 + 10\%）×5\% = 9.9$ 万元。故选项 D 正确。

12.【答案】B

设备购置费概算 $=\sum（设备清单中的设备数量 × 设备原价）×（1 + 运杂费率）= 30×10×（1 + 10\%）+ 20×5 = 430$ 万元。故选项 B 正确。

17.【答案】C

总概算价值 $=$ 工程费用 + 预备费 + 其他费用 + 建设期利息 + 铺底流动资金 - 回收金额 $= 7300 + 1700 + 500 + 1400 + 300 -（350 - 100）= 10950$ 万元。故选项 C 正确。

二、多项选择题

1. B、C、D、E;	2. A、B、C、E;	3. A、B、C、D;	4. C、D、E;
5. A、B、C;	6. A、B、C;	7. B、C、D、E;	8. A、B、C;
9. A、B、D、E;	10. A、B、C、D;	11. A、C;	12. A、B;
13. A、B、D、E;	14. B、C、D、E;	15. B、C、D、E;	16. A、B、C、D;
17. A、B、D、E;	18. A、B、C;	19. A、C;	20. A、B、C;
21. A、C、D、E;	22. A、B、D、E;	23. A、B、C、D;	24. B、C、D;
25. A、C、E;	26. A、B、C;	27. A、C;	28. A、B、C、D;
29. A、B、C、E;	30. B、C、D、E;	31. B、C、D、E;	32. A、C、E;
33. B、C、D;	34. A、B、C;	35. B、C、D、E;	36. B、C、D;
37. A、B、C、D;	38. A、B、C、D;	39. A、B、C、E;	40. A、B、C

第16章　工程量清单计价

复习要点

16.1　工程量清单计价原理

1. 工程量清单的作用及计价形式

工程量清单是指建设工程的分部分项工程项目、措施项目、其他项目、规费项目和税金项目的名称和相应数量等的明细清单。工程量清单是工程量清单计价的基础。主要作用有四方面：一是为投标人的投标竞争提供了平等和共同的基础；二是建设工程计价的依据；三是工程付款和结算的依据；四是调整工程价款、处理工程索赔的依据。

在工程量清单计价中，如按分部分项工程单价组成来分，工程量清单计价主要有三种形式：（1）工料单价；（2）综合单价；（3）全费用综合单价法。

2. 工程量清单计价的一般规定

（1）建设工程施工发包承包应采用工程量清单计价。

（2）工程量清单以分部分项工程项目清单为主要表现形式，由分部分项工程项目清单、措施项目清单、其他项目清单和规费、增值税组成。

（3）工程量清单应根据相关工程现行国家工程量计算标准的规定编制。

（4）工程量清单列项应遵循项目特征明确、边界清晰、便于计价的原则。

（5）工程量清单计价可采用单价计价和总价计价两种方式进行。

（6）实行工程量清单计价的工程，其合同价格形式可采用单价合同、总价合同或成本加酬金合同。

3. 工程量清单计价方法

工程量清单计价的综合单价包括人工费、材料费、施工机具使用费、企业管理费和利润，综合单价分析表应明确各项费用的计算基础、费率和计算方法。

下列因素产生的费用均列入相应工程量清单的综合单价中：

（1）满足国家现行产品标准、设计规范、施工验收规范、质量评定标准、安全操作规程等要求施工的费用；

（2）完成符合完工交付要求的工程量清单必要的施工任务及施工测量放线、工程定位复测、工程点交等辅助工作产生的必要费用；

（3）受施工条件、一般气温气候等因素影响发生的料具二次运输、冬雨季施工、高层建筑施工、超高作业、夜间施工等所需的费用；

（4）一定范围与幅度内的风险费用。

4. 计量计价风险

应区分哪些事项引起的计量计价风险由发包人承担，哪些由承包人承担，哪些由责任方承担，还有哪些是发承包双方合理分摊的风险。

投标人应根据招标文件要求，全面评估计划工期的风险与影响，按照在计划工期内完成施工任务的方案进行报价。如招标文件允许对计划工期进行调整的，投标人应结合自身优势合理确定投标工期并进行报价。

5. 发包人提供材料

发包人应在招标文件中明确发包人提供材料的名称、规格、交货方式、交货地点，并在招标工程量清单的项目特征中对发包人提供材料予以描述。

发包人提供的材料规格、数量或质量不符合合同要求，或由于发包人原因发生交货日期延误、交货地点及交货方式变更等情况的，发包人应承担由此增加承包人的成本和（或）工期延误，并应向承包人支付合理利润。

6. 承包人提供材料

除发包人提供的材料外，合同工程所需的材料由承包人提供，承包人提供的材料由承包人负责采购、运输和保管。

承包人提供的材料经检测不符合约定的质量标准的，发包人应要求承包人及时采取措施，由此增加的费用和（或）工期延误由承包人承担。发包人要求检测承包人已具有合格证明的材料，经检测该项材料符合合同约定的质量标准的，发包人应承担由此增加的费用和（或）工期延误，并向承包人支付合理利润。

16.2　工程量清单编制

1. 工程量清单编制依据

招标工程量清单必须作为招标文件的组成部分，由招标人提供、并对其准确性和完整性负责。工程量清单应由具有编制能力的招标人或受其委托的工程造价咨询人编制。

工程量清单编制依据包括：《建设工程工程量清单计价规范》GB 50500—2013 和相关工程的国家工程量计算标准；省级、行业建设主管部门颁发的工程量计量计价规定；拟定的招标文件及相关资料；建设工程设计文件及相关资料；与建设工程有关的标准、规范、技术资料；施工现场情况、地勘水文资料、工程特点及合理的施工方案；其他相关资料。

2. 分部分项工程项目清单编制

（1）项目编码设置：项目编码分五级设置，用 12 位阿拉伯数字表示。

（2）项目名称确定：项目名称应根据《计算规范》的项目名称结合拟建工程的实际情况确定。

（3）项目特征的描述：主要涉及项目的自身特征（材质、型号、规格、品牌）、项目的工艺特征以及对项目施工方法可能产生影响的特征。

（4）计量单位选择：当计量单位有两个或两个以上时，应根据所编工程量清单项目的特征要求，选择最适宜表述该项目特征并方便计量的单位。

（5）工程量计算：除另有说明外，所有清单项目的工程量以实体工程量为准，并以完成后的净值来计算。

（6）补充项目：编制工程量清单时如果出现《计算规范》附录中未包括的项目，编制人应做补充，并报省级或行业工程造价管理机构备案。

3. 措施项目清单的编制

措施项目清单应结合拟建工程的实际情况和完工交付要求，依据拟定的合理施工方案及技术、生活、安全、文明施工等非工程实体方面的要求进行编制。其中：

（1）招标人依据设计文件或拟定的合理施工方案能准确计量的措施项目应采用单价计价措施项目清单。

（2）招标人依据项目实际情况不能准确计量的措施项目应采用总价计价措施项目清单，在编制时应明确其包含的内容、实施要求等。

（3）安全文明施工措施项目清单应根据国家及省级、行业主管部门的管理要求和拟建工程的实际情况单独列项。

措施项目清单的编制应考虑多种因素，除了工程本身的因素外，还要考虑水文、气象、环境、安全和施工企业的实际情况。

4. 其他项目清单的编制

其他项目清单一般包括暂列金额、暂估价、计日工、总承包服务费等内容。

暂列金额应根据工程特点按招标文件的要求列项并估算。专业工程暂估价应分不同专业估算，列出明细表及其包含内容等，包括材料暂估价和专业工程暂估价。计日工应列出项目名称、计量单位和暂估数量。总承包服务费应列出服务项目及其内容、要求等。

5. 规费和税金项目清单的编制

规费项目清单应按照下列内容列项：（1）社会保险费：包括养老保险费、失业保险费、医疗保险费、工伤保险费、生育保险费；（2）住房公积金。

税金指增值税，应根据政府有关主管部门的规定列项。

16.3　最高投标限价编制

1. 最高投标限价的一般性规定

国有资金投资的建设工程招标，招标人必须编制最高投标限价。最高投标限价超过批准的概算时，招标人应将其报原概算审批部门审核。投标人的投标报价高于最高投标限价的，招标人应拒绝其投标。最高投标限价应由具有编制能力的招标人或受其委托具有相应资质的工程造价咨询人编制和复核。工程造价咨询人不得同时接受招标人和投标人对同一工程的最高投标限价和投标报价的编制委托。最高投标限价应在招标文件中公布，不应上浮或下调。

2. 最高投标限价的编制依据

最高投标限价的编制依据有：《建设工程工程量清单计价规范》GB 50500—2013；招标文件（包括招标工程量清单）；国家或省级、行业建设主管部门颁发的有关依据；建设工程设计文件及相关资料；与建设项目相关的标准、规范、技术资料；工程特点及拟定的合理施工方案；工程计价信息；其他的相关资料。

3. 最高投标限价的编制内容

采用工程量清单计价时，最高投标限价的编制内容包括：分部分项工程费、措施项目费、其他项目费、规费和税金。

4．异议和修正

投标人经复核认为招标人公布的最高投标限价未按照规定进行编制或存在不合理的，可在规定时间内向招标人提出异议。

16.4　投标报价编制

1．投标报价的编制原则

工程量清单计价下编制投标报价的原则如下：

（1）投标人应依据标准和规范的规定自主确定投标报价。投标报价应由投标人或受其委托的工程造价咨询人编制。

（2）投标人的投标报价不得低于工程成本。

（3）投标人必须按招标工程量清单填报价格。

（4）投标报价要以招标文件中设定的承发包双方责任划分，作为设定投标报价费用项目和费用计算的基础。

（5）应该以施工方案、技术措施等作为投标报价计算的基本条件。

（6）报价计算方法要科学严谨，简明适用。

2．投标报价的编制依据

投标报价编制的依据有：

（1）《建设工程工程量清单计价规范》GB 50500—2013。

（2）招标文件（包括招标工程量清单）及其补充通知、答疑纪要、异议澄清或修正。

（3）建设工程设计文件及相关资料。

（4）与建设项目相关的标准、规范等技术资料。

（5）工程特点、现场情况及投标人自身满足工程要求的施工方案。

（6）投标人企业定额、工程造价数据、自行调查的价格信息等。

（7）其他的相关资料。

3．投标报价的编制方法

确定综合单价是分部分项工程和单价措施项目清单与计价表编制过程中最主要的内容。综合单价包括完成一个规定清单项目所需的人工费、材料和工程设备费、施工机具使用费、企业管理费、利润，并考虑风险费用的分摊。确定综合单价时应以项目特征描述为依据，同时考虑合理的风险。

综合单价确定的步骤：确定计算基础；分析每一清单项目的工程内容；计算工程内容的工程数量与清单单位的含量；计算分部分项工程人工、材料、施工机具使用费；计算综合单价。

对于不能精确计量的措施项目，应编制总价措施项目清单与计价表。

其他项目费主要包括暂列金额、暂估价、计日工以及总承包服务费。暂列金额按招标工程量清单中列出的金额填写；暂估价不得变动和更改；计日工按招标工程量清单中列出的项目和数量，自主确定综合单价并计算计日工金额；总承包服务费根据招标文件中提出的需要投标人提供服务的范围、内容、要求及其招标工程量清单的特征描述自主确定，并列明其相应的计算方法。

规费和税金应按国家或省级、行业建设主管部门的规定计算，不得作为竞争性费用。

16.5　合同价款约定

1. 一般规定

合同约定不得违背招标、投标文件中关于工程范围、工期、造价、质量等方面的实质性内容。依法必须招标的工程，招标文件与中标人投标文件不一致的地方，应以招标文件为准。

建设规模较大，技术较复杂，工期较长，实际施工与预计施工可能有较大差异，计量计价不可控因素较多，容易导致合同价格产生较大波动的工程，可采用单价合同。建设规模较小，技术难度较低，工期较短，实际施工与预计施工差异较小，计量计价稳定因素较多，合同价格波动较小的工程，可采用总价合同。紧急抢险、救灾以及施工技术先进或特别复杂的工程，可采用成本加酬金合同。

2. 合同价款约定

承发包双方应在合同条款中，对人工费支付、预付工程款的比例和支付时间、过程结算的节点和支付等事项进行约定。

一　单项选择题

1. 工程量清单作为清单计价的基础，主要用于建设工程的（　　）。
    A. 决策阶段和设计阶段　　　　　B. 设计阶段和招标投标阶段
    C. 施工阶段和运营使用阶段　　　D. 施工发包承包阶段及实施阶段

2. 某建设单位甲，经上级主管部门乙批准，以公开招标的方式选定丙工程造价咨询机构为其编制招标工程量清单。采用单价合同计价。则对于投标人丁来说，该工程量清单的准确性和完整性应由（　　）负责。
    A. 甲　　　　　　　　　　　　　B. 乙
    C. 丙　　　　　　　　　　　　　D. 丁

3. 某工程项目清单编码为010203004005，其中"02"代表的含义是（　　）。
    A. 清单项目名称顺序码　　　　　B. 分项工程项目顺序码
    C. 专业工程顺序码　　　　　　　D. 分部工程顺序码

4. 根据《建设工程工程量清单计价规范》GB 50500—2013，所有招标工程量清单中的工程数量应以（　　）计算。
    A. 实体工程量为准，并以完成后的净值
    B. 实体工程量为准，并以施工时的全部工程数量
    C. 招标时的图纸工程量为准，并以施工时的全部工程数量
    D. 施工单位的施工工程量为准

5. 根据《建设工程工程量清单计价规范》GB 50500—2013，投标人可以根据拟建项目的实际情况列项的工程量清单是（　　）。

A．分部分项工程量清单　　　　B．措施项目清单

C．其他项目清单　　　　　　　D．规费和税金清单

6．根据《建设工程工程量清单计价规范》GB 50500—2013，关于分部分项工程量清单中项目名称的说法，正确的是（　　　）。

A．《计算规范》中的项目名称是分项工程名称，以工程主要材料命名

B．《计算规范》中的项目名称是分部工程名称，以工程实体命名

C．编制清单时，项目名称应根据《计算规范》的项目名称结合拟建工程实际确定

D．编制清单时，《计算规范》中的项目名称不能变化，但应补充项目规格、材质

7．根据《建设工程工程量清单计价规范》GB 50500—2013，编制工程量清单时，出现了《计算规范》中未包括的项目，则关于该项目清单项编制的说法，正确的是（　　　）。

A．该项目清单项由清单编制人自行补充即可

B．该补充项目的编码由对应《计算规范》的代码 X 与 B 和三位阿拉伯数字组成，如 XB001

C．工程量清单中仅需附有补充项目的名称、项目特征和计量单位以及工作内容

D．该补充项目的工程量计算规则应由投标人根据经验自行确定

8．根据《建设工程工程量清单计价规范》GB 50500—2013，编制分部分项工程量清单时，编制人必须确定项目名称、项目编码、计量单位、工程数量和（　　　）。

A．填表须知　　　　　　　　B．项目特征

C．项目总说明　　　　　　　D．项目组织方式

9．编制其他项目清单时，关于计日工表中的材料和机械列项要求的说法，正确的是（　　　）。

A．材料和机械应按规格、型号详细列项

B．材料和机械仅按实际使用数量列项

C．材料应按使用数量详细列项，机械应按类别粗略列项

D．材料应按供应厂商详细列项，机械应按型号粗略列项

10．根据《建设工程工程量清单计价规范》GB 50500—2013，编制工程量清单时，计日工表中的人工应按（　　　）列项。

A．职称　　　　　　　　　　B．工种

C．职务　　　　　　　　　　D．技术等级

11．根据《建设工程工程量清单计价规范》GB 50500—2013，计日工适用的零星工作主要是（　　　）。

A．工程量清单中没有相应项目的、施工现场临时确定的不允许事先商量价格的额外工作

B．工程量清单中已有相应项目的、在施工现场出现工程量变更的工作

C．合同中已包含的工作，在施工过程中出现顺序调整的工作

D．在招标阶段标准尚不明确，并且需要由专业承包人完成的工作

12．根据《建设工程工程量清单计价规范》GB 50500—2013，招标人对土方开挖

清单项的项目特征描述一般有挖方深度、基坑底宽、场内运距、弃土运距和（　　　）。

  A．放坡的坡度系数   B．槽底钎探

  C．土壤类别   D．排地表水的方式

  13．根据《建设工程工程量清单计价规范》GB 50500—2013，某工程项目设计文件中的部分工作内容不足以写进施工方案，但要通过一定的技术手段才能实现。此情况在编制工程量清单时，应列入（　　　）。

  A．分部分项工程项目清单   B．措施项目清单

  C．其他项目清单   D．规费项目清单

  14．招标工程量清单将要求投标人完成的工程项目及其相应工程实体数量全部列出，为投标人提供拟建工程的基本内容、实体数量和质量要求等的基础信息，其目的在于（　　　）。

  A．减轻投标人投标的工作量

  B．有利于对未来进行变更索赔

  C．有利于计算实际施工的工程量

  D．使投标人的竞争活动有一个共同基础

  15．工程量清单编制总说明中的计划工期是（　　　）。

  A．按工期定额计算的施工天数 B．按法定工作日计算的施工天数

  C．按日历天数计算的施工天数 D．按建设单位要求计算的施工天数

  16．用来表述分部分项清单项目的实质内容，用于区分计价规范中同一条清单条目下各个具体的清单项目的是（　　　）。

  A．项目特征   B．计量单位

  C．工程数量   D．补充项目

  17．招标人依法单独发包的专业工程，要求承包人提供现场垂直运输设备，由此发生的费用属于（　　　）。

  A．总承包服务费   B．现场管理费

  C．企业管理费   D．暂列金额

  18．某工程项目招标工程量清单中 HRB400 钢筋暂估价 4000 元／吨，某投标人可以 3600 元／吨采购到，市场平均价格在 3700 元／吨，则投标人应采取的做法是（　　　）。

  A．在投标报价时，用到该钢筋的地方均以 4000 元／吨的价格计算

  B．在分部分项工程完工结算时，用到该钢筋的地方均以 4000 元／吨的价格计算

  C．在投标报价时，用到该钢筋的地方均以 3700 元／吨的价格计算

  D．在投标报价时，用到该钢筋的地方均以 3600 元／吨的价格计算

  19．根据《建设工程工程量清单计价规范》GB 50500—2013，列入规费清单中社会保险费的是（　　　）。

  A．养老保险费、失业保险费、医疗保险费、意外伤害保险费、生育保险费

  B．养老保险费、失业保险费、医疗保险费、工伤保险费、生育保险费

  C．失业保险费、医疗保险费、意外伤害保险费、工伤保险费、生育保险费

  D．失业保险费、医疗保险费、意外伤害保险费、工伤保险费、养老保险费

  20．采用《建设工程工程量清单计价规范》GB 50500—2013 的政府投资项目，在

施工过程中合同约定的价格调整因素出现导致合同价款增加的部分，应从（　　）支出。

  A．暂列金额 　　　　　　　　　B．暂估价

  C．建设单位管理费 　　　　　　D．总承包服务费

21．根据《建设工程工程量清单计价规范》GB 50500—2013，招标方为了获得合理的计日工报价，适宜采取的做法是（　　）。

  A．由于不能准确估计计日工数量，因此投标人的计日工报价不宜计入投标总价

  B．按照尽可能小的情况估计计日工数量并将其写入计日工表，将投标人的计日工报价计入投标总价

  C．估计一个比较接近实际的计日工数量并将其写入计日工表，将投标人的计日工报价计入投标总价

  D．按照尽可能大的情况估计计日工数量并将其写入计日工表，将投标人的计日工报价计入投标总价

22．某工程按照业主的要求进行了专业工程分包，总承包人按照合同的规定对分包人提供了脚手架、对分包人在现场的设备进行保管以及整理竣工验收材料，由此发生的费用属于（　　）。

  A．建设管理费 　　　　　　　　B．总承包服务费

  C．企业管理费 　　　　　　　　D．暂列金额

23．针对施工噪声及材料运输可能对周围环境造成的影响和污染所提出的防护要求的描述，应反映在（　　）。

  A．分部分项工程量清单编制的项目特征中

  B．工程量清单编制总说明的编制中

  C．其他项目清单的编制中

  D．措施项目清单的编制中

24．根据《建设工程工程量清单计价规范》GB 50500—2013，某工程项目的钢筋由发包人在施工合同签订后，与承包人一起招标采购，编制招标工程量清单时，招标人将 HRB400 钢筋暂估价定为 4200 元／吨，已知市场平均价格为 4000 元／吨。若甲投标人自行采购，其采购单价低于市场平均价格，则甲投标人在投标报价时 HRB400 钢筋应采用的单价是（　　）。

  A．甲投标人自行采购价格 　　　　B．4200 元／吨

  C．预计招标采购价格 　　　　　　D．4000 元／吨

25．施工现场安装的临时防护栏杆所需的费用应计入（　　）。

  A．分部分项工程综合单价 　　　　B．规费

  C．其他项目费 　　　　　　　　　D．措施项目费

26．在招标阶段预见肯定要发生，但是由于标准尚不明确或者需要由专业承包人来完成，暂时无法确定具体价格时所采用的一种价格形式是（　　）。

  A．暂列金额 　　　　　　　　　　B．暂估价

  C．计日工 　　　　　　　　　　　D．总承包服务费

27．招标方编制工程量清单时有以下工作：①确定项目编码；②研究招标文件，

确定清单项目名称；③ 确定计量单位；④ 计算工程数量；⑤ 确定项目特征。正确的顺序是（　　　）。

  A. ①②③④⑤   B. ①②⑤③④

  C. ②③⑤④①   D. ②①⑤③④

  28. 根据《建设工程工程量清单计价规范》GB 50500—2013，招标人编制工程量清单时，其中有一项分部分项工程是采用最新材料，而原规范中没有该项目，编制人对该项目作了补充。则关于该补充项目及其编码的说法，正确的是（　　　）。

    A. 该项目编码应由对应《计算规范》的代码和三位阿拉伯数字组成

    B. 该项目按《计算规范》中相近或相似的清单项目编码

    C. 清单编制人在最后一个清单项目后面自行补充该项目，不需编码

    D. 清单编制人应将补充项目报省级或行业工程造价管理机构备案

  29. 工程量清单为投标人的投标竞争提供了一个平等和共同的基础，其理由在于（　　　）。

    A. 投标人均应按工程量清单列出的项目不加补充和修改的投标

    B. 工程量清单列出的工程项目及其相应实体数量是投标人竞争的共同基础

    C. 投标人均按工程量清单中确定的实际施工投标工程量

    D. 工程量清单中的项目和综合单价是投标人平等竞争的基础和依据

  30. 工程量清单计价模式下，投标人应按照招标工程量清单中列出的金额填写且不得变动的项目是（　　　）。

    A. 暂列金额和专业工程暂估价 B. 暂列金额和总承包服务费

    C. 计日工和总承包服务费   D. 计日工和专业工程暂估价

  31. 根据《建设工程工程量清单计价规范》GB 50500—2013，一般情况下编制最高投标限价时，材料价格一般采用（　　　）。

    A. 招标人的材料供应商提供的材料单价

    B. 近三个月当地已完工程材料结算单价的平均值

    C. 工程造价管理机构通过工程造价信息发布的材料单价

    D. 当时当地市场的主要材料供应商的报价

  32. 某企业进行土方工程量的报价，已知招标工程量清单中土方工程数量为3000m³，施工单位拟采用放坡开挖，拟开挖的土方工程施工工程数量为5000m³。据测算，完成这些土方开挖的人工成本为30000元，机械费用为80000元，材料费为5000元。管理费按照人、料、机总费用的15%计取，利润按人、料、机费用之和的5%计取。其他因素均不考虑。则该土方工程的综合单价应为（　　　）元/m³。

    A. 27.6   B. 46.0

    C. 46.3   D. 48.0

  33. 在投标过程中，投标人发现招标文件某分部分项工程量清单项目特征描述与设计图纸不符，则投标人报价时应按（　　　）确定综合单价。

    A. 设计图纸的描述   B. 工程量清单的项目特征

    C. 实际施工的项目特征   D. 投标人按规范修正后的项目特征

  34. 根据《建设工程工程量清单计价规范》GB 50500—2013 计价的某分部分项工

程，业主方提供的清单工程量为 2600m³。施工企业预计的施工量为 4800m³，预计完成该分项工程直接消耗的人、料、机费用为 150000 元，管理费为 30000 元，利润为 10000 元，计入该分部分项工程综合单价的风险费 8000 元，不考虑其他因素，则该分项工程的综合单价应为（　　）元 /m³。

  A．18.5   B．72.3

  C．73.0   D．76.15

  35．根据《建设工程工程量清单计价规范》GB 50500—2013，下列投标报价计算公式中，正确的是（　　）。

  A．措施项目费＝∑（措施项目工程量 × 措施项目综合单价）

  B．其他项目费＝暂列金额＋暂估价＋计日工＋总承包服务费＋规费

  C．单位工程报价＝分部分项工程费＋措施项目费＋其他项目费

  D．分部分项工程费＝∑（分部分项工程量 × 分部分项工程综合单价）

  36．建设工程项目最高投标限价的编制主体是（　　）。

  A．招标人或受其委托的工程造价咨询人

  B．项目监理机构

  C．项目建设主管部门

  D．工程所在地政府造价管理机构

  37．关于编制最高投标限价时，采用的材料价格信息的说法，正确的是（　　）。

  A．价格信息应优先从市场调查确定

  B．价格信息应优先从工程造价管理机构通过工程造价信息发布的材料单价确定

  C．价格信息应采用大的材料供应商调查材料价格

  D．价格信息应从淘宝网上直接询价

  38．某工程采用工程量清单招标，评标时发现甲投标人的"挖基础土方"这项清单项目工程未填报综合单价和合价，则视为（　　）。

  A．投标人漏项，招标人应要求甲投标人予以补充

  B．此分部分项工程在施工中不需要做

  C．此分部分项工程的相关费用已包含在工程量清单的其他单价和合价中

  D．甲投标人的投标为废标

  39．根据《建设工程工程量清单计价规范》GB 50500—2013，投标时下列项目可由投标企业根据其施工组织设计自主报价的项目是（　　）。

  A．安全文明施工费   B．夜间施工增加费

  C．规费   D．计入总造价的税金

  40．根据《建设工程工程量清单计价规范》GB 50500—2013，发承包双方进行工程竣工结算时的工程量应该是（　　）。

  A．工程量清单中的工程数量

  B．施工单位实际施工的工程数量

  C．施工单位申报的工程数量

  D．按合同约定应予计量且实际完成的工程量

  41．根据《建设工程工程量清单计价规范》GB 50500—2013，确定分部分项工程

和措施项目中的单价项目综合单价的最重要依据之一是（　　）。

  A．项目名称   B．工作流程

  C．项目特征   D．计量单位

  42．根据《建设工程工程量清单计价规范》GB 50500—2013，关于投标总价的说法，正确的是（　　）。

  A．投标总价应等于分部分项工程费、措施项目费、其他项目费、规费、税金的合计

  B．投标人在投标报价时，可以给出总价优惠，但是优惠幅度不得超过5%

  C．投标人在投标报价时，可以在投标者致函中作出总价降低的承诺，但是降低幅度不能太大

  D．投标总价中应将招标人指定分包的部分金额扣除

二　多项选择题

  1．招标工程量清单的组成包括（　　）。

  A．分部分项工程量清单   B．建设项目清单

  C．措施项目清单   D．其他项目清单

  E．规费和税金清单

  2．根据《建设工程工程量清单计价规范》GB 50500—2013，关于项目编码方式的说法，正确的有（　　）。

  A．分部分项工程量清单编码分五级设置

  B．编码的第10～12位由清单编制人针对具体招标工程项目具体编制

  C．同一招标工程编码不得有重码

  D．不同的单项工程中内容完全相同的分项工程编码应该完全相同

  E．编码的第1～2位是相关工程国家计算规范的代码

  3．根据《建设工程工程量清单计价规范》GB 50500—2013，招标工程量清单中项目名称设置的说法，正确的有（　　）。

  A．项目名称可完全由清单编制人自行确定

  B．项目名称必须与《计算规范》中的名称完全一致，不能有任何修改

  C．项目名称的设置应结合拟建工程的实际情况

  D．项目名称一般以工程实体命名

  E．项目名称应以《计算规范》中的项目名称为基础，考虑项目的规格、型号等特征进行细化

  4．在进行分部分项工程项目清单的编制时，清单项目特征主要涉及（　　）。

  A．项目的自身特征

  B．项目的工艺特征

  C．对项目施工方法可能产生影响的特征

  D．项目的组织特征

  E．项目的环境特征

5. 根据《建设工程工程量清单计价规范》GB 50500—2013，列入其他项目清单中暂估价的有（　　）。

    A. 总承包服务暂估价
    B. 材料暂估价
    C. 承包商自行分包工程的暂估价
    D. 承包商自有机具暂估价
    E. 专业工程暂估价

6. 某基础土方开挖分项工程量清单，为方便投标人报价，招标工程量清单中项目特征一般包括的内容有（　　）。

    A. 土壤类别
    B. 开挖组织形式
    C. 弃土运距
    D. 挖土深度
    E. 取土运距

7. 其他项目清单中的暂列金额主要用于（　　）。

    A. 必然发生但在合同签订时尚不能确定价格的材料价款
    B. 必然发生但在合同签订时不能确定金额的工程设备
    C. 施工合同签订时不可预见的服务采购
    D. 施工过程中可能发生的变更
    E. 现场签证确认的费用

8. 关于工程量清单计价的说法，正确的有（　　）。

    A. 工程量清单以分部分项工程量清单为主要表现形式
    B. 工程量清单列项应遵循项目特征明确、边界清晰、便于计价的原则
    C. 实行工程量清单计价的工程，其合同价格形式只能采用单价合同
    D. 采用总价合同形式的工程，已标价工程量清单的准确性和完整性由投标人负责
    E. 采用单价合同形式的工程，已标价总价计价措施项目清单的准确性和完整性由招标人负责

9. 下列完成符合完工交付要求的工程量清单中必要的施工任务产生的费用中，应计入相应工程量清单的综合单价中的有（　　）。

    A. 施工测量放线
    B. 工程用水加压
    C. 施工材料堆放场地的整理
    D. 完工清场后的垃圾外运
    E. 脚手架工程

10. 其他项目清单中计日工所适用的情况有（　　）。

    A. 不可预见的材料的采购费用
    B. 完成合同约定之外的额外工作
    C. 变更产生的清单中没有相应项目的额外工作
    D. 合同签订时尚未确定的设备采购
    E. 时间上不允许事先确定价格的额外工作

11. 下列事项引起的计量计价风险，应由发包人承担的有（　　）。

    A. 发承包约定范围和波动幅度内的汇率波动
    B. 超过发承包约定范围的和波动幅度的市场物价变动
    C. 发包人同意的工程变更

　　D．法律法规与政策发生变化

　　E．因承包人未履行诚信义务而导致增加的费用

12．建设工程采用工程量清单招标模式时，关于投标报价的说法，正确的有（　　）。

　　A．投标人应以施工方案、技术措施等作为投标报价计算的基本条件

　　B．投标报价只能由投标人编制，不能委托造价咨询机构编制

　　C．投标报价不得低于工程成本

　　D．招标工程量清单的工程数量与施工图纸不完全一致时，应按照招标人提供的清单工程量填报投标价格

　　E．投标报价应以招标文件中设定的发承包责任划分，作为设定投标报价费用项目和费用计算的基础

13．根据《建设工程工程量清单计价规范》GB 50500—2013，下列资料中应作为企业投标报价依据的有（　　）。

　　A．投标人已完成类似工程的材料价格

　　B．投标人企业定额

　　C．招标文件的答疑纪要

　　D．投标时拟定的施工组织设计

　　E．施工现场情况

14．根据《建设工程工程量清单计价规范》GB 50500—2013，下列应按国家或省级、行业建设主管部门的规定计算，不得作为竞争性费用的有（　　）。

　　A．安全文明施工费　　　　　　B．规费

　　C．企业管理费　　　　　　　　D．税金

　　E．利润

15．与全费用综合单价相比，《建设工程工程量清单计价规范》GB 50500—2013分部分项工程的综合单价中没有涵盖的项目有（　　）。

　　A．管理费　　　　　　　　　　B．利润

　　C．规费和税金　　　　　　　　D．措施项目费

　　E．风险费用

16．根据《建设工程工程量清单计价规范》GB 50500—2013，投标报价计算过程中，下列公式正确的有（　　）。

　　A．分部分项工程费＝∑（分部分项工程量 × 分部分项工程综合单价）

　　B．措施项目费＝∑（措施项目工程量 × 措施项目综合单价）

　　C．其他项目费＝暂列金额＋暂估价＋计日工＋总承包服务费＋其他

　　D．单位工程报价＝分部分项工程费＋措施项目费＋其他项目费＋规费＋税金

　　E．单项工程造价＝∑单位工程报价

17．根据《建设工程工程量清单计价规范》GB 50500—2013，某分部分项工程的综合单价为 600 元 /m³，则该综合单价中包含了（　　）。

　　A．人工费、材料费、施工机具使用费

　　B．企业管理费和利润

C．完成该分项工程承担的风险费用

D．规费和税金

E．完成该分项工程的措施费

18．根据《建设工程工程量清单计价规范》GB 50500—2013，关于其他项目费报价的说法，正确的有（　　）。

A．暂列金额应按照招标工程量清单中列出的金额填写，不得变动

B．材料暂估价应该按照投标人实际的情况和市场情况进行调整

C．根据招标工程量清单中估计的计日工数量自主确定计日工单价，不计入投标总价

D．总承包服务费应根据招标工程量清单中列出的需要投标人提供的服务自主确定

E．暂估价不得变动和更改

【答案与解析】

一、单项选择题

1. D;　2. A;　3. C;　4. A;　5. B;　6. C;　7. B;　8. B;
9. A;　10. B;　11. A;　12. C;　13. B;　14. D;　15. A;　16. A;
17. A;　18. A;　19. B;　20. A;　21. C;　22. B;　23. B;　24. B;
25. D;　26. B;　27. D;　28. D;　29. B;　30. A;　31. C;　*32. B;
33. B;　*34. D;　35. D;　36. A;　37. B;　38. C;　39. B;　40. D;
41. C;　42. A

【解析】

32.【答案】B

综合单价＝[人、料、机总费用×（管理费费率＋利润率）]/清单工程量＝（30000＋80000＋5000）×（15%＋5%）/3000＝46.0 元/m³

34.【答案】D

综合单价＝（人、料、机总费用＋管理费＋利润＋风险费用）/清单工程量＝（150000＋30000＋10000＋8000）÷2600＝76.15 元/m³

二、多项选择题

1. A、C、D、E;　2. A、B、C、E;　3. C、D、E;　4. A、B、C;
5. B、E;　6. A、C、D、E;　7. C、D、E;　8. A、B、D;
9. A、B、C、D;　10. A、B、C、E;　11. B、C、D;　12. A、C、D、E;
13. B、C、D、E;　14. A、B、D;　15. C、D;　16. A、C、D、E;
17. A、B、C;　18. A、D、E

第17章 工程计量与支付

复习要点

微信扫一扫
在线做题＋答疑

17.1 工程计量

1. 工程计量的原则

（1）工程量应以承包人完成合同工程且应予计量的工程数量确定。工程数量应按照相关工程现行国家工程量计算标准或发承包双方约定的工程量计算规则计算。

（2）工程计量周期可以月为单位，也可按其他时间节点、工程形象进度分段计量。

（3）因承包人原因造成的超出合同工程范围施工或返工的工程量，发包人不予计量。

2. 工程计量的范围与依据

1）工程计量的范围

一般只对以下三方面的工程项目进行计量：

（1）工程量清单中的全部项目；

（2）合同文件中规定的项目；

（3）工程变更项目。

2）工程计量的依据

计量依据一般有质量合格证书、工程量清单及说明、工程量计算规范、设计图纸、合同条件、技术规范、工程变更指令、有关计量的补充协议等。

3. 单价合同的计量

（1）对采用单价合同的工程进行工程量计量时，若出现工程量清单缺陷引起工程量增减，或因工程变更引起工程量增减，单价计价的清单项目，按承包人在履行合同义务中实际完成并应予计量的工程量计算。

（2）承包人应当按照约定的计量周期和时间向发包人提交当期已完工程的计量报告。发包人应在收到报告后 7 天内核实，并将核实的计量结果通知承包人。发包人未在约定时间内进行核实的，承包人提交的计量报告中所列的工程量应视为承包人实际完成的应予计量的工程量。

17.2 合同价格调整

1. 一般规定

（1）下列事项发生时，发承包双方应按合同规定调整合同价格：

① 工程量清单缺陷；

② 工程变更；

③ 计日工；

④ 物价变化；

⑤ 暂估价；

⑥ 工程索赔；

⑦ 暂列金额；

⑧ 发承包双方约定的其他调整事项。

（2）经发承包双方确认调整的合同价格，作为追加（减）合同价格，应与工程进度款和施工过程结算款同期支付。因发包人原因延期支付的，发包人应从应付之日起向承包人支付应付款的利息［利率按全国银行间同业拆借中心公布的贷款市场报价利率（LPR）计］，并承担违约责任。

（3）合同价格调整事项引起工期变化的，发承包人双方可结合工程实际情况协商调整工期。

2. 工程量清单缺陷

（1）采用单价合同的工程，工程量清单缺陷经发承包双方确认后，应按照下列规定调整合同价格：

① 已标价工程量清单中有适用于工程量清单缺陷项目的，采用该项目的综合单价。当工程量清单缺陷导致该清单项目的工程数量增加超过 15% 时，15% 及以内部分按照清单项目原有的综合单价计算，15% 以外部分由发承包双方根据实施工程的合理成本和利润协商确定综合单价；当工程量清单缺陷导致该清单项目的工程数量减少超过 15% 时，15% 及以内部分按照清单项目原有的综合单价扣减，15% 以外部分的由发承包双方根据实施工程的合理成本和利润协商确定其综合单价。

② 已标价工程量清单中没有适用但有类似工程量清单缺陷项目的，可在合理范围内参考类似项目的综合单价。

③ 已标价工程量清单中没有适用也没有类似工程量清单缺陷项目的，由发承包双方根据实施工程的合理成本和利润协商确定综合单价。

④ 已标价总价计价措施项目清单费用包干，合同价格不因招标工程量清单缺陷而调整。

（2）采用总价合同的工程，合同价格不因招标工程量清单缺陷而调整。

（3）工程量偏差。施工过程中，由于施工条件、地质水文、工程变更等变化以及招标工程量清单编制人专业水平的差异，在合同履行期间，应予计量的工程量与招标工程量清单往往出现偏差。工程量偏差过大，会给综合成本的分摊带来影响，如突然增加过多，仍然按原综合单价计价，对发包人不公平；而突然减少过多，仍然按原综合单价计价，对承包人不公平。因工程量偏差带来的合同价款调整可按照上述工程量清单缺陷调整合同价格规定（1）处理。

3. 物价变化

1）物价变化合同价格调整原则

（1）当人工、材料、施工机具台班价格波动超过 5% 或约定幅度时，可按价格指数调差法或价格信息调差法调整合同价格。

（2）当市场价格出现异常变动，且是发承包双方在订立合同时无法预见的、不属于商业风险的重大变化，继续履行合同对于受不利影响的合同一方明显不公平的，受不利影响的合同一方可以与对方重新协商合同风险幅度调整合同价格。

（3）发生合同工程工期延误的，按照下列规定确定合同履行期的价格调整：

① 因非承包人原因导致工期延误的，计划进度日期后续工程的价格，采用计划进度日期与实际进度日期两者价格的较高者；

② 因承包人原因导致工期延误的，计划进度日期后续工程的价格，采用计划进度日期与实际进度日期两者价格的较低者。

2）价格指数调差法

（1）价格指数调差公式。因人工、材料、施工机具台班价格波动影响合同价格时，根据招标人提供的附录，承包人应提供可调价主要材料表，并采用投标函附录中的价格指数和权重表约定的数据，按下式计算差额并调整合同价格：

$$\Delta P = P_0 \left[A + \left(B_1 \times \frac{F_{t1}}{F_{01}} + B_2 \times \frac{F_{t2}}{F_{02}} + B_3 \times \frac{F_{t3}}{F_{03}} + \cdots + B_n \times \frac{F_{tn}}{F_{0n}} \right) - 1 \right]$$

式中　　　　　　ΔP——需调整的价格差额；

P_0——约定的计量周期中承包人应得到的不含税合同价金额。此项金额应不包括价格调整、不计质量保证金的扣留和支付、预付款的支付和扣回。已按现行价格计价的变更及其他金额，也不计在内，但按中标价的工料机单价计算的变更及其他金额应计算在内；

A——定值权重（即不调部分的权重）；

B_1、B_2、B_3、$\cdots$、B_n——各可调因子的变值占签约不含税合同价的权重（即可调部分的权重）；

F_{t1}、F_{t2}、F_{t3}、$\cdots$、F_{tn}——各可调因子的现行价格指数；

F_{01}、F_{02}、F_{03}、$\cdots$、F_{0n}——各可调因子的基本价格指数，指基准日期的各可调因子的价格指数。如合同约定允许价格波动幅度的，基本价格指数应予以考虑此波动幅度系数。

以上价格指数调差公式中的各可调因子、定值和变值权重，以及基本价格指数及其来源由发包人根据工程情况测算确定其范围，并在投标函附录价格指数和权重表中约定，承包人有异议的，应在投标前提请发包人澄清或修正。价格指数的来源或确定方法由发承包双方在合同约定。

（2）招标工程的基准日价格指数，为投标截止日前28天的价格指数，招标人应在招标文件中予以明确。非招标工程为合同签订前28天的价格指数。

（3）暂时确定调整差额。在计算调整差额时得不到现行价格指数的，可暂用上一计量周期的价格指数计算，并在以后的付款中再按实际价格指数进行调整。

（4）计量周期内因市场价格波动形成多个价格指数的，可采用计量周期内价格指数的算术平均值，或价格指数与相应已完工程量的加权平均值，或主要用量施工期间的价格指数作为调整公式使用的现行价格指数。发承包双方应约定采用何种方法，或不同情况下采用方法的优先顺序。

（5）工期延误后的价格调整。因非承包人原因导致工期延误的，计划进度日期后续工程的价格指数，采用计划进度日期与实际进度日期两者指数的较高者作为现行价指数；因承包人原因导致工期延误的，计划进度日期后续工程的价格指数，采用计划进度日期与实际进度日期两者指数的较低者作为现行价格指数。

（6）权重的调整。工程变更导致原定合同中的权重不合理时，由发承包双方协商调整。

（7）当变值权重未约定时，各可调因子的变值权重可采用最高投标限价或标底的相应权重。

3）价格信息调差法

（1）价格信息调差公式。因人工、材料、施工机具台班价格波动影响合同价格时，根据招标人提供的附录，承包人应提供可调价主要材料表，并采用投标函附录中的价格数据，按下式计算差额并调整合同价格：

$$\Delta P = (\Delta C - C_0 \times r) \times Q,\ 其中\ |\Delta C| > |C_0 \times r|$$
$$\Delta C = C_i\,(i = 1,\ \cdots,\ n) - C_0$$

式中　ΔP——价差调整费用，系按计量周期计算的当次调价费用。

ΔC——可调因子价差。

C_0——基准价，投标截止日前 28 天（非招标工程为合同签订前 28 天）的市场价格，基准价来源可以是发包人确定最高投标限价时所采用的市场价格，或者工程造价管理机构发布的当季（月）度信息价，或同类项目、同期（前 1 个月内）同条件、项目所在地级市以上交易中心公布的招标中标价，但均应代表投标截止日前 28 天（非招标工程为合同签订前 28 天）的市场价格水平；招标人应在招标文件中明确基准价（C_0）采用的价格来源、发布机构和具体季（月）等信息。

C_i——计量周期市场价格，现行市场价格可以是经发承包双方确认的该计量周期的市场价格，或工程造价管理机构发布的当季（月）度信息价，或同类项目、同期（前 1 个月内）同条件、项目所在地级市以上交易中心公布的招标中标价，但均应代表计量周期的现行市场价格水平。

Q——可调因子的数量，指可调差因子的数量。可调差因子数量采用其他计算方法的，应在招标文件和合同专用条款中细化明确。

r——风险幅度系数。当 $\Delta C > 0$ 时，r 为正值，当 $\Delta C < 0$ 时，r 为负值。

i——采购时间。

以上价格信息调差公式中的基准价（C_0）和计量周期市场价格（C_i）采用的价格方式、价格信息的来源及其确认、可调差的材料数量的确认、风险幅度系数的确认等由发包人根据工程情况测算确定，并在招标文件明确，承包人有异议的，应在投标前提请发包人澄清或修正。

（2）采用投标截止日前 28 天（非招标工程为合同签订前 28 天）工程造价管理机构发布的信息价作为基准价，并且以计量周期工程造价管理机构发布的信息价作为现行市场价格的，可调价因子价格变化按照发包人提供的附录，承包人提供的可调价主要材料表，由发承包双方约定的风险范围按下列规定调整合同价格：

① 承包人投标报价中可调价因子单价低于基准价：计量周期工程造价管理机构发布的单价涨幅以基准价为基础超过合同约定的风险幅度值，或材料单价跌幅以投标报价

为基础超过合同约定的风险幅度值时，其超过部分按实调整。

② 承包人投标报价中可调价因子单价高于基准价：计量周期工程造价管理机构发布的单价跌幅以基准价为基础超过合同约定的风险幅度值，或材料单价涨幅以投标报价为基础超过合同约定的风险幅度值时，其超过部分按实调整。

③ 承包人投标报价中可调价因子单价等于基准价：计量周期工程造价管理机构发布的单价涨、跌幅以基准价为基础超过合同约定的风险幅度值时，其超过部分按实调整。

17.3　工程变更价款确定

本节主要依据《中华人民共和国标准施工招标文件》（2007 年版）中的通用条款进行介绍。

1. 变更的范围和内容

除专用合同条款另有约定外，在履行合同中发生以下情形之一，应按照本条规定进行变更。

（1）取消合同中任何一项工作，但被取消的工作不能转由发包人或其他人实施；

（2）改变合同中任何一项工作的质量或其他特性；

（3）改变合同工程的基线、标高、位置或尺寸；

（4）改变合同中任何一项工作的施工时间或改变已批准的施工工艺或顺序；

（5）为完成工程需要追加的额外工作。

2. 变更权

在履行合同过程中，经发包人同意，监理人可按约定的变更程序向承包人作出变更指示，承包人应遵照执行。没有监理人的变更指示，承包人不得擅自变更。

3. 变更的估价原则

除专用合同条款另有约定外，因变更引起的价格调整按照本款约定处理。

（1）已标价工程量清单中有适用于变更工作的子目的，采用该子目的单价。

（2）已标价工程量清单中无适用于变更工作的子目，但有类似子目的，可在合理范围内参照类似子目的单价，由监理人按商定或确定条款变更工作的单价。

（3）已标价工程量清单中无适用或类似子目的单价，可按照成本加利润的原则，由监理人按商定或确定条款变更工作的单价。

商定或确定条款：① 合同约定总监理工程师应按照本款对任何事项进行商定或确定时，总监理工程师应与合同当事人协商，尽量达成一致。不能达成一致的，总监理工程师应认真研究后审慎确定。② 总监理工程师应将商定或确定的事项通知合同当事人，并附详细依据。对总监理工程师的确定有异议的，构成争议，按照争议解决的约定处理。在争议解决前，双方应暂按总监理工程师的确定执行，按照争议解决的约定对总监理工程师的确定作出修改的，按修改后的结果执行。

4. 措施项目费的调整

拟实施的方案经发承包双方确认后执行，并按照下列规定调整措施项目费：

（1）单价计价的措施项目按变更估价的原则规定调整；

（2）与建筑面积增减有关的总价计价措施项目，根据与其相关的已标价总价计价措施项目清单费用合计，按增减比例（增减面积 / 建筑面积）计算增减金额；

（3）与建筑面积增减无关的总价计价措施项目，根据施工工程的合理成本和利润协商计算总价计价措施项目的增减金额。

如果合同不利一方未提出调整措施项目费用的，则视为工程变更不引起措施项目费用的变化或合同不利一方放弃调整措施项目费用的权利。

17.4　工程索赔

工程索赔是指当事人一方因非己方的原因而遭受经济损失或工期延误，按照法律法规规定或合同约定，应由对方承担补偿义务，而向对方提出经济损失补偿和（或）工期调整及其他的要求。当合同一方向另一方提出工程索赔时，应有正当的工程索赔理由和有效证据。

导致工程索赔的事件主要包括法律法规与政策变化、不可抗力、暂停施工、提前竣工（赶工）、工期延误等。

1. 因法律法规与政策变化事件导致的工程索赔

因法律法规与政策变化事件导致的工程索赔，发承包双方应按下列原则分别承担并调整合同价格：

（1）招标工程以投标截止日前 28 天、非招标工程以合同签订前 28 天为基准日，其后因法律法规与政策发生变化引起工程造价增减变化的，发承包双方应按照省级、行业建设主管部门或其授权的工程造价管理机构据此发布的规定调整合同价格；

（2）因承包人原因导致工期延误的，按上述第（1）款规定的调整时间，在工期延误期间出现法律法规与政策变化的，合同价格调增的不予调整，合同价格调减的予以调整；

（3）因非承包人原因导致工期延误的，按上述第（1）款规定的调整时间，在工期延误期间出现法律法规与政策变化的，合同价格调减的不予调整，合同价格调增的予以调整。

2. 因不可抗力事件导致的工程索赔

因不可抗力事件导致的工程索赔，发承包双方应按下列原则分别承担并调整合同价格和工期：

（1）永久工程、已运至施工现场的材料的损坏，以及因工程损坏造成的第三方人员伤亡和财产损失由发包人承担；

（2）承包人施工设备的损坏及停工损失由承包人承担；

（3）发包人和承包人承担各自人员伤亡和财产的损失；

（4）因不可抗力引起暂停施工的，停工期间按照发包人要求照管、清理、修复工程的费用和发包人要求留在施工现场必要的管理与保卫人员工资由发包人承担；

（5）因不可抗力影响承包人履行合同约定的义务，引起工期延误的，应当顺延工期，发包人要求赶工的，由此增加的赶工费用由发包人承担；

（6）其他情形按法律法规规定执行。

3．因非承包人原因发生暂停施工事件导致的工程索赔

因非承包人原因发生暂停施工事件导致的工程索赔，承包人可向发包人提出延长工期，并根据工期延长和损失情况索赔以下费用：

（1）已进场无法进行施工的人员窝工费用；

（2）已进场无法投入使用的材料损失费用；

（3）已进场无法进行施工的机械设备停滞费用；

（4）由于工期延长增加的措施项目费、管理费和可得利润损失。

4．索赔费用的组成与计算

1）索赔费用的组成

索赔费用的组成与建筑安装工程造价的组成相似，一般包括以下几个方面。

（1）人工费。包括增加工作内容的人工费、停工损失费和工作效率降低的损失费等的累计，其中增加工作内容的人工费应按照计日工费计算，而停工损失费和工作效率降低的损失费按窝工费计算，窝工费的标准应由双方在合同中约定。

（2）设备费。可采用机械台班费、机械折旧费、设备租赁费等几种形式。当工作内容增加引起设备费索赔时，设备费的标准按照机械台班费计算。因窝工引起的设备费索赔，当施工机械属于施工企业自有时，按照机械折旧费计算索赔费用；当施工机械是施工企业从外部租赁时，索赔费用的标准按照设备租赁费计算。

（3）材料费。包括索赔事件引起的材料用量增加、材料价格大幅度上涨、非承包人原因造成的工期延误而引起的材料价格上涨和材料超期存储费用。

（4）管理费。此项又可分为现场管理费和企业管理费两部分，由于二者的计算方法不同，所以应区别对待。

（5）利润。对工程范围、工作内容变更等引起的索赔，承包人可按原报价单中的利润百分比计算利润。

（6）迟延付款利息。发包人未按约定时间付款的，应按约定利率支付迟延付款的利息。

（7）规费与税金

索赔规费与税金的款额计算通常与原报价单中的百分率保持一致。

不同的索赔事件可以索赔的费用有较大差异，不同的合同文本规定也不完全一致。据《中华人民共和国标准施工招标文件》（2007 年版）中通用条款的内容，可以合理补偿承包人的条款见表 17-1。

表 17-1　《中华人民共和国标准施工招标文件》（2007 年版）中承包人索赔可引用的条款

序号	条款号	主要内容	可补偿内容		
			工期	费用	利润
1	1.6.1	提供图纸延误	√	√	√
2	1.10.1	施工过程发现文物、古迹以及其他遗迹、化石、钱币或物品	√	√	
3	2.3	延迟提供施工场地	√	√	√
4	4.11.2	承包人遇到不利物质条件	√	√	
5	5.2.4	发包人要求向承包人提前交付材料和工程设备		√	

续表

序号	条款号	主要内容	可补偿内容		
			工期	费用	利润
6	5.2.6	发包人提供的材料和工程设备不符合合同要求	√	√	√
7	8.3	发包人提供资料错误导致承包人的返工或造成工程损失	√	√	√
8	9.2.5	采取合同未约定的安全作业环境及安全施工措施		√	
9	9.2.6	因发包人原因造成承包人人员工伤事故		√	
10	11.3	发包人的原因造成工期延误	√	√	√
11	11.4	异常恶劣的气候条件	√		
12	11.6	发包人要求承包人提前竣工		√	+奖金
13	12.2	发包人原因引起的暂停施工	√	√	√
14	12.4.2	发包人原因造成暂停施工后无法按时复工	√	√	√
15	13.1.3	发包人原因造成工程质量达不到合同约定验收标准的	√	√	√
16	13.5.3	监理人对隐蔽工程重新检查，经检验证明工程质量符合合同要求的	√	√	√
17	13.6.2	因发包人提供的材料、工程设备造成工程不合格	√	√	√
18	14.1.3	承包人应监理人要求对材料、工程设备和工程重新检验且检验结果合格	√	√	√
19	16.2	基准日后法律变化引起的价格调整		√	
20	18.4.2	发包人在全部工程竣工前，使用已接收的单位工程导致承包人费用增加的	√	√	√
21	18.6.2	发包人的原因导致试运行失败的		√	√
22	19.2	发包人原因导致的工程缺陷和损失		√	√
23	19.4	工程移交后因发包人原因出现的缺陷修复后的试验和试运行		√	
24	21.3.1	不可抗力	√	部分费用 √	
25	22.2.2	因发包人违约导致承包人暂停施工	√	√	√

5．索赔费用的计算方法

索赔费用的计算方法主要有：实际费用法、总费用法和修正总费用法。

17.5　合同价款期中支付

1．预付款

（1）预付款是发包人向承包人支付的预付工程款，专用于工程施工前发生的必要费用。发包人不得向承包人收取预付款的利息。

（2）在具备施工条件的前提下，发包人应在双方签订合同后不迟于约定开工日期的 7 天前预付工程款，发包人不按约定预付，承包人应在预付时间到期后 10 天内向发包人发出要求预付的通知，发包人收到通知后仍不按要求预付的，承包人在发出通知14天后有权暂停施工，发包人应从约定应付之日起向承包人支付应付款的利息［利率按全国银行间同业拆借中心公布的贷款市场报价利率（LPR）计］，并承担违约责任。

2．进度款

（1）发承包双方应按照约定的时间、程序和方法，根据工程计量、计价结果，支付进度款。

（2）进度款支付周期可按时间或工程形象进度划分阶段节点，并与工程计量周期一致。

（3）单价合同工程，其分部分项工程项目和单价计价的措施项目应按照工程计量确认的工程量与综合单价计算，列入本期应支付的进度款中。综合单价发生调整的，以发承包双方确认的综合单价计算进度款。

单价合同工程中，按总价计价的措施项目应按照总价合同工程支付分解方式计算进度款，列入本期应支付的进度款中。

17.6　结算与支付

1．施工过程结算

施工过程结算是指发包人和承包人根据有关法律法规规定和合同约定，在施工过程结算节点上对已完工程进行当期合同价格的计算、调整、确认的活动。

2．竣工结算

工程完工后，发承包双方应在约定的时间内办理工程竣工结算。

3．合同解除结算

发承包双方协商一致解除合同的，应按照达成的协议办理结算和支付合同价款。

4．质量保证金

在工程项目竣工前，承包人已经提供履约担保的，发包人不得同时预留工程质量保证金。

1）承包人提供质量保证金的方式

承包人提供质量保证金有以下三种方式：

（1）质量保证金保函；

（2）相应比例的工程款；

（3）双方约定的其他方式。

除专用合同条款另有约定外，质量保证金原则上采用上述第（1）种方式。

2）质量保证金的扣留

质量保证金的扣留有以下三种方式：

（1）在支付工程进度款时逐次扣留，在此情形下，质量保证金的计算基数不包括预付款的支付、扣回以及价格调整的金额；

（2）工程竣工结算时一次性扣留质量保证金；

（3）双方约定的其他扣留方式。

除专用合同条款另有约定外，质量保证金的扣留原则上采用上述第（1）种方式。

3）质量保证金的退还

缺陷责任期内，承包人认真履行合同约定的责任，到期后，承包人可向发包人申请返还保证金。

5. 最终结清

缺陷责任期终止后7天内，承包人应向发包人提交最终结清申请单和相关证明材料。最终结清申请单应列明预留的质量保证金或银行保函、缺陷责任期内发生的修复费用、最终结清款。

17.7　合同价款争议的解决

1. 协商

（1）争议发生后，发承包双方可以进行协商。协商达成一致的，双方应签订书面和解协议，和解协议对发承包双方均有约束力。

（2）如果协商不能达成一致协议，发包人或承包人可以其他方式解决争议。

2. 调解

（1）发承包双方采用调解方式解决合同履行过程中发生争议的，应在合同中约定或在合同签订后共同约定具有调解能力的争议调解人或调解机构，负责双方在合同履行过程中发生争议的调解。

（2）合同履行期间，发承包双方可协议调换或终止任何调解人或调解机构。除非双方另有协议，在最终结清支付证书生效后，调解人或调解机构的任期应即终止。

（3）发承包双方发生的争议，任何一方可将该争议以书面形式提交调解人或调解机构，并将副本抄送另一方，委托调解人或调解机构调解。

（4）发承包双方应按照调解人或调解机构提出的要求，给调解人或调解机构提供所需要的资料、现场进入权及相应设施。

（5）发承包双方接受调解人或调解机构提出的调解书的，经双方签字后作为合同的补充文件，对发承包双方均具有约束力，双方都应遵照执行。

（6）当发承包双方中任一方对调解人或调解机构的调解书有异议时，应在收到调解书后28天内向另一方发出异议通知，并应说明争议的事项和理由。除非调解书在协商和解或仲裁裁决、诉讼判决中作出修改，或合同已经解除，承包人应继续按照合同实施工程。

（7）当调解人或调解机构已就争议事项向发承包双方提交了调解书，而任一方在收到调解书后的28天内均未发出表示异议的通知时，调解书对发承包双方应均具有约束力。

3. 仲裁或诉讼

（1）发承包双方未达成一致意见，其中一方已就此争议事项向合同约定的仲裁委员会申请仲裁或人民法院提起诉讼的，应同时通知另一方。

（2）仲裁或诉讼可在竣工之前或之后进行，发包人、承包人、调解人各自的义务不得因在工程实施期间进行仲裁或诉讼而有所改变。当仲裁或诉讼需要在仲裁机构或人民法院要求停止施工的情况下进行时，承包人应对合同工程采取保护措施，由此增加的费用应由败诉方承担。

（3）在规定的期限内，发承包中一方未能遵守争议暂定、书面解释、和解协议、调解书的，另一方可将争议事项提交仲裁或诉讼。

一　单项选择题

1. 关于单价合同计量的说法，正确的是（　　）。
   A. 监理人应在收到承包人提交的工程量报告后的14天内完成对承包人的工程量报告的审核并报送发包人
   B. 监理人未在收到承包人提交的工程量报表后的5天内完成复核的，承包人提交的工程量报告中的工程量视为承包人实际完成的工程量
   C. 承包人收到通知后不派人参加计量的，应视为认可发包人的计量核实结果
   D. 承包人为保证施工质量超出施工图纸范围施工的工程量，监理人应予以计量

2. 根据《建设工程工程量清单计价规范》GB 50500—2013，关于合同履行期间因招标工程量清单缺项导致新增分部分项清单项目的说法，正确的是（　　）。
   A. 新增分部分项清单项目导致新增措施项目的，在承包人提交的新增措施项目实施方案被发包人批准后调整合同价款
   B. 新增分部分项清单项目应按额外工作处理，由监理工程师提出，发包人批准
   C. 新增分部分项清单项目的综合单价应由监理工程师提出，发包人批准
   D. 新增分部分项清单项目的综合单价应由承包人提出，但相关措施项目费不能调整

3. 关于单价合同计量的说法，正确的是（　　）。
   A. 发包人未在收到承包人提交的工程量报表后的7天内完成审核的，则该工程量视为承包人实际完成的工程量
   B. 发包人可以在任何方便的时候计量，其计量结果有效
   C. 承包人收到计量的通知后不派人参加，则发包人的计量结果无效
   D. 承包人为保证施工质量超出施工图纸范围实施的工程量，应该予以计量

4. 施工合同履行期间出现现场签证事件时，现场签证应由（　　）提出。
   A. 发包人　　　　　　　　　　B. 监理人
   C. 设计人　　　　　　　　　　D. 承包人

5. 根据《中华人民共和国标准施工招标文件》（2007年版），下列已完工程，发包人应予计量的是（　　）。
   A. 在工程量清单内，但质量验收资料不齐全的工程
   B. 超出合同工程范围的工程
   C. 监理人要求再次检验的合格隐蔽工程的挖填土方工程
   D. 为抵御台风完成的临时设施加固工程

6. 某土方工程招标文件中清单工程量为 3000m³，合同约定：土方工程综合单价为 80 元 /m³，当清单项目的工程数量增加超过 15% 时，15% 及以内部分按照清单项目原有的综合单价计算，15% 以外部分由发承包双方根据实施工程的合理成本和利润协商确定综合单价为 72 元 /m³。工程结束时实际完成并经发包人确认的土方工程量为 3600m³，则该土方工程价款为（　　　）元。

  A．259200　　　　　　　　　　B．283200

  C．288000　　　　　　　　　　D．286800

7. 根据《建设工程工程量清单计价规范》GB 50500—2013，关于暂列金额的说法，正确的是（　　　）。

  A．暂列金额应由投标人根据招标工程量清单列出的内容和要求估算

  B．暂列金额应包括在签约合同价中，属承包人所有

  C．暂列金额可用于施工过程中索赔、现场签证确认的费用支付

  D．暂列金额不能用于施工中发生的工程变更的费用支付

8. 由于发包人设计变更原因导致承包人未按期竣工，需对原约定竣工日期后继续施工的工程进行价格调整时，宜采用的价格指数是（　　　）。

  A．原约定竣工日期与实际竣工日期的两个价格指数中较低的一个

  B．原约定竣工日期与实际竣工日期的两个价格指数的平均值

  C．原约定竣工日期与实际竣工日期的两个价格指数中较高的一个

  D．承包人与发包人协商新的价格指数

9. 某混凝土工程招标清单工程量为 200m³，合同约定的综合单价为 600 元 /m³，当实际完成并经监理工程师确认的工程量超过清单工程量 15% 时可调整综合单价，调价系数为 0.9。施工过程中，因设计变更导致实际工程量为 250m³。则该混凝土工程的工程价款为（　　　）万元。

  A．12.00　　　　　　　　　　B．14.74

  C．14.88　　　　　　　　　　D．15.00

10. 某国际工程，业主方在施工招标文件中规定了 500 万元的暂定金额，则承包商对这笔暂定金额的正确处理方式是（　　　）。

  A．不计入投标总价，发生时由工程师决定是否使用

  B．计入投标总报价，并有权自主使用

  C．计入投标总报价，但无权自主决定使用

  D．不计入投标总价，在实际发生时由业主支付

11. 根据《建设工程工程量清单计价规范》GB 50500—2013，关于暂列金额的说法，正确的是（　　　）。

  A．暂列金额应根据招标工程量清单列出的内容和要求估算

  B．暂列金额包括在签约合同价内，属承包人所有

  C．已签约合同价中的暂列金额由发包人掌握使用

  D．用于必然发生但暂时不能确定价格的材料、工程设备及专业工程的费用

12. 单价合同在执行过程中，发现招标工程量清单中出现工程量偏差引起工程量增加，则该合同工程量应按（　　　）计量。

A．原招标工程量清单中的工程量

B．承包人在履行合同义务中完成的工程量

C．招标文件中所附的施工图纸的工程量

D．承包人提交的已完工程量报告中的数量

13．某工程施工合同约定根据价格调整公式调整合同价。已知不调值部分占合同总价的比例为 15%，可参与调值部分的费用类型、占合同总价的比例和相关价格指数见表 17-2。若结算当月完成的合同额为 1000 万元，则调整后的合同金额为（　　　）万元。

表 17-2　费用类型、占总价比例和价格指数表

	占合同总价的比例	基准日期价格指数	合同签订时价格指数	现行价格指数
人工	30%	101	103	106
钢筋	20%	101	110	105
混凝土	25%	105	109	115
木材	10%	102	102	105

A．1000 　　　　　　　　　　B．1017

C．1034 　　　　　　　　　　D．1050

14．某土方工程根据《建设工程工程量清单计价规范》GB 50500—2013 签订了单价合同，招标清单中土方开挖工程量为 8000m³。施工过程中承包人采用了放坡的开挖方式。完工计量时，承包人因放坡增加土方开挖量 1000m³，因工作面增加土方开挖量 1600m³，因施工操作不慎塌方增加土方开挖量 500m³，则应予结算的土方开挖工程量为（　　　）m³。

A．8000 　　　　　　　　　　B．9000

C．10600 　　　　　　　　　　D．11100

15．某分项工程，工程量清单中估计工程量为 8000m²，合同规定综合单价为 11.3 元 /m²，并且当实际工程量超过估计工程量 15% 时，应调整单价，单价调为 10 元 /m²。工程结束时承包人实际完成并经发包人确认的该分项工程量为 10000m²，则该项工程结算款为（　　　）万元。

A．10.000 　　　　　　　　　　B．11.040

C．11.300 　　　　　　　　　　D．11.196

16．下列发承包双方在约定调整合同价款的事项中属于工程变更的是（　　　）。

A．为完成工程需要追加的额外工作

B．不可抗力

C．物价波动

D．提前竣工

17．某工程施工合同约定根据价格调整公式调整合同价。已知不调值部分占合同总价的比例为 20%，各可调部分的费用类型、占合同总价的比例和相关价格指数见表 17-3。若结算当月已完成的工程量价款为 1000 万元，则需调整的价款差额为（　　　）万元。

表 17-3　费用类型、占总价比例和价格指数表

	占合同总价的比例	基准日期价格指数	合同签订时价格指数	现行价格指数
人工	25%	110	115	120
钢筋	20%	108	112	125
水泥	15%	105	109	120
木材	10%	102	105	115
汽油	10%	110	120	130

A. 67.079　　　　　　　B. 106.564

C. 1067.079　　　　　　D. 1106.564

18. 关于采用价格指数调整价格差额，下列说法正确的是（　　）。

A. 按现行价格计价的变更费用应计入调价基数

B. 缺少价格指数时可用对应可调因子的信息价格替代

C. 定值和变值权重一经约定就不得调整

D. 基本价格指数是指最高投标限价编制时的指数

19. 根据《中华人民共和国标准施工招标文件》（2007 年版），当合同履行期间出现工程变更时，若变更在已标价工程量清单中无相同项目，但有类似项目单价的，则变更估价的原则是（　　）。

A. 参照类似项目的单价认定

B. 按照直接成本加适当利润的原则，由发包人确定变更单价

C. 按照合理的成本加利润的原则，由承包人确定变更工作的单价

D. 根据合理的成本加适当利润的原则，由监理人确定新的变更单价

20. 根据《中华人民共和国标准施工招标文件》（2007 年版），当合同履行期间出现工程变更时，该变更在已标价的工程量清单中无相同项目及类似项目单价参考的，其变更估价正确的方式是（　　）。

A. 按照直接成本加管理费的原则，由合同当事人协商确定变更工作的单价

B. 按照直接成本加适当利润的原则，由发包人确定变更单价

C. 按照合理的成本加利润的原则，由合同当事人协商确定变更工作的单价

D. 根据合理的成本加适当利润的原则，由监理人确定新的变更单价

21. 根据《中华人民共和国标准施工招标文件》（2007 年版），因设计单位提出设计变更，变更后已标价工程量清单中没有相同及类似变更项目单价的，变更估价申请应由（　　）提出。

A. 监理人　　　　　　　B. 承包人

C. 发包人　　　　　　　D. 设计人

22. 某建设工程施工过程中，由于发包人设计变更导致承包人暂停施工，致使承包人自有机械窝工 10 个台班，该机械的台班单价为 400 元 / 台班，台班折旧费为 300 元 / 台班；承包人的租赁机械窝工 10 个台班，台班租赁费用为 500 元，工作时每台班燃油动力费 100 元；人员窝工 20 个工作日，人工工资单价 300 元 / 工日，人工窝工补贴 100 元 / 工日。不考虑其他因素，则承包人可以索赔的费用为（　　）元。

　　A. 14000　　　　　　　　　B. 15000

　　C. 16000　　　　　　　　　D. 10000

　　23. 某施工项目因新型冠状病毒肺炎疫情停工两个月，承包人在停工期间发生如下费用和损失：按照发包人要求照管工程发生费用 5 万元，承包人施工机具损坏损失 2 万元，已经建成的永久工程损坏损失 3 万元，疫情过后发包人要求赶工增加的赶工费用 10 万元，上述产生的费用和损失中，发包人应承担（　　　）万元。

　　A. 5　　　　　　　　　　　B. 8

　　C. 18　　　　　　　　　　D. 20

　　24. 工程实施过程中，发包人要求合同工程提前竣工的，根据《建设工程工程量清单计价规范》GB 50500—2013，正确的做法是（　　　）。

　　A. 通过监理工程师下达变更指令要求承包人必须提前竣工，并支付由此增加的提前竣工费用

　　B. 增加合同补充条款要求承包人采取加快工程进度措施，发包人不承担赶工费用

　　C. 征得承包人同意后，与承包人商定采取加快工程进度的措施，并承担承包人由此增加的提前竣工费用

　　D. 发承包双方应签订补充合同约定提前竣工的赶工费用总额，并各承担 50% 的费用

　　25. 根据《中华人民共和国标准施工招标文件》（2007 年版），下列导致承包人成本增加的情形中，可以同时补偿承包人费用和利润的是（　　　）。

　　A. 发包人原因导致的工程缺陷和损失

　　B. 发包人要求承包人提前交付材料和工程设备

　　C. 异常恶劣的气候条件

　　D. 施工过程中发现文物

　　26. 某工程在施工过程中因不可抗力造成如下损失：永久工程损坏修复费用 16 万元，承包人受伤人员医药费 4 万元，施工机具损害损失 6 万元，应发包人要求赶工发生费用 2 万元，停工期间应发包人要求承包人清理现场费用 4 万元。承包人及时向项目监理机构提出索赔申请，并附有相关证明材料。根据《中华人民共和国标准施工招标文件》（2007 年版），项目监理机构应批准的索赔金额为（　　　）万元。

　　A. 20　　　　　　　　　　B. 22

　　C. 24　　　　　　　　　　D. 32

　　27. 某工程施工时处于当地正常的雨季，导致工期延误，在工期延误期间又出现政策变化。根据《建设工程工程量清单计价规范》GB 50500—2013，对由此增加的费用和延误的工期，正确的处理方式是（　　　）。

　　A. 费用、工期均由承包人承担

　　B. 费用、工期均由发包人承担

　　C. 费用由发包人承担，工期由承包人承担

　　D. 费用由承包人承担、工期由发包人承担

　　28. 某施工项目因 80 年一遇的特大暴雨停工 10 天，承包人在停工期间按照发包

人要求照管工程发生费用 2 万元，承包人施工机具损坏损失 10 万元，已经建成的永久工程损坏损失 20 万元，之后应发包人要求修复被暴雨冲毁的道路花费 2.5 万元，修复道路时因施工质量问题发生返工费用 1 万元。根据《中华人民共和国标准施工招标文件》（2007 年版），以上事件产生的费用和损失中，承包人应承担（　　）万元。

  A．10.0   B．11.0

  C．13.5   D．21.0

29．某建设工程施工过程中，由于发包人提供的材料没有及时到货，导致承包人自有的一台机械窝工 4 个台班，每台班折旧费 500 元，工作时每台班燃油动力费 100 元。另外，承包人租赁的一台机械窝工 3 个台班，台班租赁费为 300 元，工作时每台班燃油动力费 80 元。不考虑其他因素，则承包人可以索赔的费用为（　　）元。

  A．2900   B．3140

  C．3300   D．3540

30．根据《中华人民共和国标准施工招标文件》（2007 年版），下列导致承包人工期延误、费用增加的情形中，承包人只能索赔工期不能索赔费用的是（　　）。

  A．发包人原因导致试运行失败的

  B．发包人提供图纸延误

  C．异常恶劣的气候条件

  D．施工过程中发现文物

31．某工程项目施工合同约定竣工日期为 2023 年 6 月 30 日，在施工中因天气持续下雨导致甲供材料未能及时到货，使工程延误至 2023 年 7 月 30 日竣工。但由于 2023 年 7 月 1 日起当地计价政策调整，导致承包人额外支付了 300 万元工人工资。关于这 300 万元的责任承担的说法，正确的是（　　）。

  A．发包人原因导致的工期延误，因此政策变化增加的 300 万元应由发包人承担

  B．增加的 300 万元因政策变化造成，属于承包人的责任，应由承包人承担

  C．因不可抗力原因造成工期延误，增加的 300 万元应由承包人承担

  D．工期延误是承包人原因，增加的 300 万元是政策变化造成，应由双方共同承担

32．建设工程施工过程中，需要进行现场签证的事项是（　　）。

  A．工程变更导致的施工措施费增减

  B．完成施工合同以内的零星工程

  C．承包人原因导致设备窝工损失

  D．承包人原因引起的工程量增减

33．关于工程索赔的说法，正确的是（　　）。

  A．工程索赔是指承包人向发包人提出工期和（或）费用补偿要求的行为

  B．由于发包人原因导致分包人承受经济损失，分包人可直接向发包人提出索赔

  C．承包人提出的工期补偿索赔经发包人批准后，可免除承包人非自身原因拖期违约责任

D．由于不可抗力事件造成合同非正常终止，承包人不能向发包人提出索赔

34．根据《中华人民共和国标准施工招标文件》（2007 年版），下列引起承包人索赔的事件中，可以同时获得工期、费用和利润补偿的是（　　　）。

　　A．施工中发现文物、古迹　　　　　B．发包人延迟提供建筑材料

　　C．承包人提前竣工　　　　　　　　D．因不可抗力造成工期延误

35．某施工现场施工机械一台，由承包人租得，施工合同约定，当发生索赔事件时，该机械计日工台班单价、租赁费分别按 900 元 / 台班、400 元 / 台班计，人工工资、窝工补贴分别按 100 元 / 工日、50 元 / 工日计；以人工费与机械费之和为基数的综合费率为 30%，在施工过程中，发生如下事件：① 出现异常恶劣天气导致工程停工 2 天，人员窝工 20 个工日；② 因恶劣天气导致工程修复用工 10 个工日，施工机械 1 个台班，为此承包人可向发包人索赔的费用为（　　　）元。

　　A．1820　　　　　　　　　　　　B．2470

　　C．2820　　　　　　　　　　　　D．3470

36．发生不可抗力时，属于发包人责任的是（　　　）。

　　A．施工人员伤亡补偿金　　　　　　B．施工机械设备损失

　　C．施工单位损失　　　　　　　　　D．修复已完工程的费用

37．某施工合同约定，当发生索赔事件时，人工工资、窝工补贴分别按 300 元/工日、100 元 / 工日计，以人工费为基数的综合费率为 40%。在施工过程中发生了如下事件：① 因异常恶劣天气导致工程停工 3 天，人员窝工 60 个工日；② 因该异常恶劣天气导致工程修复用工 20 个工日，发生材料费 5000 元；③ 复工后又因发包人原因导致停工 2 天，人员窝工 40 个工日。为此，承包人可向发包人索赔的不含税费用为（　　　）元。

　　A．17400　　　　　　　　　　　　B．19000

　　C．19400　　　　　　　　　　　　D．23400

38．根据《中华人民共和国标准施工招标文件》（2007 年版），下列索赔事件中，只可索赔工期、费用，不可补偿利润的是（　　　）。

　　A．工期暂停后因发包人原因无法按时施工

　　B．施工中发现文物、古迹

　　C．因发包人提供的错误资料导致测量放线错误

　　D．因发包人原因提前竣工

39．关于预付款的说法，正确的是（　　　）。

　　A．预付款担保不宜采用银行保函和担保公司担保形式

　　B．发包人在中期扣回预付款后，剩余的预付款担保金额可低于未被扣回的预付款金额

　　C．在颁发工程接收证书前，提前解除合同的，尚未扣回的预付款应与合同价款一并结算

　　D．发包人逾期支付预付款超过 7 天的，承包人有权暂停施工

40．预付款支付的最迟时间为（　　　）。

　　A．签署合同后的第 15 天

　　B．开工通知载明的开工日期 7 天前

C．承包人的材料、设备、人员进场 7 天前

D．预付款担保提供后的第 7 天

41．关于工程保修期内修复费用的说法，正确的是（　　）。

A．因第三方原因造成的工程损坏，可以委托承包人修复，发包人应承担修复费用，并支付承包人合理利润

B．因承包人原因造成的工程缺陷，承包人应负责修复，并承担修复费用，但不承担因工程缺陷导致的人身伤害

C．因发包人不当使用造成的工程损坏，承包人应负责修复，发包人应承担合理的修复费用，但不额外支付利润

D．因不可抗力造成的工程损坏，承包人应负责修复，并承担相应的修复费用

42．除专用合同条款另有约定外，承包人应提交最终结清申请单及证明材料的最迟时间为（　　）。

A．竣工验收合格后 7 天

B．签发竣工付款证书后 14 天

C．缺陷责任期终止证书颁发后 7 天

D．工程竣工验收合格后 28 天

43．关于工程保修的说法，正确的是（　　）。

A．保修期内因特大地震造成工程的缺陷和损坏，可以委托承包人修复，发包人承担修复的费用并支付承包人合理的利润

B．保修期内因发包人使用不当造成工程的缺陷和损坏，可以委托承包人修复，发包人承担修复的费用但不用支付承包人利润

C．保修期内因承包人原因造成工程的缺陷和损坏，承包人应负责修复并承担修复的费用，但不承担因工程缺陷和损坏造成的人身及财产损失

D．保修期内发包人发现已接收的工程存在任何缺陷应书面通知承包人修复，承包人接到通知后应在 48 小时内到工程现场修复缺陷

44．工程竣工结算书编制与核对的责任分工是（　　）。

A．发包人编制，承包人核对

B．承包人编制，发包人核对

C．监理人编制，发包人核对

D．工程造价咨询机构编制，承包人核对

45．关于安全文明施工费的说法，正确的是（　　）。

A．基准日期后合同所适用的法律发生变化，由此增加的安全文明施工费由承包人承担

B．经发包人同意，承包人采取合同约定以外的安全措施所产生的费用，由承包人承担

C．承包人对安全文明施工费应专款专用，并在财务账目中单独列项备查

D．发包人应在开工后 42 天内预付安全文明施工费总额的 60%

46．质量保证金扣留的方式原则上采用（　　）。

A．工程竣工结算时一次性扣留　　B．按照里程碑扣留

C．签订合同后一次性扣留　　　　D．在支付工程进度款时逐次扣留

47．某工程合同价 6000 万元。合同约定：工期 6 个月；预付款 120 万元，每月进度款按实际完成工程价款的 80% 支付；每月再单独支付安全文明施工费 50 万元；质量保证金按进度款的 3% 逐月扣留；预付款在最后两个月等额扣回。承包人每月实际完成工程价款金额见表 17-4，则第 2 个月发包人实际应支付的工程款金额为（　　　）万元。

表 17-4　每月实际完成工程价款金额

月份	1	2	3	4	5	6
实际完成工程价款金额（万元）	800	1000	1000	1200	1200	800

A．776.0　　　　　　　　　　　　B．824.5

C．826.0　　　　　　　　　　　　D．850.0

48．承包人向发包人正式递交索赔报告应在发出索赔意向通知书后（　　　）天内。

A．28　　　　　　　　　　　　　　B．14

C．21　　　　　　　　　　　　　　D．56

49．关于合同价款的期中支付，下列说法正确的是（　　　）。

A．进度款支付周期应与发包人实际的工程计量周期一致

B．已标价工程量清单中单价项目结算价款应按承包人确认的工程量计算

C．承包人现场签证金额不应列入期中支付进度款，在竣工结算时一并处理

D．发包人支付进度款的比例，应不低于当期完成且应予计算工程价款总额的 80%

50．根据《建设工程质量保证金管理办法》（建质〔2017〕138 号），发包人累计扣留的质量保证金不得超过工程价款结算总额的（　　　）。

A．19%　　　　　　　　　　　　　B．2%

C．3%　　　　　　　　　　　　　　D．5%

二　多项选择题

1．下列工程量，发包人不予计量的有（　　　）。

A．监理人抽检不合格返工增加的工程量

B．承包人自检不合格返工增加的工程量

C．承包人修复因不可抗力损坏工程增加的工程量

D．承包人在合同范围之外按发包人要求增建临时工程的工程量

E．质量验收资料缺项的工程量

2．根据《建设工程工程量清单计价规范》GB 50500—2013，对于任一招标工程量清单项目，如果出现工程量偏差，则正确的做法有（　　　）。

A．工程量增加 15% 以上时，且该变化引起措施项目变化的，总价措施项目应不予调整

B．工程量减少 15% 以上时，减少后剩余部分的工程量综合单价应予调高

C．工程量增加 15% 以上时，增加部分的综合单价应予调低

D．工程量变化 15% 以上时，且该变化引起措施项目变化的，措施项目的综合单价也应调整

E．工程量变化 15% 以上时，只考虑分部分项工程费的调整，措施项目不予调整

3．根据《建设工程工程量清单计价规范》GB 50500—2013，在施工中采用计日工的任何一项工作，承包人应在该项工作实施过程中，每天应提交并由监理审查的资料应包括（　　）。

A．工作名称、内容和数量

B．投入该工作的所有人员的姓名、专业、工种、级别和耗用工时

C．投入该工作的材料类别和数量

D．投入该工作的施工设备型号、台数和耗用台时

E．完成该工作应该取得的合理利润

4．根据现行《标准设计施工总承包招标文件》，工程总承包项目合同中的暂列金额可用于支付签订合同时的（　　）。

A．不可预见的变更费用

B．不可预见的变更施工费用

C．已知必然发生，但暂时无法确定价格的专业工程费用

D．已知必然发生，但暂时无法确定价格的工程设备购置费用

E．以计日工方式的工程变更费用

5．施工合同履行过程中，导致工程量清单缺项并应调整合同价款的原因一般有（　　）。

A．承包人投标漏项　　　　　　B．出现设计变更

C．施工现场条件改变　　　　　　D．施工技术发生重大进步

E．工程量清单编制错误

6．根据《中华人民共和国标准施工招标文件》（2007 年版），下列变化应纳入工程变更范围的有（　　）。

A．改变墙体厚度　　　　　　　B．工程设备价格上涨

C．转由他人实施土石方工程　　　D．提高地基沉降控制标准

E．增加排水沟长度

7．根据《中华人民共和国标准施工招标文件》（2007 年版），关于变更权的说法，正确的有（　　）。

A．承包人可以根据施工的需要对工程非重要的部分做出适当变更

B．监理人发出变更指示一般无需征得发包人的同意

C．没有监理人的变更指示，承包人不得擅自变更

D．设计变更超过原批准的建设规模时，承包人应先办理规划变更审批手续

E．变更指示均通过监理人发出

8．根据《建设工程工程量清单计价规范》GB 50500—2013，因工程变更引起措施项目发生变化导致措施项目费调整，在措施项目拟实施方案得到发承包双方确认后，措施项目费调整的正确做法有（　　）。

A．对采用总价计算的措施项目费，按实际发生变化的措施项目并考虑承包人

报价浮动因素进行调整

B. 除非措施项目费变动超过一定幅度，一般采用总价计算的措施项目费不能进行调整

C. 采用单价计算的措施项目费，应按实际发生变化的措施项目和已标价工程量清单项目确定单价

D. 安全文明施工费应按实际发生的措施项目计算，并考虑承包人报价浮动因素进行调整

E. 安全文明施工费应按实际发生变化的措施项目调整，不得浮动

9. 根据《中华人民共和国标准施工招标文件》(2007 年版)，发生下列情形时，承包人可以同时要求合理补偿工期、费用和利润的有(   )。

A. 发包人原因导致的工程缺陷和损失

B. 发包人原因引起的暂停施工

C. 异常恶劣的气候条件

D. 发包人的原因导致试运行失败的

E. 发包人提供的材料和工程设备不符合合同要求

10. 费用索赔计算的常用方法有(   )。

A. 比例计算法   B. 实际费用法

C. 总费用法   D. 修正的总费用法

E. 网络图分析法

11. 因发包人原因导致工程延期，承包人可向发包人索赔的费用项目有(   )。

A. 材料超期储存费用

B. 承包人管理不善造成的材料损失费用

C. 总部管理费

D. 履约保函延期手续费

E. 材料涨价价差

12. 关于承包人索赔的说法，正确的有(   )。

A. 承包人应在知道或应当知道索赔事件发生后 28 天内，向发包人提交工程索赔意向通知书

B. 具有持续影响的索赔事件，承包人应按合理时间间隔继续提交延续工程索赔通知

C. 承包人应在发出索赔意向通知书 28 天内，向发包人正式提交工程索赔报告

D. 工程索赔报告应详细说明索赔理由和要求，并附必要的记录和证明材料

E. 承包人接受索赔处理结果的，索赔款项应在竣工结算时进行支付

13. 根据《中华人民共和国标准施工招标文件》(2007 年版)，下列因不可抗力事件导致的损失或增加的费用中，应由承包人承担的有(   )。

A. 停工期间承包人按照发包人要求照管工程的费用

B. 承包人施工设备的损坏

C. 承包人的人员伤亡和财产损失

D. 因工程损坏造成的第三方人员伤亡和财产损失

　　E．合同工程本身的损坏

　　14．根据《中华人民共和国标准施工招标文件》（2007 年版），承包人可同时索赔工期和费用的情形有（　　）。

　　　　A．法律变化引起价格调整

　　　　B．承包人遇到不利物质条件

　　　　C．施工过程发现文物

　　　　D．发包人要求向承包人提前交付工程设备

　　　　E．承包人遇到异常恶劣的气候条件

　　15．根据《中华人民共和国标准施工招标文件》（2007 年版），下列导致承包人工期延误和费用增加的事件中，承包人能同时获得工期、费用和利润索赔的有（　　）。

　　　　A．承包人应监理人要求对材料重新检验且检验结果合格

　　　　B．设计单位提供图纸延误

　　　　C．采用合同未约定的安全作业环境及安全施工措施

　　　　D．异常恶劣的气候条件

　　　　E．发包人的原因造成工期延误

　　16．下列费用中，承包人可以索赔的有（　　）。

　　　　A．法定增长的人工费

　　　　B．承包人原因导致工效降低增加的机械使用费

　　　　C．承包人垫资施工的垫资利息

　　　　D．发包人拖延支付工程款的利息

　　　　E．发包人错误扣款的利息

　　17．关于预付款的支付、担保和扣回的说法，正确的有（　　）。

　　　　A．承包人取得预付款后，可以撤回预付款担保

　　　　B．发包人不得向承包人收取预付款的利息

　　　　C．发包人应在双方签订合同后不迟于约定开工日期的 7 天前预付工程款

　　　　D．在颁发工程接收证书之前，提前解除合同的，尚未扣回的预付款应与合同
　　　　　　价款一并结算

　　　　E．发包人应从约定应付之日起向承包人支付应付款的利息

　　18．承包人的进度款支付申请应包括的内容有（　　）。

　　　　A．本周期已完成的工程价款　　　　B．累计已扣减的合同价款

　　　　C．本周期应扣减的返还预付款　　　　D．本周期应支付的金额

　　　　E．本周期施工计划完成情况表

　　19．对已缴纳履约保证金的承包人，其提交的竣工结算申请单的内容应包括（　　）。

　　　　A．已经处理完的索赔资料

　　　　B．竣工结算合同价格

　　　　C．发包人已支付承包人的款项

　　　　D．应扣留的质量保证金

　　　　E．发包人应支付承包人的合同价款

20. 关于工程保修期内的保修责任和修复费用的说法，正确的有（   ）。

    A．因承包人原因造成工程的缺陷，承包人应负责修复并承担修复费用

    B．因发包人使用不当造成工程的缺陷，发包人承担修复费用并支付承包人合理利润

    C．发包人未经验收擅自使用工程的，承包人不再承担修复责任和费用

    D．因不可抗力原因造成工程的缺陷，发包人承担修复费用并支付承包人合理利润

    E．因工程的缺陷导致的人身伤害和财产损失应由造成缺陷的责任方承担

21. 发包人未按规定程序支付竣工结算款项的，承包人可以（   ）。

    A．催发包人支付
    B．获得延迟支付利息的权利

    C．直接将工程折价
    D．直接将工程拍卖

    E．就工程拍卖价获得优先受偿权

22. 关于保修责任的说法，正确的有（   ）。

    A．具体分部分项工程的保修期可以由发承包双方约定，不受法定最低保修年限的约束

    B．发包人未经竣工验收擅自使用工程的，保修期自转移占有之日起算

    C．工程保修期从竣工验收合格之日起算

    D．保修期内，承包人应当根据法律规定和合同约定承担保修责任

    E．发包人未经竣工验收提前使用工程的，保修期自开始使用之日起算

23. 关于保修期内修复费用承担的说法，正确的有（   ）。

    A．因承包人原因造成工程的缺陷、损坏，承包人应负责修复并承担修复的费用

    B．因发包人使用不当造成工程的损坏，承包人应当无条件负责修复，发包人承担修复费用

    C．因工程的施工缺陷造成的人身伤害和财产损失，应由发包人承担责任

    D．因工程的损坏造成的人身伤害和财产损失，应由承包人承担责任

    E．因发包人使用不当造成工程的缺陷，可以委托承包人修复，发包人承担修复费用并支付合理利润

24. 满足下列条件之一时发包人和承包人均有权解除合同的情形有（   ）。

    A．发包人无正当理由没有在约定期限内发出复工指示、导致承包人无法复工

    B．因不可抗力导致合同无法履行连续超过 84 天

    C．发包人未能在合同约定时间内支付合同价款

    D．承包人未能按施工进度计划及时完成合同约定的工作，造成工期延误

    E．因不可抗力导致合同无法履行累计超过 140 天

25. 关于合同争议解决的说法，正确的有（   ）。

    A．合同当事人应该事先在合同专用条款中约定争议解决的方式

    B．合同当事人自行和解达成的协议，经双方代表签字后即可作为合同补充文件

    C．合同双方当事人可以就争议请求行业协会或建设行政主管部门进行调解

  D．合同双方当事人可以就争议向约定的仲裁委员会申请仲裁或诉讼

  E．合同争议不能采用评审方式解决

26．关于承包人提出的合理化建议的说法，正确的有（　　）。

  A．承包人对发包人提出的合理化建议，均应以书面形式提交监理人

  B．监理人应与发包人协商是否采纳建议

  C．建议被采纳并构成变更的，监理人应按约定向承包人发出变更指示

  D．若监理人发现承包人提交的合理化建议存在技术上的缺陷，则退回建议不再考虑

  E．合理化建议降低了合同价格的，发包人可对承包人给予奖励

27．现场签证的范围一般包括（　　）。

  A．施工合同范围以外的零星工作的确认

  B．在施工过程中发生变更后需要现场确认的工程量

  C．非承包人原因导致的人工、设备窝工及有关损失

  D．工程变更导致的施工措施费的增加

  E．承包人施工组织不当导致的人员窝工

【答案与解析】

一、单项选择题

1．C；　2．A；　3．A；　4．D；　5．C；　*6．D；　7．C；　8．C；
9．C；　10．C；　11．C；　12．B；　13．D；　14．A；　*15．D；　16．A；
*17．B；　18．B；　19．A；　20．C；　21．B；　*22．D；　*23．C；　24．C；
25．A；　26．B；　27．B；　28．B；　29．A；　30．C；　31．A；　32．A；
33．C；　34．B；　35．B；　36．D；　*37．A；　38．B；　39．C；　40．B；
41．A；　42．C；　43．A；　44．B；　45．C；　46．D；　47．C；　48．A；
49．D；　50．C

【解析】

6．【答案】D

当工程变更导致清单项目的工程数量增加超过 15% 时，15% 及以内部分按照清单项目原有的综合单价计算，15% 以外部分由发承包双方根据实施工程的合理成本和利润协商确定综合单价。

（1）按照合同约定，应按原单价计算的工程量 $= 3000 \times (1 + 15\%) = 3450 m^3$

（2）土方工程价款 $= 3450 m^3 \times 80$ 元 $/m^3 + (3600 - 3450) m^3 \times 72$ 元 $/m^3 = 286800$ 元

故选项 D 正确。

15．【答案】D

$[8000 \times 1.15 \times 11.3 + (10000 - 8000 \times 1.15) \times 10] \div 10000 = 11.196$ 万元。

故选项 D 正确。

17．【答案】B

本题考查的合同价款调整事项。

需调整的价款差额 $= \Delta P = 1000 \times \left[0.2 + \left(0.25 \times \dfrac{120}{110} + 0.2 \times \dfrac{125}{108} + 0.15 \times \dfrac{120}{105} + \right. \right.$

$\left. \left. 0.1 \times \dfrac{115}{102} + 0.1 \times \dfrac{130}{110} \right) - 1 \right] = 106.564$ 万元

故选项 B 正确。

22.【答案】D

人工费，包括增加工作内容的人工费、停工损失费和工作效率降低的损失费等累计，其中增加工作内容的人工费应按照计日工费计算，而停工损失费和工作效率降低的损失费按窝工费计算，窝工费的标准双方应在合同中约定。设备费，可采用机械台班费、机械折旧费、设备租赁费等几种形式。当工作内容增加引起设备费索赔时，设备费的标准按照机械台班费计算。因窝工引起的设备费索赔，当施工机械属于施工企业自有时，按照机械折旧费计算索赔费用；当施工机械是施工企业从外部租赁时，索赔费用的标准按照设备租赁费计算。则承包人可以索赔的费用为：$10 \times 300 + 10 \times 500 + 20 \times 100 = 10000$ 元。故选项 D 正确。

23.【答案】C

不可抗力导致的人员伤亡、财产损失、费用增加和（或）工期延误等后果，由合同当事人按以下原则承担：

（1）永久工程、已运至施工现场的材料的损坏，以及因工程损坏造成的第三方人员伤亡和财产损失由发包人承担；

（2）承包人施工设备的损坏及停工损失由承包人承担；

（3）发包人和承包人承担各自人员伤亡和财产的损失；

（4）因不可抗力引起暂停施工的，停工期间按照发包人要求照管、清理、修复工程的费用和发包人要求留在施工现场必要的管理与保卫人员工资由发包人承担；

（5）因不可抗力影响承包人履行合同约定的义务，引起工期延误的，应当顺延工期，发包人要求赶工的，由此增加的赶工费用由发包人承担；

（6）其他情形按法律法规规定执行。

本题应由发包人承担的费用是 $5 + 3 + 10 = 18$ 万元。故选项 C 正确。

37.【答案】A

异常恶劣天气导致的停工通常不能进行费用索赔；修复用工索赔额 $= 20 \times 300 \times (1 + 40\%) + 5000 = 13400$ 元；发包人原因停工索赔额：$40 \times 100 = 4000$ 元，共计 17400 元。故选项 A 正确。

二、多项选择题

1. A、B、E;　　　*2. B、C;　　　3. A、B、C、D;　　　4. A、B、E;

5. B、C、E;　　　6. A、D、E;　　　7. C、E;　　　8. A、C、E;

9. B、E;　　　10. B、C、D;　　　11. A、C、D、E;　　　12. A、B、C、D;

13. B、C;　　　14. B、C;　　　15. A、B、E;　　　16. A、C、D、E;

17. B、C、D、E;　　　18. A、C、D;　　　19. B、C、E;　　　20. A、B、D、E;

21. A、B、E;　　　22. B、C、D;　　　23. A、E;　　　24. B、E;

25. A、B、C、D;　　　26. A、B、C、E;　　　27. A、B、C、D

【解析】

2.【答案】B、C

《建设工程工程量清单计价规范》GB 50500—2013 对工程量偏差带来的合同价款调整的规定如下：

（1）合同履行期间，当予以计算的实际工程量与招标工程量清单出现偏差，且符合下述两条规定的，发承包双方应调整合同价款。

（2）对于任一招标工程量清单项目，如果因工程量偏差和工程变更等原因导致工程量偏差超过 15% 时，可进行调整。当工程量增加 15% 以上时，增加部分的工程量的综合单价应予调低；当工程量减少 15% 以上时，减少后剩余部分的工程量的综合单价应予调高，故选项 B、C 正确。

（3）如果工程量出现超过 15% 的变化，且该变化引起相关措施项目相应发生变化时，按系数或单一总价方式计价的，工程量增加的措施项目费调增，工程量减少的措施项目费调减，故选项 A、D、E 不正确。

第18章　工程总承包计价

复习要点

微信扫一扫
在线做题＋答疑

18.1　工程总承包计价原理

1．工程总承包模式的适用情形

工程总承包是指承包单位按照与建设单位签订的合同，对工程设计、采购、施工等阶段实行总承包，并对工程的质量、安全、工期和造价等全面负责的工程建设组织实施方式。常用的两种工程总承包模式是设计采购施工总承包（Engineering Procurement Construction，EPC）和设计施工总承包（Design and Build，DB）。建设项目的发包人应根据项目特点、自身管理能力、实际需要和风险控制等选择恰当的阶段采用工程总承包模式发包，如在可行性研究报告批准后发包，或在方案设计或初步设计批准后发包等，并根据发包阶段选择合适的模式。

2．工程总承包费用项目构成

建设项目的工程总承包费用由工程费用和工程总承包其他费两部分组成。其中，工程费用一般包括建筑工程费、安装工程费和设备购置费。工程总承包其他费则是发包人按照合同约定支付给承包人的除工程费用外分摊计入相关项目的各项费用，其费用构成如图18-1所示。发包人应根据项目情况，选择适用的费用项目。

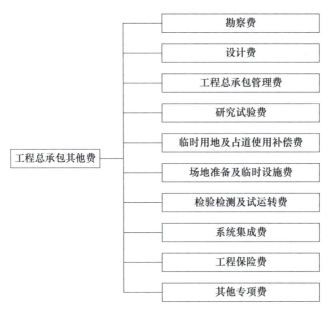

图18-1　工程总承包其他费的费用构成

3．工程总承包费用项目清单和价格清单

项目清单是指发包人提供的载明工程总承包项目勘察费（如果有）、设计费、建筑

安装工程费、设备购置费、暂估价、暂列金额和双方约定的其他费用的名称和相应数量等内容的项目明细。发包人应对工程总承包费用项目编制项目清单，并将其列入招标文件。根据发承包阶段的不同，工程总承包费用项目清单可分为可行性研究或方案设计后清单和初步设计后清单两种，对应的项目清单编码示例分别如图 18-2、图 18-3 所示。

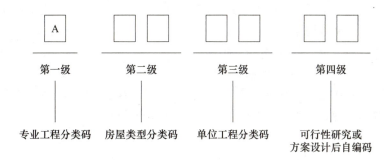

图 18-2　可行性研究或方案设计后项目清单编码

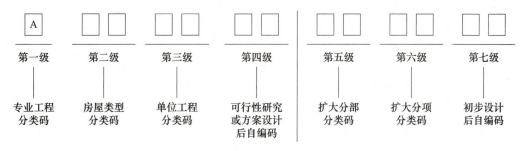

图 18-3　初步设计后项目清单编码

　　工程总承包费用价格清单是由承包人按照发包人提供的项目清单中规定的格式和要求，填写并标明价格的清单，是构成合同文件的组成部分。投标人应在项目清单上自主报价，形成价格清单。价格清单列出的任何数量仅为估算的工作量，不得将其视为要求承包人实施的工程的实际或准确的工作量。在价格清单中列出的任何工作量和价格数据应仅限于作为变更和支付的参考资料，而不能用于其他目的。

18.2　工程总承包最高投标限价与投标报价编制

　　发包人采用工程总承包模式招标发包时，可自行决定是否设置最高投标限价。投标人应依据招标文件、发包人要求、项目清单、补充通知、招标答疑、可行性研究、方案设计或初步设计文件，以及本企业积累的同类或类似工程的价格等，自主确定工程费用和工程总承包其他费用的投标报价，但投标报价不得低于成本。

18.3　工程总承包合同价款约定

1. 工程总承包合同价格形式及计价风险

　　一般来说，除工程特别复杂或抢险救灾工程宜采用成本加酬金合同外，工程总承包最适宜采用的合同方式应为总价合同。在总价合同中，可在专用合同条件约定，将发承包时无法把握施工条件变化的某些项目单独列项，按照应予计量的实际工程量和单价进行结算支付。工程总承包的发承包双方可在合同中约定合同价款调整的内容，形成可调总价合同，并据此进行调整；若未约定该部分内容，则该合同视为固定总价合同，合同价款不予调整。

此外，工程总承包合同中存在几类典型的计价风险，如发包人要求错误、设计优化和深化、承包人文件错误等。

2．工程总承包合同价款支付分解表

在工程总承包合同中，发承包双方应根据价格清单的价格构成、费用性质、工程进度计划和相应工作量等，形成合同价款支付分解表。对于按里程碑节点支付进度款的工程总承包项目，应以工程总进度计划为基础，明确里程碑节点，作为工程款支付分解表的依据。

18.4　工程总承包合同价款调整与索赔

1．工程总承包合同价款调整

工程总承包模式中的工程变更是指工程总承包合同实施中，由发包人提出或由承包人提出，经发包人批准对发包人要求所做的改变；以及方案设计后发包的，发包人对方案设计所做的改变；初步设计后发包的，发包人对初步设计所做的改变。当发生工程变更时，应综合考虑成本和合理的利润，对合同价款进行适当调整。

2．工程总承包索赔

工程总承包模式下，承包人的合同义务较施工总承包合同发生了较大变化，加之工程总承包项目普遍采用固定总价合同，承包人承担了大量的工程量和工程单价变化的风险。因此，相较于施工总承包，工程总承包模式下的索赔范围和程序等均发生了一定的变化，如索赔范围变化、索赔期限和时效变化等。

18.5　工程总承包项目结算与支付

1．里程碑付款

里程碑是指在发包人要求中提出、发承包双方在合同中约定的，承包人按照合同约定完成合同工程进度计划，以及发包人支付相应合同价款的时间节点。与按月支付不同，里程碑付款方式回收款项的时间不固定。发承包双方应按照合同约定的时间、程序和方法，根据完成进度计划的里程碑节点办理期中价款结算，并按照合同价款支付分解表支付进度款，进度款支付比例不应低于80%。里程碑相邻节点之间超过一个月的，发包人应按照下一里程碑节点的工程价款，按月以约定比例预支付人工费。

一　单项选择题

1．下列情形中，发包人适宜采用设计采购施工总承包（EPC）模式进行发包的是（　　）。

A．投标人没有足够的时间或信息进行设计、风险评估和估价

B．施工涉及实质性地下工程或投标人无法检查的其他区域的工程

C．发包人要密切监督或控制承包人的工作，或审查大部分施工图纸

D．发包人在可行性研究报告批准后发包

2．对于初步设计批准后发包的工程总承包项目，最适宜采用的模式是（　　　）。

A．设计采购施工总承包（EPC）　　B．设计施工总承包（DB）

C．采购施工总承包（PC）　　D．设计采购总承包（EP）

3．下列费用中不属于工程总承包其他费的是（　　　）。

A．工程总承包管理费　　B．施工勘察费

C．设备购置费　　D．报批报建的代办服务费

4．在工程总承包模式中，由发包人提供的载明工程总承包项目勘察费（如果有）、设计费、建筑安装工程费、设备购置费、暂估价、暂列金额和双方约定的其他费用的名称和相应数量等内容的项目明细被称为（　　　）。

A．项目清单　　B．明细清单

C．费用清单　　D．价格清单

5．某工程总承包项目采用可调总价合同形式，已签约合同价中的预备费由发包人掌握使用。当发包人按照合同约定支付后，如预备费有余额，则余额应（　　　）。

A．归监理人所有　　B．归承包人所有

C．归发包人所有　　D．归项目使用者所有

6．根据《建设项目工程总承包计价规范》T/CCEAS 001—2022，工程总承包模式中不属于发包人应当承担的风险是（　　　）。

A．主要材料的市场价格变化超过合同约定幅度带来的成本增加

B．不可预见的地质条件变化带来的成本增加

C．政策变化带来的成本增加

D．承包方管理不善带来的成本增加

7．根据《建设项目工程总承包计价规范》T/CCEAS 001—2022，对于总价合同，如果因非承包方原因导致工程量增加或减少，则（　　　）。

A．应按合同约定调整合同价款　　B．应由承包方自行承担全部费用

C．应由发包方担全部费用　　D．应按政策规定调整合同价款

8．根据《建设项目工程总承包计价规范》T/CCEAS 001—2022，除工程特别复杂或抢险救灾工程外，工程总承包最适宜采用的合同方式为（　　　）。

A．单价合同　　B．总价合同

C．单价与包干混合式合同　　D．成本加酬金合同

9．工程总承包人按照合同约定对招标人依法单独发包的专业工程承包人提供了垂直运输设备，由此发生的费用属于（　　　）。

A．工程总承包服务费　　B．现场管理费

C．企业管理费　　D．暂列金额

10．关于设计采购施工总承包合同中发包人要求的说法正确的是（　　　）。

A．承包人无需对发包人要求进行复核

B．承包人发现发包人要求中存在错误的，口头通知发包人即可

C．承包人未发现发包人要求中存在错误的，由错误导致的费用增加和工期延误由发包人承担

D．承包人发现发包人说明中确有错误但发包人坚持不改的，导致的费用增加和工期延误由发包人承担

11．设计施工总承包合同的发包人要求中，由发包人负责的数据和资料存在错误，导致了承包人的费用增加和工期延误，则下列说法正确的是（　　　）。

A．承包人承担增加的费用、延误的工期和利润损失

B．发包人承担增加的费用、延误的工期和利润损失

C．发包人仅承担增加的费用，承包人承担工期延误和利润损失

D．发包人仅承担增加的费用和延误的工期，承包人承担利润损失

二　多项选择题

1．下列情形中，发包人宜采用设计施工总承包（DB）模式进行发包的是（　　　）。

A．投标人没有足够的时间或信息进行设计、风险评估和估价

B．施工涉及实质性地下工程或投标人无法检查的其他区域的工程

C．发包人要密切监督或控制承包人的工作，或审查大部分施工图纸

D．发包人在可行性研究报告批准后发包

E．发包人在初步设计批准后发包

2．根据《建设项目工程总承包计价规范》T/CCEAS 001—2022，关于价格清单的说法正确的是（　　　）。

A．价格清单中列出的工作量即为要求承包人实施的工程的实际工作量

B．工程总承包中价格清单项目的价格不应包括利润

C．应纳税金可由承包人结合具体工程测算，并计入价格清单项目汇入合同总价

D．投标人应在项目清单上自主报价，形成价格清单

E．价格清单中列出的价格数据可作为变更和支付的参考资料

3．根据《建设项目工程总承包计价规范》T/CCEAS 001—2022，关于工程总承包项目清单的说法正确的是（　　　）。

A．发包人对工程费用项目清单可以只提供项目清单格式不列工程数量

B．项目清单中的项目名称必须与规范中规定的项目名称一致，不得更改

C．项目清单应由具有编制能力的发包人或具有相应资质的工程造价咨询人编制

D．初步设计后发包的，投标人可对项目清单的内容进行增减

E．工程目的和范围、其他技术标准和要求都是项目清单的编制依据

4．下列费用中，属于工程总承包其他费中的其他专项费的有（　　　）。

A．研究试验费　　　　　　　　B．专利及专有技术使用费

C．场地准备及临时设施费　　　D．工程技术经济咨询费

E．报建报批的代办服务费

5. 下列工程总承包项目可能出现的情形中，造成的合同工期和价格的变化主要由发包人承担的有（　　）。

  A. 发包人增加或减少合同中的工作

  B. 发包人要求发生变更

  C. 发包人要求中存在错误

  D. 施工图设计缺陷或图纸延误

  E. 不可抗力

6. 工程总承包项目中发生工程变更时，下列合同价款调整原则正确的有（　　）。

  A. 因发包人变更发包人要求，导致承包人施工图设计修改并造成成本增加的，应按照合同约定调整合同价款

  B. 价格清单中有适用于变更工程项目的，采用该项目的费率和价格

  C. 价格清单中没有适用但有类似变更工程项目的，可在合理范围内参照类似项目的费率或价格

  D. 价格清单中没有适用也没有类似于变更工程项目的，合同价款不予调整

  E. 合同中未包含价格清单的，合同价款不予调整

7. 关于工程总承包合同价款支付分解表的说法中，正确的有（　　）。

  A. 编制合同价款支付分解表时无需考虑工程进度计划

  B. 相邻里程碑节点间隔超过一个月，承包人应按里程碑拨付人工费

  C. 经发包人批准的支付分解表应具有合同约束力

  D. 发包人对支付分解表不予答复的，视为发包人未同意支付分解表

  E. 对工程总进度计划进行了修订的，应相应地修改支付分解表

8. 下列工程总承包项目中承包人索赔的一般原则中，正确的有（　　）。

  A. 由发包人对竣工试验的干扰导致的索赔，承包人仅能对成本和工期进行索赔

  B. 由发包人要求错误导致的索赔，承包人可以索赔一定的利润

  C. 由主管部门审批延迟导致的索赔，承包人可以索赔一定的利润

  D. 由发包人减少合同内的工作导致的索赔，承包人可以索赔一定的利润

  E. 由发包人提供的技术文件设计深度不够导致的索赔，承包人仅能对工期进行索赔

9. 根据《建设项目工程总承包合同（示范文本）》GF—2020—0216，关于工程总承包项目进度款结算和支付的说法正确的有（　　）。

  A. 工程总承包合同必须采用里程碑付款的方式进行进度款支付

  B. 与按月支付方式相比，里程碑付款的方式回收款项的时间不固定

  C. 发包人应按照合同价款支付分解表支付进度款，进度款支付比例不应低于80%

  D. 发承包双方对进度款支付不能达成一致时，发包人在争议解决前无需支付进度款

  E. 复核已签发的进度款支付证书时发现错误的，发包人和承包人均有权提出修正申请

【答案】

一、单项选择题

1. D;   2. B;   3. C;   4. A;   5. C;   6. D;   7. A;   8. B;

9. A;   10. D;   11. B

二、多项选择题

1. A、B、C、E;   2. C、D、E;   3. A、C、D、E;   4. B、D、E;

5. A、B、C、E;   6. A、B、C;   7. C、E;   8. B、D;

9. B、C、E

第 19 章　国际工程投标报价

复习要点

19
微信扫一扫
在线做题+答疑

19.1　国际工程投标报价构成及程序

1. 国际工程投标报价构成

国际工程投标报价的构成应根据投标项目的内容和招标文件的要求进行划分。为了便于计算工程量清单中各个分项的价格，进而汇总整个工程报价，通常将国际工程投标报价分为：人工费、材料费、施工机具使用费、待摊费、开办费、分包工程费、暂列金额（招标人备用金）。其中，现场管理费、临时工程设施费、保险费、税金等是在工程量清单中未单独列项的费用项目，需将其作为待摊费用分摊到工程量清单的各个报价分项中去。开办费未单列的投标报价，其开办费应列入其他待摊费用之中。

国际工程投标报价要准确划分报价项目和待摊费用项目。报价项目就是工程量清单上所列的项目，例如平整场地、土方工程、混凝土工程、钢筋工程等，其具体项目因招标工程内容及招标文件规定的计算方法而异。待摊费用项目不在工程量清单上出现，而是作为报价项目的价格组成因素隐含在每项综合单价之内。

2. 国际工程投标报价程序

国际工程投标报价工作在投标者通过资格预审并获得招标文件后开始其工作程序如图 19-1 所示。

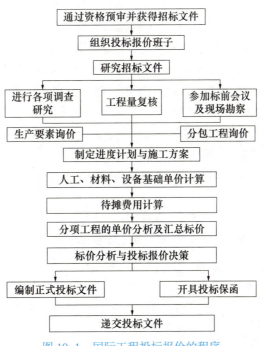

图 19-1　国际工程投标报价的程序

19.2   国际工程投标报价编制

1．标前会议的注意事项

标前会议是招标人给所有投标人提供的一次答疑机会，有利于加深对招标文件的理解。在标前会议之前应事先深入研究招标文件，并将研究过程中碰到的各类问题整理为书面文件，寄到招标单位并要求给予书面答复，或在标前会议上提出并要求予以解释和澄清。参加标前会议应注意以下几点：（1）对工程内容范围不清的问题应当提请说明，但不要表示或提出任何修改设计方案的要求；（2）对招标文件中图纸与技术说明互相矛盾之处，可请求说明应以何者为准，但不要轻易提出修改技术要求；（3）对含糊不清、容易产生歧义理解的合同条件，可以请求给予澄清、解释，但不要提出任何改变合同条件的要求；（4）投标人应注意提问的技巧，不要批评或否定业主在招标文件中的有关规定，提问的问题应是招标文件中比较明显的错误或疏漏。

2．工日基价的计算

工日基价是指国内派出的工人和在工程所在国招募的工人，每个工作日的平均工资。一般来说，在分别计算这两类工人的工资单价后，再考虑工效和其他一些有关因素以及人数，进行加权平均即可算出工日工资基价。

1）出国工人工资单价的计算

我国出国工人工资一般由下列费用组成：（1）国内工资及派出工人企业收取的管理费；（2）置装费，指出国人员服装及购置生活用品的费用；（3）差旅费，包括从出发地到海关的往返旅费和从海关到工程所在地的国际往返差旅费；（4）国外零用费，人身保险费和税金；伙食费，指工人在工程所在国的主副食和水果饮料等费用；（5）奖金，包括超产奖，提前工期奖，优质奖等，视具体情况而定；（6）加班工资，我国在国外承包工程施工往往实行大礼拜休息制，星期日工作的工资一般可列入加班工资，其他如节日和夜间加班等，则视具体情况而定；（7）劳保福利费，指职工在国外的保健津贴费，如洗澡、理发、防暑、降温、医疗等，按当地具体条件确定；（8）卧具费，包括床、被、枕、毯、蚊帐等费用；（9）探亲及出国前后调遣工资。探亲假一年享受 1 个月，调遣时间 1~2 个月，按出国时间摊销（一般为两年一期）；（10）预涨工资。对于工期较长的投标工程，还应考虑工资上涨的因素。

除上述费用之外，有些国家还需要包括按职工人数征收的费用。

我国出国工人工资单价一般按下式计算：

工人日工资单价＝一名工人出国期间的费用 ÷（工作年数 × 年工作日）

2）当地雇用工人工资单价的确定

雇用当地人员费用包括以下几方面：（1）日基本工资；（2）带薪法定假日工资、带薪休假日工资；（3）夜间施工、冬雨季施工增加的工资；（4）规定由承包商支付的福利费、所得税和保险费等；（5）工人招募和解雇费用；（6）工人上下班交通费。

此外，如招标文件或当地法令规定，雇主须为当地劳工支付个人所得税、雇员的社会保险费等，则也应计入工资单价之内。

3．分项工程单价分析及汇总标价

分项工程单价分析及汇总标价的步骤为：（1）计算分项工程的单位工程量人、材、机费用；（2）计算整个工程项目的人、材、机费用；（3）计算整个工程项目的待摊费用；（4）计算分摊系数和本分项工程分摊费；（5）计算本分项工程的单价和合价；（6）编制单价分析表；（7）汇总标价。

$$总标价＝分项工程合价＋分包工程总价＋暂列金额$$

4．标价分析

（1）对比分析：依据在长期的工程实践中积累的大量的经验数据，用类比的方法，从宏观上判断计算标价的合理性。

（2）动态分析：主要考虑工期延误、物价和工资上涨以及其他可变因素的影响，通过对于各项价格构成因素的浮动幅度进行综合分析，从而为选定投标报价的浮动方向和浮动幅度提供一个科学的、符合客观实际的范围。

5．投标报价决策

影响国际工程投标报价决策的因素主要有成本估算的准确性、期望利润、市场条件、竞争程度、公司的实力与规模。此外，在投标报价决策时，还应考虑风险偏好的影响。

19.3　国际工程投标报价技巧

1．投标报价技巧

国际工程投标报价技巧应当结合实际情况灵活运用，坚持"双赢"甚至"多赢"的原则，主要包含：（1）根据招标项目的不同特点采用不同报价；（2）适当运用不平衡报价法；（3）注意计日工的报价；（4）适当运用多方案报价法；（5）适当运用"建议方案"报价；（6）适当运用突然降价法；（7）适当运用先亏后盈法；（8）注意暂定工程量的报价；（9）合理运用无利润算标法。

2．投标报价策略

投标报价策略是指投标人在投标过程中从企业整体和长远利益出发，结合企业经营目标，并根据企业内部的各种资源和外部环境而进行的一系列谋划和策略。主要有以下策略：（1）生存策略：以克服企业生存危机为目标；（2）补偿策略：以补偿企业任务不足，追求边际效益为目标；（3）开发策略：以开拓市场，积累经验，向后续投标项目发展为目标；（4）竞争策略：以竞争为手段，以低盈利为目标；（5）盈利策略：充分发挥自身优势，以实现最佳盈利为目标。

一　单项选择题

1. 国际工程投标报价中，开办费未单列的投标报价，其开办费应列入（　　）。
   A．预备费　　　　　　　　　　B．风险费
   C．待摊费用　　　　　　　　　D．暂列金额

2. 下列费用中，在国际工程投标项目的工程量清单中单独列项的是（　　）。
   A．现场管理费　　　　　　　　B．临时设施费
   C．保险费　　　　　　　　　　D．施工机具使用费

3. 关于国际工程投标报价的工程量复核，下列说法不正确的是（　　）。

　　A. 工程量清单中分项的工程量应与实际工程中的施工部位"对号入座"，数量平衡

　　B. 因投标时间较短而无法核算大型项目的全部工程量时，投标人至少应重点核算工程量大和影响较大的子项

　　C. 工程量复核是在实施工程中测量每项工程量的依据，也是安排施工进度计划、选定施工方案的重要依据

　　D. 当发现遗漏或相差较大时，投标人可以随便改动工程量，但应在投标函中适当予以额外说明

4. 国际工程投标报价时，下列施工现场办公费的处理方式，正确的是（　　）。

　　A. 作为待摊费用分摊到工程量清单的各个报价分项中

　　B. 作为待摊费单列并计入投标总报价

　　C. 作为开办费单列并计入投标总报价

　　D. 按照其费用性质分别计入相应分项工程的人工费、材料费或施工机具使用费

5. 现场勘察一般是标前会议的一部分，参加现场勘察的人员应该是具有丰富工程施工经验的（　　）。

　　A. 现场管理人员　　　　　　　　B. 合同管理人员

　　C. 造价咨询人员　　　　　　　　D. 工程技术人员

6. 国际工程投标报价时，对于工程承包过程中因发生不可预见的风险因素而增加的费用，应计入（　　）。

　　A. 现场管理费　　　　　　　　　B. 其他待摊费用

　　C. 开办费　　　　　　　　　　　D. 暂列金额

7. 国际工程投标报价中，出国工人工资单价一般不包括（　　）。

　　A. 国外零用费　　　　　　　　　B. 卧具费

　　C. 工人上下班交通费　　　　　　D. 置装费

8. 国际工程投标报价中，在工程所在国当地采购的材料、设备，其预算价格应包括材料、设备的市场价，运输费和（　　）。

　　A. 港口费　　　　　　　　　　　B. 样品费

　　C. 海关税　　　　　　　　　　　D. 采购保管损耗费

9. 国际工程项目招标中，某施工企业连续多年亏损且在较长时期内没有在建项目，如果再不得标，就难以维持生存。为了中标，该企业适合采用的报价策略是（　　）。

　　A. 不平衡报价法　　　　　　　　B. 突然降价法

　　C. 多方案报价法　　　　　　　　D. 无利润算标法

10. 国际工程投标报价时，考虑工程项目的不同特点、类别、施工条件等情况采用低价策略的情形是（　　）。

　　A. 工期要求急的工程　　　　　　B. 非急需工程

　　C. 专业要求高的技术密集型工程　D. 施工条件差的工程

11. 国际工程投标报价中估算分项工程人、材、机费用时，当机械设备所占比重

较大，适用均衡性较差，机械设备搁置过长而使其费用增加，而这种机械搁置又无法在定额中给予恰当的考虑时，最适宜采用的方法是（　　　）。

    A．直接估价法　　　　　　　　B．作业估价法

    C．匡算估价法　　　　　　　　D．定额估价法

12．关于国际工程投标报价中计日工报价技巧的说法，正确的是（　　　）。

    A．单纯对计日工报价时应报高价

    B．单纯对计日工报价时应报低价

    C．招标文件中有名义工程量的计日工应报高价

    D．招标文件中有名义工程量的计日工应报低价

13．在国际工程投标报价中，某企业在本领域有独到的技术优势，投标中充分发挥其技术优势，以实现最佳盈利为目标，则适合采取的报价策略是（　　　）。

    A．生存策略　　　　　　　　　B．补偿策略

    C．竞争策略　　　　　　　　　D．盈利策略

14．国际工程投标报价中，某企业以补偿企业任务不足、追求边际效益为目标，以亏损为代价的报低价。这种报价策略属于（　　　）。

    A．生存策略　　　　　　　　　B．补偿策略

    C．开发策略　　　　　　　　　D．竞争策略

15．国际工程项目招标中，如果业主规定了暂定工程量的分项内容和暂定总价款，并规定所有投标人都必须在总报价中加入这笔固定金额，则投标人对该暂定工程的报价策略是（　　　）。

    A．单价可适当提高　　　　　　B．单价可适当降低

    C．总价应适当提高　　　　　　D．总价应适当降低

二　多项选择题

1．国际工程投标报价中，投标人为了既不提高总报价，又能在结算中获得更理想的经济效益，运用不平衡报价法时，可以适当偏高报价的有（　　　）。

    A．能够早日结账收款的工程项目

    B．预计不可能完全实施的早期工程项目

    C．经核算预计今后工程量会增加较多的项目

    D．预计工程量可能减少的后期工程项目

    E．因设计图纸不明确可能导致工程量增加的项目

2．按照国际工程投标报价的程序，投标人在进行生产要素询价之前应进行的工作有（　　　）。

    A．待摊费用计算　　　　　　　B．工程量复核

    C．参加标前会议　　　　　　　D．人工、材料、设备基础单价计算

    E．开展各项调查研究

3．在国际工程投标报价中，投标人运用不平衡报价法，以期既不提高总报价，又能在结算中获得更理想的经济效益。下列项目中，可以适当偏低报价的有（　　　）。

A. 能早日结账收款的工程项目

B. 装饰工程等后期工程项目

C. 预计今后工程量会增加的项目

D. 预计今后工程量会减少的项目

E. 因设计图纸不明确可能导致工程量增加的项目

4. 关于国际工程投标报价的说法，正确的有（　　　）。

A. 施工企业现场管理费应作为待摊费用分摊在各项综合单价中

B. 开办费应依据招标文件决定是否单列

C. 暂列金额由承包商决定是否全部或部分使用

D. 人工费工日基价应按在工程所在国招募工人的平均日工资单价计算

E. 国际工程事业本身就充满了风险与挑战，十分有必要预留一笔风险金（或称不可预见费），以应付工程实施过程中偶然发生的事故

5. 根据国际工程投标报价组成，下列费用中属于现场管理费的有（　　　）。

A. 工程辅助费　　　　　　　　B. 工程保险费

C. 文体宣教费　　　　　　　　D. 检验试验费

E. 临时设施工程费

6. 国际工程投标报价中，投标人采用"建议方案"报价，则下列说法正确的有（　　　）。

A. 对原招标方案进行标价，以供业主比较

B. 增加建议方案时，不应保留方案的技术关键

C. 建议方案应当有以往实践经验或成熟技术作为基础

D. 建议方案能够提高工程总造价，获取更多利润

E. 建议方案须能够使工程提前竣工

7. 国际工程投标报价中，关于投标人参加标前会议，下列说法正确的有（　　　）。

A. 对工程内容范围不清的问题应当提请说明，同时提出修改设计方案的建议

B. 对含糊不清、容易产生歧义理解的合同条件，可以请求给予澄清、解释

C. 投标人应提出对于招标文件中比较明显的错误或疏漏的批评或否定

D. 对招标文件中图纸与技术说明互相矛盾之处，可请求说明应以何者为准

E. 对于技术说明中不明确之处，应提出修改技术要求

8. 国际工程投标报价中，可以采用高报价策略的工程有（　　　）。

A. 工作简单、工程量大的工程

B. 工期要求急的

C. 支付条件好的工程

D. 竞争对手少的工程

E. 自己不愿做、又不方便不投标的工程

9. 国际工程投标报价中，下列情形适合采用多方案报价法的有（　　　）。

A. 工程范围不很明确，条款不清楚或很不公正

B. 对手通过各种渠道、手段来刺探情况

C. 技术规范要求过于苛刻

D. 投标人遭遇企业生存危机

E. 施工条件好、工作简单

10. 关于国际工程投标报价策略的说法，正确的有（ ）。

A. 为了达成补偿企业任务不足、追求边际效益的目标，以亏损为代价的低报价投标策略为生存策略

B. 竞争策略的特点是不着眼一次投标效益，用低报价吸引投标人

C. 开发策略以开拓市场，积累经验，向后续投标项目发展为目标

D. 采用盈利策略的投标人在投标报价时充分发挥自身优势，以实现最佳盈利为目标

E. 采用补偿策略的投标人，其报价是在精确计算报价成本的基础上，充分估计各个竞争对手的报价目标，以有竞争力的报价达到中标目的

【答案】

一、单项选择题

1. C；　2. D；　3. D；　4. A；　5. D；　6. B；　7. C；　8. D；

9. D；　10. B；　11. B；　12. A；　13. D；　14. B；　15. A

二、多项选择题

1. A、C、E；　　2. B、C、E；　　3. B、D；　　4. A、B、E；

5. C、D；　　6. A、C；　　7. B、C、D；　　8. B、D、E；

9. A、C；　　10. C、D

第20章　工程计价数字化与智能化

复习要点

微信扫一扫
在线做题＋答疑

20.1　BIM 在工程计价中的应用

BIM 在建设项目中的应用涵盖了决策、设计、招标投标、施工和竣工验收等阶段，为项目各方提供了更高效、更准确的信息交流和决策支持。

BIM 以三维建模为基础，通过整合建筑物的几何形状、材料、构件和设备等信息，实现全方位的建筑数据管理。根据《建筑信息模型存储标准》GB/T 51447—2021，BIM 应由核心层、共享层、专业领域层和资源层四个概念层组成数据模式架构。

BIM 在工程量计算方面的应用主要有三种路径：导入传统软件法，借助插件映射输出工程量，BIM 模型直接输出净量。

施工图预算 BIM 应用的典型流程为：① 开始→② 创建施工图预算模型→③ 确定工程量清单项目→④ 计算工程量→⑤ 单项计价→⑥ 总价计算→⑦ 结束。BIM 一般应用于最高投标限价编制、工程量清单编制、投标预算编制、工程成本测算等工作，以提高建设工程工程量计算、计价的效率与准确率，降低管理成本与预算风险。

20.2　人工智能在工程计价中的应用

人工智能（Artificial Intelligence，AI）是一种模拟和实现人类智能的技术，通过分析和处理大量的数据，自动学习和优化模型，实现复杂的任务和决策。

国际上一般将人工智能分为弱人工智能、强人工智能和超人工智能三类。其中，弱人工智能（Artificial Narrow Intelligence）只能在限定领域解决特定问题，强人工智能（Artificial General Intelligence）可以在通用领域胜任人类所有工作，而超人工智能（Artificial Super Intelligence）远超人类智慧，具备复杂的语言表达、抽象思维能力和科学创新能力等。

根据《国家新一代人工智能标准体系建设指南》（国标委联〔2020〕35 号），人工智能标准体系包括八个部分：基础共性、支撑技术与产品、基础软硬件平台、关键通用技术、关键领域技术、产品与服务、行业应用、安全／伦理。基础共性标准规范了 AI 基础，支撑技术与产品标准提供了基础支持，基础软硬件平台标准建立了基础设施，关键通用技术标准提供了通用技术支持，关键领域技术标准针对特定领域需求。产品与服务标准包括各类智能设备，行业应用标准支持不同行业的发展，安全／伦理标准贯穿于整个体系，确保 AI 的安全和合规性。人工智能通过自动化处理和分析大量的工程数据，有利于提高工程计价的效率和准确性。

20.3　大数据在工程计价中的应用

大数据是指为高频率、大容量、不同结构和类型的数据提供经济获取价值的新一代架构和技术。大数据具有"4V"的特征即规模性（Volume）、多样性（Variety）、价值性（Value）和时效性（Velocity）。

处理大数据的一般流程为：① 数据抽取与集成→② 数据分析→③ 数据解释，涉及云计算、MapReduce 等关键技术。

在工程计价中，大数据的应用提供了更准确和全面的数据支持，有助于提高计价的准确性和效率。多样化的数据来源和实时数据应用使工程计价能够获取更全面的信息，实时了解项目进展，及时应对问题，提高项目管理的灵活性和应对能力。

一　单项选择题

1. 根据《建筑信息模型施工应用标准》GB/T 51235—2017，施工图预算 BIM 应用的典型流程中，计算工程量的下一步骤是（　　　）。

　　A．总价计算　　　　　　　　　B．单项计价

　　C．创建施工图预算模型　　　　D．确定工程量清单项目

2. 根据《国家新一代人工智能标准体系建设指南》（国标委联〔2020〕35 号），下列标准中，不属于人工智能标准体系框架八大部分标准的是（　　　）。

　　A．基础软硬件平台标准　　　　B．关键通用技术标准

　　C．安全／伦理标准　　　　　　D．人工智能法律标准

3. 大数据的一般处理流程为（　　　）。

　　A．数据抽取与集成→数据分析→数据解释

　　B．数据解释→数据分析→数据抽取与集成

　　C．数据分析→数据解释→数据抽取与集成

　　D．数据抽取与集成→数据解释→数据分析

4. 下列特征中，不属于大数据"4V"特征的是（　　　）。

　　A．易变性　　　　　　　　　　B．规模性

　　C．价值性　　　　　　　　　　D．时效性

二　多项选择题

1. 根据《建筑信息模型存储标准》GB/T 51447—2021，组成 BIM 数据模式架构的概念层有（　　　）。

　　A．核心层　　　　　　　　　　B．共享层

　　C．专业领域层　　　　　　　　D．资源层

　　E．应用层

2. 关于人工智能在工程计价中的应用，下列说法正确的有（　　　）。

　　A．人工智能是一种模拟和实现人类智能的技术，通过分析和处理大量的数据，

自动学习和优化模型，实现复杂的任务和决策

B．国际上一般将人工智能分为弱人工智能、强人工智能和超人工智能

C．人工智能算法具有透明性，决策过程可解释性强，以便后续工作的解释和审查

D．人工智能标准体系框架主要由基础共性、支撑技术与产品、基础软硬件平台、关键通用技术、关键领域技术、产品与服务、行业应用、安全／伦理八个部分组成

E．人工智能技术可以减少工程量计算的工作时间，但无法与BIM软件结合使用

3．根据《国家新一代人工智能标准体系建设指南》（国标委联〔2020〕35号），下列技术标准中，属于关键领域技术标准的有（   ）。

A．知识图谱标准　　　　　　　B．自然语言处理标准

C．量子智能计算标准　　　　　D．生物特征识别标准

E．机器学习标准

【答案】

一、单项选择题

1．B；　　2．D；　　3．A；　　4．A

二、多项选择题

1．A、B、C、D；　　2．A、B、D；　　3．B、D

综合测试题一

一、单项选择题（共 60 题，每题 1 分。每题的备选项中，只有 1 个最符合题意）

1. 某公司希望借款 1000 万元，借款期限 5 年，到期一次性还本。现有甲、乙、丙、丁四家银行提供贷款，年名义利率均为 4%。其中，甲要求按月计息并支付利息，乙要求按季度计息并支付利息，丙要求按半年计息并支付利息，丁要求按年计息并支付利息。若其他条件相同，该公司应优先选择的银行是（　　　）。

   A. 甲　　　　　　　　　　　　B. 乙
   C. 丙　　　　　　　　　　　　D. 丁

2. 某企业投资 200 万元，预计 5 年后一次性回收本金和利息。若年基准收益率为 i，已知（P/F，i，5）＝ 0.6806，（A/P，i，5）＝ 0.2505，（F/A，i，5）＝ 5.8666，该企业第 5 年末可收回资金为（　　　）万元。

   A. 213.80　　　　　　　　　　B. 254.32
   C. 280.30　　　　　　　　　　D. 293.86

3. 关于方案经济效果评价的说法，正确的是（　　　）。
   A. 对同一个方案进行确定性评价或不确定性分析，二者选一即可
   B. 经济效果动态分析不能全面地反映技术方案整个计算期的经济效果
   C. 方案盈利能力分析重点是现金流分析
   D. 经济效果评价应定性分析和定量分析相结合，以定性分析为主

4. 关于经济效果评价时独立型关系备选方案的说法，正确的是（　　　）。
   A. 各方案的现金流量是独立的且不具有相关性
   B. 任一方案的采用与否与其他方案是否采用是有一定关系的
   C. 独立型关系中，入选的方案只可能是一个
   D. 有约束条件情况下，独立型关系的方案只需满足绝对效果分析的评判标准即可入选

5. 某投资方案建设期为 1 年，第 1 年年初投资 8000 万元，第 2 年年初开始运营，运营期为 4 年，运营期每年年末净收益为 3000 万元，净残值为零。若基准收益率为 10%，则该投资方案的财务净现值和静态投资回收期分别为（　　　）。

   A. 1510 万元和 3.67 年　　　　B. 1510 万元和 2.67 年
   C. 645 万元和 3.67 年　　　　 D. 645 万元和 2.67 年

6. 某技术方案的设计生产能力为 50 万吨／年，产品售价为 700 元／吨，年固定

成本为 150 万元, 产品可变成本为 550 元 / 吨, 产品税金及附加为 25 元 / 吨, 以上成本及售价等均不考虑增值税。根据线性盈亏平衡分析, 该技术方案的盈亏平衡点产销量为 (　　) 吨。

A. 8571　　　　　　　　　　　B. 9000

C. 10000　　　　　　　　　　　D. 12000

7. 某设备 4 年前的原始成本是 25 万元, 目前的账面价值是 11 万元, 现在的市场价值为 6 万元, 在进行设备更新分析时, 该设备的沉没成本是 (　　) 万元。

A. 5　　　　　　　　　　　B. 6

C. 11　　　　　　　　　　　D. 14

8. 某地面工程经分析更换地面材料, 既保持了原有的坚实的功能, 又节省投资。根据价值工程原理, 该方案提高价值的途径是 (　　)。

A. 功能提高, 成本不变　　　　B. 功能不变, 成本降低

C. 功能和成本都提高　　　　　D. 功能提高, 成本降低

9. 企业拟向租赁公司承租一台施工机械, 机械价格为 300 万元, 租期 5 年, 每年年末支付租金, 折现率为 8%, 附加率为 5%, 按照附加率法计算, 该企业每年应支付的租金为 (　　) 万元。

A. 84　　　　　　　　　　　B. 99

C. 108　　　　　　　　　　　D. 120

10. 某项资产是按照其正常对外销售所能收到现金或者现金等价物的金额扣减该资产至完工时估计将要发生的成本、估计的销售费用以及相关税费后的金额进行计量的, 则该项资产的计量属性是 (　　)。

A. 重置成本　　　　　　　　　B. 现值

C. 可变现净值　　　　　　　　D. 公允价值

11. 施工企业发生的期间费用中, 应计入财务费用的是 (　　)。

A. 企业财务管理软件采购费　　B. 财务管理人员的工资

C. 参与投标发生的投标费用　　D. 企业发行债券支付的手续费

12. 企业在资产负债表日, 如果建造合同的结果能够可靠地估计, 应当根据 (　　) 确认当期的合同收入。

A. 完工百分比法　　　　　　　B. 企业意愿法

C. 延迟纳税法　　　　　　　　D. 时间平均法

13. 某建筑业企业与业主签订了一项合同总造价为 2000 万元的建造合同, 合同约定建设期为 3 年。第 1 年, 实际发生合同成本 600 万元, 年末预计为完成合同尚需发生

成本 1200 万元；第 2 年，实际发生合同成本 700 万元，年末预计为完成合同尚需发生成本 400 万元。按照投入法衡量，第 2 年年末的完工进度为（　　　）。

  A．41.18%   B．63.64%

  C．65.00%   D．76.47%

14．企业以非货币形式取得的收入，应当按照（　　　）确定收入额。

  A．非货币资产的市场最低价 B．非货币资产的市场最高价

  C．企业认可的价值   D．公允价值

15．编制现金流量表时，下列现金流量中，应列入投资活动产生的现金流量的是（　　　）。

  A．取得借款收到的现金

  B．购买生产用原材料支付的现金

  C．处置固定资产收回的现金净额

  D．分配股利支付的现金

16．企业从银行借款 500 万元，年利率为 8.00%，因该项借款发生筹资费用 10 万元，每年结息一次，到期一次还本，企业所得税率为 25%，该项借款的资金成本为（　　　）。

  A．6.00%   B．6.12%

  C．8.00%   D．8.16%

17．为有效对应收账款进行监督，明确各项应收账款收账时间和紧迫性，宜编制（　　　）。

  A．账龄分析表   B．应收账款日记账

  C．盈亏平衡表   D．现金流量表

18．某企业四种现金持有量方案的成本见表 1。若采用成本分析法控制现金持有规模，则企业最佳现金持有量方案应为（　　　）。

表1　四种现金持有量方案 （单位：元）

项目	甲	乙	丙	丁
现金持有量	70000	80000	90000	100000
机会成本	6300	7200	8100	9000
管理成本	15000	15000	15000	15000
短缺成本	10000	3000	500	0

  A．甲方案   B．乙方案

  C．丙方案   D．丁方案

19. 资本结构反映的是企业或项目筹资方案中各种（   ）来源的构成和比例关系。

    A．权益资本
        B．长期负债

    C．短期负债
        D．长期资本

20. 下列指标中，反映企业某一特定时期内收回赊销账款能力的指标是（   ）。

    A．存货周转率
        B．流动资产周转率

    C．总资产周转率
        D．应收账款周转率

21. 企业的下列损益中，属于投资损失的是（   ）。

    A．公益捐赠支出

    B．中途转让债券取得款项低于账面价值的差额

    C．按照权益法核算的股权投资在被投资单位增加的净资产中所拥有的数额

    D．资产减值损失

22. 某合同履行过程中，经合同各方批准对原合同范围或价格作出变更，合同变更增加了可明确区分的商品及合同价款，且新增合同价款反映了新增商品单独售价，企业对合同变更事项进行会计处理的正确方式是（   ）。

    A．将该合同变更部分纳入原合同进行会计处理

    B．将该合同变更部分与原合同未履行部分合并作为一份单独的合同进行会计处理

    C．将该合同变更部分作为一份单独的合同进行会计处理

    D．视为原合同终止，合同变更部分单独作为新合同进行会计处理

23. 企业支出所取得的财产或劳务的效益可以及于多个会计期间时，该类支出应作为（   ）进行核算。

    A．收益性支出
        B．资本性支出

    C．营业外支出
        D．利润分配支出

24. 企业会计档案的保管期限分为（   ）两类。

    A．不定期和定期
        B．永久和定期

    C．临时和永久
        D．短期和长期

25. 价值工程中的寿命周期成本是指（   ）。

    A．生产及销售成本＋使用及维修成本

    B．试验、试制成本＋生产及销售成本＋使用及维修成本

    C．科研、设计成本＋生产及销售成本＋使用及维修成本

    D．科研、设计成本＋试验、试制成本＋生产及销售成本＋使用及维修成本

26. 某技术方案的设计生产能力为 3 万件 / 年，单位产品售价为 380 元，年固定成本为 285 万元，单位产品可变成本为 120 元，单位产品税金及附加为 70 元，以上成本及售价等均不考虑增值税。根据线性盈亏平衡分析，当产销量为 15000 件时，该技术方案处于（   ）状态。

    A. 盈利   B. 亏损

    C. 盈亏平衡   D. 不确定

27. 关于财务内部收益率的说法，正确的是（   ）。

    A. 其大小受项目外部参数的影响较大

    B. 可直接用于互斥方案之间的比选

    C. 考虑了技术方案在整个计算期内的经济状况

    D. 独立方案用财务内部收益率和财务净现值评价的结论不一致

28. 施工企业从建设单位取得工程预付款，属于企业筹资方式中的（   ）筹资。

    A. 融资租赁   B. 短期借款

    C. 商业信用   D. 长期借款

29. 某施工企业 6 月份购买原材料 380 万元，其中 6 月份消耗 130 万元，其余 250 万元于 7 月份生产使用；施工用的模板是 4 月份租赁的，租期 8 个月，共支付租金 240 万元，按月均摊；7 月份企业业务招待费和办公用品支出 20 万元；不计算其他费用。权责发生制下该企业 7 月份的生产成本为（   ）万元。

    A. 250   B. 280

    C. 300   D. 400

30. 下列建设项目总投资构成中，属于动态投资部分的是（   ）。

    A. 预备费和铺底流动资金

    B. 价差预备费和建设期利息

    C. 工程建设其他费和铺底流动资金

    D. 建设期利息和铺底流动资金

31. 进口机电设备，离岸价 1500 万元，国外运费 75 万元，国外运输保险费 3.16 万元，银行财务费 6 万元，外贸手续费 22.9 万元，关税税率 8%，增值税率 13%，国内运杂费率 3%，则设备购置费（含增值税）为（   ）万元。

    A. 1955.729   B. 2002.231

    C. 1999.886   D. 2020.094

32. 某施工机械预算价格为 50 万元，折旧年限为 10 年，年平均工作 225 个台班，残值率为 5%，则该机械台班折旧费为（   ）元。

    A. 211   B. 222

    C. 2110   D. 2220

33. 建设项目的基本预备费可用于列支（　　）。
    A. 质量不合格的隐蔽工程开挖后的修复费用
    B. 承包商自行变更施工方法增加的费用
    C. 施工过程中业主提出的设计变更增加的费用
    D. 承包商施工质量有缺陷的工程修复费用

34. 工程定额中分项最细、定额子目最多，也是工程定额中的基础性定额的是（　　）。
    A. 施工定额   B. 预算定额
    C. 概算定额   D. 概算指标

35. 施工企业采购的某建筑材料出厂价为3500元/吨，运费为400元/吨，运输损耗率为2%，采购保管费率为5%，则计入建筑安装工程材料费的该建筑材料单价为（　　）元/吨。
    A. 4176.9   B. 4173.0
    C. 3748.5   D. 3745.0

36. 利用概算定额法编制设计概算的具体步骤有：① 确定各分部分项工程项目的概算定额单价（基价）；② 按照概算定额分部分项顺序，列出各分项工程的名称；③ 计算企业管理费、利润、规费和税金；④ 计算单位工程的人、料、机费用；⑤ 计算单位工程概算造价。正确的顺序是（　　）。
    A. ②①④③⑤   B. ②①③④⑤
    C. ①②③④⑤   D. ①④②③⑤

37. 拟建工程与在建工程采用同一施工图，但二者基础部分和现场施工条件不同，则审查拟建工程施工图预算时，为提高审查效率，对其与在建工程相同部分宜采用的审查方法是（　　）。
    A. 全面审查法   B. 分组计算审查法
    C. 对比审查法   D. 标准预算审查法

38. 根据《建设工程工程量清单计价规范》GB 50500—2013，投标人可以根据拟建项目的实际情况列项的工程量清单是（　　）。
    A. 分部分项工程量清单   B. 措施项目清单
    C. 其他项目清单   D. 规费和税金清单

39. 根据《建设工程工程量清单计价规范》GB 50500—2013，计日工适用的零星工作主要是（　　）。
    A. 工程量清单中没有相应项目的、施工现场临时确定的不允许事先商量价格

的额外工作

    B．工程量清单中已有相应项目的、在施工现场出现工程量变更的工作

    C．合同中已包含的工作，在施工过程中出现顺序调整的工作

    D．在招标阶段标准尚不明确，并且需要由专业承包人完成的工作

40．某工程项目招标工程量清单中 HRB400 钢筋暂估价 4000 元/吨，某投标人可以 3600 元/吨采购到，市场平均价格在 3700 元/吨，则投标人应采取的做法是（　　）。

    A．在投标报价时，用到该钢筋的地方均以 4000 元/吨的价格计算

    B．在分部分项工程完工结算时，用到该钢筋的地方均以 4000 元/吨的价格计算

    C．在投标报价时，用到该钢筋的地方均以 3700 元/吨的价格计算

    D．在投标报价时，用到该钢筋的地方均以 3600 元/吨的价格计算

41．施工现场安装的临时防护栏杆所需的费用应计入（　　）。

    A．分部分项工程费　　　　　　　　B．规费

    C．其他项目费　　　　　　　　　　D．措施项目费

42．根据《建设工程工程量清单计价规范》GB 50500—2013，关于合同履行期间因招标工程量清单缺项导致新增分部分项清单项目的说法，正确的是（　　）。

    A．新增分部分项清单项目导致新增措施项目的，在承包人提交的新增措施项目实施方案被发包人批准后调整合同价款

    B．新增分部分项清单项目应按额外工作处理，由监理工程师提出，发包人批准

    C．新增分部分项清单项目的综合单价应由监理工程师提出，发包人批准

    D．新增分部分项清单项目的综合单价应由承包人提出，但相关措施项目费不能调整

43．某土方工程招标文件中清单工程量为 3000m³，合同约定：土方工程综合单价为 80 元/m³，当清单项目的工程数量增加超过 15% 时，15% 及以内部分按照清单项目原有的综合单价计算，15% 以外部分由发承包双方根据实施工程的合理成本和利润协商确定综合单价为 72 元/m³。工程结束时实际完成并经发包人确认的土方工程量为 3600m³，则该土方工程价款为（　　）元。

    A．259200　　　　　　　　　　　　B．283200

    C．288000　　　　　　　　　　　　D．286800

44．根据《中华人民共和国标准施工招标文件》（2007 年版），当合同履行期间出现工程变更时，若变更在已标价工程量清单中无相同项目，但有类似项目单价的，则变更估价的原则是（　　）。

    A．参照类似项目的单价认定

    B．按照直接成本加适当利润的原则，由发包人确定变更单价

C．按照合理的成本加利润的原则，由承包人确定变更工作的单价

D．根据合理的成本加适当利润的原则，由监理人确定新的变更单价

45．某建设工程施工过程中，由于发包人设计变更导致承包人暂停施工，致使承包人自有机械窝工 10 个台班，该机械的台班单价为 400 元／台班，台班折旧费为 300 元／台班；承包人的租赁机械窝工 10 个台班，台班租赁费用为 500 元，工作时每台班燃油动力费 100 元；人员窝工 20 个工作日，人工工资单价 300 元／工日，人工窝工补贴 100 元／工日。不考虑其他因素，则承包人可以索赔的费用为（　　）元。

A．14000　　　　　　　　　　B．15000

C．16000　　　　　　　　　　D．10000

46．某工程项目施工合同约定竣工日期为 2023 年 6 月 30 日，在施工中因天气持续下雨导致甲供材料未能及时到货，使工程延误至 2023 年 7 月 30 日竣工。但由于2023 年 7 月 1 日起当地计价政策调整，导致承包人额外支付了 300 万元工人工资。关于这 300 万元的责任承担的说法，正确的是（　　）。

A．发包人原因导致的工期延误，因此政策变化增加的 300 万元应由发包人承担

B．增加的 300 万元因政策变化造成，属于承包人的责任，应由承包人承担

C．因不可抗力原因造成工期延误，增加的 300 万元应由承包人承担

D．工期延误是承包人原因，增加的 300 万元是政策变化造成，应由双方共同承担

47．关于预付款的说法，正确的是（　　）。

A．预付款担保不宜采用银行保函和担保公司担保形式

B．发包人在中期扣回预付款后，剩余的预付款担保金额可低于未被扣回的预付款金额

C．在颁发工程接收证书前，提前解除合同的，尚未扣回的预付款应与合同价款一并结算

D．发包人逾期支付预付款超过 7 天的，承包人有权暂停施工

48．关于工程保修的说法，正确的是（　　）。

A．保修期内因特大地震造成工程的缺陷和损坏，可以委托承包人修复，发包人承担修复的费用并支付承包人合理的利润

B．保修期内因发包人使用不当造成工程的缺陷和损坏，可以委托承包人修复，发包人承担修复的费用但不用支付承包人利润

C．保修期内因承包人原因造成工程的缺陷和损坏，承包人应负责修复并承担修复的费用，但不承担因工程缺陷和损坏造成的人身及财产损失

D．保修期内发包人发现已接收的工程存在任何缺陷应书面通知承包人修复，承包人接到通知后应在 48 小时内到工程现场修复缺陷

49. 质量保证金扣留的方式原则上采用（　　　）。

  A．工程竣工结算时一次性扣留　　　　B．按照里程碑扣留

  C．签订合同后一次性扣留　　　　　　D．在支付工程进度款时逐次扣留

50. 下列情形中，发包人适宜采用设计采购施工总承包（EPC）模式进行发包的是（　　　）。

  A．投标人没有足够的时间或信息进行设计、风险评估和估价

  B．施工涉及实质性地下工程或投标人无法检查的其他区域的工程

  C．发包人要密切监督或控制承包人的工作，或审查大部分施工图纸

  D．发包人在可行性研究报告批准后发包

51. 根据《建设项目工程总承包计价规范》T/CCEAS 001—2022，对于总价合同，如果因非承包方原因导致工程量增加或减少，则（　　　）。

  A．应按合同约定调整合同价款　　　　B．应由承包方自行承担全部费用

  C．应由发包方承担全部费用　　　　　D．应按政策规定调整合同价款

52. 国际工程投标中，投标人在投标截止日期前一天发现招标清单中某分项工程量有明显计算错误，则最适宜的做法是（　　　）。

  A．按照修改后正确的工程量填报单价，并在投标致函中予以说明

  B．按照原招标文件的工程量填报单价，并在投标致函中予以说明

  C．按照原招标文件的工程量填报单价，不做任何额外说明

  D．打电话咨询招标人，等得到招标人口头认可的数量后再填报

53. 在国际工程招标中，某施工企业连续多年亏损且在较长时期内没有在建项目，如果再不得标，就难以维持生存。为了中标，该企业宜采取的报价策略是（　　　）。

  A．合理报价法　　　　　　　　　　　B．突然降价法

  C．多方案报价法　　　　　　　　　　D．无利润算标法

54. 根据《建筑信息模型施工应用标准》GB/T 51235—2017，施工图预算 BIM 应用的典型流程中，计算工程量的下一步骤是（　　　）。

  A．总价计算　　　　　　　　　　　　B．单项计价

  C．创建施工图预算模型　　　　　　　D．确定工程量清单项目

55. 某施工项目因 80 年一遇的特大暴雨停工 10 天，承包人在停工期间按照发包人要求照管工程发生费用 2 万元，承包人施工机具损坏损失 10 万元，已经建成的永久工程损坏损失 20 万元，之后应发包人要求修复被暴雨冲毁的道路花费 2.5 万元，修复道路时因施工质量问题发生返工费用 1 万元。根据《中华人民共和国标准施工招标文件》（2007 年版），以上事件产生的费用和损失中，承包人应承担（　　　）万元。

  A．10.0　　　　　　　　　　　　　　B．11.0

C. 13.5   D. 21.0

56. 根据《建设工程工程量清单计价规范》GB 50500—2013，关于投标人的投标总价编制的说法，正确的是（   ）。

A. 为降低投标总价，投标人可以将暂列金额降至零

B. 投标总价可在分部分项工程费、措施项目费、其他项目费和规费、税金合计金额上做出优惠

C. 开标前投标人来不及修改标书时，可在投标者致函中给出优惠比例，并将优惠后的总价作为新的投标价

D. 投标人对投标报价的任何优惠均应反映在相应清单项目的综合单价中

57. 关于安全文明施工费的说法，正确的是（   ）。

A. 基准日期后合同所适用的法律发生变化，由此增加的安全文明施工费由承包人承担

B. 经发包人同意，承包人采取合同约定以外的安全措施所产生的费用，由承包人承担

C. 承包人对安全文明施工费应专款专用，并在财务账目中单独列项备查

D. 发包人应在开工后 42 天内预付安全文明施工费总额的 60%

58. 工程实施过程中，发包人要求合同工程提前竣工的，根据《建设工程工程量清单计价规范》GB 50500—2013，正确的做法是（   ）。

A. 通过监理工程师下达变更指令要求承包人必须提前竣工，并支付由此增加的提前竣工费用

B. 增加合同补充条款要求承包人采取加快工程进度措施，发包人不承担赶工费用

C. 征得承包人同意后，与承包人商定采取加快工程进度的措施，并承担承包人由此增加的提前竣工费用

D. 发承包双方应签订补充合同约定提前竣工的赶工费用总额，并各承担 50% 的费用

59. 根据《建设工程工程量清单计价规范》GB 50500—2013，编制工程量清单时，出现了《计算规范》附录中未包括的项目，则关于该项目清单项编制的说法，正确的是（   ）。

A. 该清单项由清单编制人自行补充项目名称和项目特征以及工程量

B. 该补充项目的编码由对应《计算规范》的代码 X 与 B 和三位阿拉伯数字组成，如 XB001

C. 工程量清单应参照类似项目的名称、项目特征和计量单位确定

D. 该补充项目的工程量计算规则应由投标人根据经验自行确定

60. 某工程按照业主的要求进行了专业工程分包，总承包人按照合同的规定对分包人提供了脚手架、对分包人在现场的设备进行保管以及整理竣工验收材料，由此发生的费用属于（　　）。

  A．建设管理费　　　　　　　　　B．总承包服务费

  C．企业管理费　　　　　　　　　D．暂列金额

二、多项选择题（共 20 题，每题 2 分。每题的备选项中，有 2 个或 2 个以上符合题意，至少有 1 个错项。错选，本题不得分；少选，所选的每个选项得 0.5 分）

61. 关于利率影响因素的说法，正确的有（　　）。

  A．利率与社会平均利润率同向波动，社会平均利润率是利率的最高界限

  B．债务资金使用期限越长，不可预见因素越多，风险越大，利率就越高

  C．社会平均利润率不变的情况下，市场上资金供过于求会导致利率上升

  D．如果市场环境处于经济繁荣阶段，利率将会上升

  E．政府通过信贷政策调控宏观经济，影响市场利率波动

62. 进行方案的多方案比选时，关于多方案间经济关系的说法，正确的有（　　）。

  A．若一组方案中任一方案的采用与否均仅与其自身的可行性相关，则该组方案间为独立关系

  B．若一组方案中仅有一个方案能被采用，其余方案均必须放弃，则该组方案间为互斥关系

  C．互斥型关系要求备选的方案之间有足够的差异性，无法相互替代

  D．具有正相关关系的方案比选可以采用独立方案比选方法

  E．相关关系的形成主要是由资源限制和方案的不可分割性造成的

63. 关于技术方案敏感性分析的说法，正确的有（　　）。

  A．敏感性分析可以估算多个不确定因素同时发生变化对方案经济效果的影响

  B．敏感性分析只适用于方案的财务评价

  C．敏感度系数越大，表明分析指标对不确定因素越不敏感

  D．在单因素敏感性分析图中，斜率绝对值越大的直线所代表的不确定因素越敏感

  E．敏感性分析可以说明不确定因素发生变动的可能性有多大

64. 下列财务计划现金流量表的构成项中，属于投资活动净现金流量的有（　　）。

  A．建设投资借款　　　　　　　　B．建设投资

  C．维持运营投资　　　　　　　　D．偿还债务本金

  E．流动资金

65. 根据《建设工程施工合同（示范文本）》GF—2017—0201，关于变更权的说法，正确的有（　　）。

A. 发包人和监理人均可以提出变更

B. 承包人可以根据施工的需要对工程非重要的部分做出适当变更

C. 监理人发出变更指示一般无需征得发包人的同意

D. 变更指示均通过监理人发出

E. 设计变更超过原批准的建设规模时，承包人应先办理规划变更审批手续

66. 根据《建设工程工程量清单计价规范》GB 50500—2013，关于投标人其他项目费编制的说法，正确的有（   ）。

A. 专业工程暂估价必须按照招标工程量清单中列出的金额填写

B. 材料暂估价由投标人根据市场价格变化自主测算确定

C. 暂列金额应按照招标工程量清单列出的金额填写，不得变动

D. 计日工应按照招标工程量清单列出的项目和数量自主确定各项综合单价

E. 总承包服务费应根据招标人要求提供的服务和现场管理需要自主确定

67. 下列成本费用项目中，属于经营成本的有（   ）。

A. 工资及福利费   B. 折旧费

C. 摊销费   D. 利息支出

E. 修理费

68. 分析企业债务清偿能力时，可列入速动资产的有（   ）。

A. 货币资金   B. 其他应收款

C. 应收账款   D. 存货

E. 交易性金融资产

69. 编制人工定额时，下列工人工作时间中，属于有效工作时间的有（   ）。

A. 基本工作时间   B. 准备与结束工作时间

C. 辅助工作时间   D. 非施工本身造成的停工时间

E. 不可避免的中断时间

70. 根据《建设工程工程量清单计价规范》GB 50500—2013，关于措施项目清单编制的说法，正确的有（   ）。

A. 编制总价措施项目清单时应列出项目编码、项目名称，并按照现行《计算规范》的规定计算其工程量，不需要列出计量单位和项目特征

B. 编制单价措施项目清单时应列出项目编码、项目名称、项目特征和计量单位，并按现行《计算规范》的规定计算其工程量

C. 环境保护、安全文明施工和材料的二次搬运等措施项目清单应根据工程本身的因素列项，不需考虑不同施工企业的实际情况

D. 不同承包人对于同一工程可能采用的施工措施不完全一致，因此措施项目清单应允许承包人根据拟建工程的实际情况列项

　　E．参考拟建工程的常规施工技术方案，以确定大型机械设备进出场及安拆、混凝土模板和脚手架等措施项目清单

　　71．某设备 10 年前的购置成本为 100 万元，目前的账面价值为 20 万元，现在的市场价值为 12 万元，同型号新设备的购置价格为 30 万元。现进行新旧设备更新分析和方案比选时，正确的做法有（　　　）。

　　A．采用新设备的方案，投资按 20 万元计算

　　B．继续使用旧设备的方案，投资按 12 万元计算

　　C．新旧设备现在的市场价值差额为 8 万元

　　D．新旧设备方案比选不考虑旧设备的沉没成本 8 万元

　　E．新设备和旧设备的经济寿命和运行成本相同

　　72．估算建设项目设备购置费时，可直接作为设备原价的有（　　　）。

　　A．国产标准设备出厂价　　　　　B．国产标准设备订货合同价

　　C．国产非标准设备成本价　　　　D．进口设备抵岸价

　　E．进口设备出厂价

　　73．在国际工程报价中，投标人为了既不提高总报价，又能在结算中获得更理想的投资效益，通常采取不平衡报价法，通常情况下报价可以适当偏高的项目有（　　　）。

　　A．能早日结账的土石方工程　　　B．机电设备安装工程

　　C．基础工程　　　　　　　　　　D．后期进行的装饰装修工程

　　E．预计今后工程量会增加较多的项目

　　74．关于项目融资特点的说法，正确的有（　　　）。

　　A．是以发起项目的企业为主体的融资活动

　　B．属于无限追索贷款

　　C．是投资人资产负债表之内的融资

　　D．采用的信用结构比较灵活

　　E．可以合理分配投资风险

　　75．根据《建设工程施工合同（示范文本）》GF—2017—0201，关于保修责任的说法，正确的有（　　　）。

　　A．具体分部分项工程的保修期可以由发承包双方约定，不受法定最低保修年限的约束

　　B．发包人未经竣工验收擅自使用工程的，保修期自转移之日起算

　　C．工程保修期从竣工验收合格之日起算

　　D．保修期内，承包人应当根据法律规定和合同约定承担保修责任

　　E．发包人未经竣工验收提前使用工程的，保修期自开始使用之日起算

76. 下列项目中，属于现行的政府和社会资本合作的重点领域项目的有（   ）。
    A. 没有收益的城市防洪工程   B. 城镇污水垃圾收集处理项目
    C. 城市停车场项目   D. 具有发电功能的水利项目
    E. 机场高速公路项目

77. 单项工程综合概算文件一般包括（   ）。
    A. 编制说明   B. 总概算表
    C. 综合概算表   D. 工程建设其他费用概算表
    E. 单位工程概算表

78. 相对于一般的材料采购合同，建造合同的特征有（   ）。
    A. 建造合同的标的仅包括房屋建筑工程
    B. 先有买主，后有标的
    C. 资产的建设期长，一般都要跨越一个会计年度
    D. 所建造的资产体积大，造价高
    E. 建造合同一般为不可取消的合同

79. 关于合同争议解决的说法，正确的有（   ）。
    A. 合同当事人应该事先在合同专用条款中约定争议解决的方式
    B. 合同当事人自行和解达成的协议，经双方代表签字后即可作为合同补充
       文件
    C. 合同双方当事人可以就争议请求行业协会或建设行政主管部门进行调解
    D. 合同双方当事人可以就争议向约定的仲裁委员会申请仲裁或诉讼
    E. 合同争议不能采用评审方式解决

80. 下列情形中，发包人宜采用设计施工总承包（DB）模式进行发包的有（   ）。
    A. 投标人没有足够的时间或信息进行设计、风险评估和估价
    B. 施工涉及实质性地下工程或投标人无法检查的其他区域的工程
    C. 发包人要密切监督或控制承包人的工作，或审查大部分施工图纸
    D. 发包人在可行性研究报告批准后发包
    E. 发包人在初步设计批准后发包

【答案】

一、单项选择题

1. D;	2. D;	3. C;	4. A;	5. C;	6. A;	7. A;	8. B;
9. B;	10. C	11. D;	12. A;	13. D;	14. D;	15. C;	16. B;
17. A;	18. C;	19. D;	20. D;	21. B;	22. C;	23. B;	24. B;
25. D;	26. C;	27. C;	28. C;	29. B;	30. B;	31. C;	32. A;

33. C；　34. A；　35. A；　36. A；　37. C；　38. B；　39. A；　40. A；

41. D；　42. A；　43. D；　44. A；　45. D；　46. A；　47. C；　48. A；

49. D；　50. D；　51. A；　52. B；　53. D；　54. B；　55. B；　56. D；

57. C；　58. C；　59. B；　60. B

二、多项选择题

61. A、B、D、E；　　62. A、B、D、E；　　63. A、D；　　64. B、C、E；

65. A、D；　　66. A、C、D、E；　　67. A、E；　　68. A、B、C、E；

69. A、B、C；　　70. B、D、E；　　71. B、D；　　72. A、B、D；

73. A、C、E；　　74. D、E；　　75. B、C、D；　　76. B、C、D、E；

77. A、C；　　78. B、C、D、E；　　79. A、B、C、D；　　80. A、B、C、E

综合测试题二

一、单项选择题（共60题，每题1分。每题的备选项中，只有1个最符合题意）

1. 某公司年初投资1000万元，预计5年内等额回收本利。若年收益率为7%，按复利计算，则该公司每年年末应回收的资金是（　　）万元。

A. 200　　　　　　　　　　B. 215

C. 244　　　　　　　　　　D. 287

2. 某技术方案计算期内的现金流量见表1，若基准收益率为8%，则该方案的财务净现值为（　　）万元。

表1　某技术方案计算期内现金流量表

计算期（年）	0	1	2	3
净现金流量（万元）	−1000	200	400	800

A. 151.10　　　　　　　　B. 163.19

C. 256.24　　　　　　　　D. 317.53

3. 在多方案比选中，如果仅能在其中选择一个方案采用，其余的方案均必须放弃，则方案间的关系为（　　）。

A. 互斥关系　　　　　　　B. 独立关系

C. 相关关系　　　　　　　D. 混合关系

4. 某投资方案的财务内部收益率为20%，选择4个影响因素对其进行单因素敏感性分析。当建设投资上涨5%、产品价格下降5%、原材料价格上涨5%、人民币汇率上涨5%时，内部收益率分别降至12%、17%、15%、18%，则对财务内部收益率来说最敏感的因素是（　　）。

A. 建设投资　　　　　　　B. 产品价格

C. 原材料价格　　　　　　D. 人民币汇率

5. 若设备磨损太严重而无法修复，或虽然修复但其精度仍达不到要求，则应该采取的补偿方式是（　　）。

A. 更新　　　　　　　　　B. 局部修理

C. 大修理　　　　　　　　D. 现代化改装

6. 进行价值工程对象的选择时，从施工生产方面看，应该选择的工程产品是（　　）。

　　A．结构简单、性能和技术指标好　B．体积大和重量小、单价低
　　C．工程量大、工序繁杂、工艺复杂　D．竞争力差或成本占比小

　　7. 企业内部会计控制的核心是保证单位内部涉及会计工作的机构、岗位的合理设置及其职责权限的合理划分，应坚持（　　）原则。
　　A．财务人员不参与企业管理　　　　B．相关人员协同工作
　　C．不相关人员相互监督　　　　　　D．不相容职务相互分离

　　8. 某项固定资产的原价为 200 万元，现在的净值为 160 万元，预计净残值率为 3%，使用年限为 10 年，采用年限平均法折旧，则月折旧金额为（　　）万元。
　　A．1.29　　　　　　　　　　　　　B．1.33
　　C．1.62　　　　　　　　　　　　　D．1.67

　　9. 作业成本法下，成本计算的第一步是（　　）。
　　A．计算不同成本核算对象的作业量
　　B．按经营活动中发生的各项作业来归集成本，计算出作业成本
　　C．估算作业所需要消耗的资源量
　　D．按经营活动中的产品来归集成本，计算出产品成本

　　10. 某合同履行过程中，经合同各方批准对原合同范围或价格作出变更，合同变更增加了可明确区分的商品及合同价款，且新增合同价款反映了新增商品单独售价，企业对合同变更事项进行会计处理的正确方式是（　　）。
　　A．将该合同变更部分纳入原合同进行会计处理
　　B．将该合同变更部分与原合同未履行部分合并作为一份单独的合同进行会计处理
　　C．将该合同变更部分作为一份单独的合同进行会计处理
　　D．视为原合同终止，合同变更部分单独作为新合同进行会计处理

　　11. 企业发生的公益性捐赠支出，准予在计算应纳税所得额时扣除的额度为（　　）。
　　A．在年度利润总额 12% 以内的部分
　　B．在年度收入总额 2% 以内的部分
　　C．在年度成本总额 5% 以内的部分
　　D．在年度净利润 10% 以内的部分

　　12. 下列财务指标中，属于反映企业长期偿债能力的指标是（　　）。
　　A．速动比率　　　　　　　　　　　B．资产负债率
　　C．产权比率　　　　　　　　　　　D．总资产周转率

13. 某工程项目施工合同约定竣工日期为 2022 年 6 月 30 日，在施工中因天气持续下雨导致甲供材料未能及时到货，使工程延误至 2022 年 7 月 30 日竣工，但由于 2022 年 7 月 1 日起当地计价政策调整，导致承包人额外支付了 50 万元工人工资。关于这 50 万元的责任承担的说法，正确的是（   ）。

  A. 增加的 50 万元因政策变化造成，属于承包人的责任，应由承包人承担

  B. 发包人原因导致的工期延误，因此政策变化增加的 50 万元应由发包人承担

  C. 因不可抗力原因造成工期延误，增加的 50 万元应由承包人承担

  D. 工期延误是承包人原因，增加的 50 万元是政策变化造成，应由双方共同承担

14. 根据《建设工程施工合同（示范文本）》GF—2017—0201，关于单价合同计量的说法，正确的是（   ）。

  A. 监理人应在收到承包人提交的工程量报告后的 14 天内完成对承包人提交的工程量报告的审核并报送发包人

  B. 承包人未按监理人要求参加工程量复核或抽样复测的，监理人复核或修正的工程量视为承包人实际完成的工程量

  C. 监理人未在收到承包人提交的工程量报表后的 5 天内完成复核的，承包人提交的工程量报告中的工程量视为承包人实际完成的工程量

  D. 承包人为保证施工质量超出施工图纸范围施工的工程量，监理人应予以计量

15. 下列成本费用中，计入营业外支出的是（   ）。

  A. 设备出租成本   B. 销售材料成本

  C. 出租投资性房地产的经营费用 D. 捐赠支出

16. 下列筹资方式中，属于商业信用筹资的是（   ）。

  A. 应付账款   B. 普通股筹资

  C. 长期贷款   D. 融资租赁

17. 企业采用 ABC 分析法进行存货管理，其中 A 类材料的特征是（   ）。

  A. 品种多但每一类别数量少 B. 品种多且资金占用少

  C. 品种少但占用资金多   D. 品种多但单位价值低

18. 企业持有一定量现金用于保证月末职工的工资发放，属于置存现金的（   ）需要。

  A. 交易性   B. 投机性

  C. 预防性   D. 收益性

19. 企业拥有长期资本 6000 万元，其中长期借款 1000 万元，长期负债 3000 万元，优先股 2000 万元，三种资金来源的资金成本率分别为 6%、8%、10%。该企业综合资金成本为（   ）。

A. 7.5%　　　　　　　　　　　B. 8%

C. 8.3%　　　　　　　　　　　D. 8.7%

20. 现金流量表能够从大的方面反映企业在一定会计期间（　　）的原因。

　　A. 收入和支出　　　　　　　　B. 现金和现金等价物流入和流出

　　C. 资产和负债增加和减少　　　　D. 净利润的增加和减少

21. 某企业 2022 年实现营业收入 5000 万元，发生营业成本 3000 万元，税金及附加 300 万元，期间费用 800 万元，营业外净收益 100 万元，取得投资净收益 400 万元，该企业 2022 年实现的营业利润为（　　）万元。

　　A. 1000　　　　　　　　　　　B. 1200

　　C. 1300　　　　　　　　　　　D. 1400

22. 对于在某一时点履行的履约义务，企业应当在（　　）确认收入。

　　A. 客户取得相关商品控制权时点　B. 企业生产商品完成时点

　　C. 客户收到企业提供商品时点　　D. 企业生产商品完成 50% 的时点

23. 企业为取得合同发生的、除预期能够收回的增量成本之外的其他支出，会计核算的方法是（　　）。

　　A. 一律确认为一项资产

　　B. 除明确由客户承担的外，发生时计入期间费用

　　C. 一律确认为一项长期待摊费用

　　D. 除明确由客户承担的外，发生时计入同类产品或项目成本

24. 对于企业以融资租赁方式租入固定资产，企业并不拥有其所有权，但应按规定计提折旧，这种会计处理方式遵循的原则是（　　）。

　　A. 重要性原则　　　　　　　　　B. 实质重于形式原则

　　C. 谨慎性原则　　　　　　　　　D. 可比性原则

25. 应用功能成本法计算功能价值 V，测定实现应有功能所耗费的现实成本，若 $V_i < 1$，表明评价对象有可能（　　）。

　　A. 功能不足　　　　　　　　　　B. 现实成本偏低

　　C. 成本支出与功能相当　　　　　D. 现实成本偏高

26. 某技术方案的设计产量为 12 万吨／年，单位产品售价为 700 元，年固定成本为 1500 万元，单位产品可变成本为 250 元，单位产品税金及附加为 165 元，以上成本及售价等均不考虑增值税。根据线性盈亏平衡分析，以产品售价表示的盈亏平衡点为（　　）元／吨。

　　A. 290　　　　　　　　　　　　B. 375

C. 510   D. 540

27. 关于财务净现值的说法，正确的是（   ）。

A. 仅考虑了方案在建设期内现金流量的时间分布状况

B. 可以直接以货币额表示方案的盈利水平

C. 可以直接反映方案单位投资的收益水平

D. 可以直接反映方案投资回收的速度

28. 关于一次支付现值、终值、折现率和计息期数关系的说法，正确的是（   ）。

A. 终值一定，折现率相同，计息期数越多，现值越大

B. 终值一定，计息期数相同，折现率越高，现值越小

C. 现值一定，计息期数相同，折现率越高，终值越小

D. 现值一定，折现率相同，计息期数越少，终值越大

29. 某技术方案现金流量见表2，基准收益率为8%，该技术方案的财务净现值为（   ）万元。

表2　某技术方案现金流量表

计算期（年）	0	1	2	3	4
现金流入（万元）	—	300	400	400	300
现金流出（万元）	500	100	150	150	150

A. 58.23   B. 192.81

C. 208.23   D. 347.12

30. 某建设项目设备购置费1000万元，建筑安装工程费2500万元，工程建设其他费700万元，基本预备费210万元，价差预备费310万元，建设期利息320万元，则该项目的静态投资为（   ）万元。

A. 4200   B. 4410

C. 4720   D. 5040

31. 下列费用项目中，属于施工企业管理费的是（   ）。

A. 生产工人津贴   B. 工伤保险费

C. 劳动保护费   D. 已完工程保护费

32. 某建设项目静态投资计划额为10000万元，建设前期年限为1年。建设期为2年，分别完成投资的40%和60%。若年均投资价格上涨率为4%，则该项目建设期价差预备费为（   ）万元。

A. 442.79   B. 649.60

C. 860.50   D. 1075.58

33. 某拟建项目，建筑安装工程费 11.2 亿元，设备购置费 33.6 亿元，工程建设其他费 8.4 亿元，建设单位管理费 3 亿元，基本预备费费率为 5%，则拟建项目基本预备费为（　　）亿元。

    A．0.56　　　　　　　　　　B．2.24

    C．2.66　　　　　　　　　　D．2.81

34. 以合格分项工程和结构构件为对象，在正常施工条件下完成一定计量单位的合格分项工程和结构构件所需消耗的人工、材料、施工机械台班数量及其费用标准的定额是（　　）。

    A．施工定额　　　　　　　　B．预算定额

    C．概算定额　　　　　　　　D．概算指标

35. 关于施工机械台班单价的说法，正确的是（　　）。

    A．是一台施工机械在正常运转条件下一个工作班中所发生的全部费用

    B．每台班按 10 个小时工作制计算

    C．施工机械台班单价由折旧费、检修费、维护费、安拆费及场外运费组成

    D．施工机械台班单价由人工费、燃料动力费和其他费用组成

36. 利用概算定额法编制设计概算，在确定各分部分项工程项目的概算定额单价（基价）时，如遇设计图中的分项工程项目名称、内容与采用的概算定额手册中相应的项目有某些不相符，正确的做法是（　　）。

    A．按规定对定额进行换算后方可套用

    B．直接套用类似定额

    C．采用类似项目的基础数据

    D．根据当前市场情况调整定额后套用

37. 对工程量较小、工艺比较简单的工程，在对施工图预算审查时，按照定额顺序或施工顺序，对各项工程细目逐项审查的方法属于（　　）。

    A．标准预算审查法　　　　　B．全面审查法

    C．重点审查法　　　　　　　D．分组计算审查法

38. 根据《建设工程工程量清单计价规范》GB 50500—2013，关于分部分项工程量清单中项目名称的说法，正确的是（　　）。

    A．《计算规范》中的项目名称是分项工程名称，以工程主要材料命名

    B．《计算规范》中的项目名称是分部工程名称，以工程实体命名

    C．编制清单时，项目名称应根据《计算规范》的项目名称结合拟建工程实际确定

    D．编制清单时，《计算规范》中的项目名称不能变化，但应补充项目规格、材质

39. 根据《建设工程工程量清单计价规范》GB 50500—2013，招标人对土方开挖清单项的项目特征描述一般有挖方深度、基坑底宽、场内运距、弃土运距和（　　　）。

    A. 放坡的坡度系数　　　　　　　B. 槽底钎探

    C. 土壤类别　　　　　　　　　　D. 排地表水的方式

40. 根据《建设工程工程量清单计价规范》GB 50500—2013，招标方为了获得合理的计日工报价，适宜采取的做法是（　　　）。

    A. 由于不能准确估计计日工数量，因此投标人的计日工报价不宜计入投标总价

    B. 按照尽可能小的情况估计计日工数量并将其写入计日工表，将投标人的计日工报价计入投标总价

    C. 估计一个比较接近实际的计日工数量并将其写入计日工表，将投标人的计日工报价计入投标总价

    D. 按照尽可能大的情况估计计日工数量并将其写入计日工表，将投标人的计日工报价计入投标总价

41. 工程量清单计价模式下，投标人应按照招标工程量清单中列出的金额填写且不得变动的项目是（　　　）。

    A. 暂列金额和专业工程暂估价　　B. 暂列金额和总承包服务费

    C. 计日工和总承包服务费　　　　D. 计日工和专业工程暂估价

42. 根据《中华人民共和国标准施工招标文件》（2007 年版），下列已完工程，发包人应予计量的是（　　　）。

    A. 在工程量清单内，但质量验收资料不齐全的工程

    B. 超出合同工程范围的工程

    C. 监理人要求再次检验的合格隐蔽工程的挖填土方工程

    D. 为抵御台风完成的临时设施加固工程

43. 某混凝土工程招标清单工程量为 200m³，合同约定的综合单价为 600 元 /m³，当实际完成并经监理工程师确认的工程量超过清单工程量 15% 时可调整综合单价，调价系数为 0.9。施工过程中，因设计变更导致实际工程量为 250m³。则该混凝土工程的工程价款为（　　　）万元。

    A. 12.00　　　　　　　　　　　B. 14.74

    C. 14.88　　　　　　　　　　　D. 15.00

44. 根据《中华人民共和国标准施工招标文件》（2007 年版），当合同履行期间出现工程变更时，该变更在已标价的工程量清单中无相同项目及类似项目单价参考的，其变更估价正确的方式是（　　　）。

    A. 按照直接成本加管理费的原则，由合同当事人协商确定变更工作的单价

    B. 按照直接成本加适当利润的原则，由发包人确定变更单价

C. 按照合理的成本加利润的原则，由合同当事人协商确定变更工作的单价

D. 根据合理的成本加适当利润的原则，由监理人确定新的变更单价

45. 某工程在施工过程中因不可抗力造成如下损失：永久工程损坏修复费用 16 万元，承包人受伤人员医药费 4 万元，施工机具损害损失 6 万元，应发包人要求赶工发生费用 2 万元，停工期间应发包人要求承包人清理现场费用 4 万元。承包人及时向项目监理机构提出索赔申请，并附有相关证明材料。根据《中华人民共和国标准施工招标文件》（2007 年版），项目监理机构应批准的索赔金额为（　　）万元。

 A. 20   B. 22

 C. 24   D. 32

46. 根据《中华人民共和国标准施工招标文件》（2007 年版），下列导致承包人工期延误、费用增加的情形中，承包人只能索赔工期不能索赔费用的是（　　）。

 A. 发包人原因导致试运行失败的 B. 发包人提供图纸延误

 C. 异常恶劣的气候条件   D. 施工过程中发现文物

47. 关于工程保修期内修复费用的说法，正确的是（　　）。

 A. 因第三方原因造成的工程损坏，可以委托承包人修复，发包人应承担修复费用，并支付承包人合理利润

 B. 因承包人原因造成的工程缺陷，承包人应负责修复，并承担修复费用，但不承担因工程缺陷导致的人身伤害

 C. 因发包人不当使用造成的工程损坏，承包人应负责修复，发包人应承担合理的修复费用，但不额外支付利润

 D. 因不可抗力造成的工程损坏，承包人应负责修复，并承担相应的修复费用

48. 工程竣工结算书编制与核对的责任分工是（　　）。

 A. 发包人编制，承包人核对

 B. 承包人编制，发包人核对

 C. 监理人编制，发包人核对

 D. 工程造价咨询机构编制，承包人核对

49. 某工程合同价 6000 万元。合同约定：工期 6 个月；预付款 120 万元，每月进度款按实际完成工程价款的 80% 支付；每月再单独支付安全文明施工费 50 万元；质量保证金按进度款的 3% 逐月扣留；预付款在最后两个月等额扣回。承包人每月实际完成工程价款金额见表 3，则第 2 个月发包人实际应支付的工程款金额为（　　）万元。

表 3　承包人每月实际完成工程价款金额

月份	1	2	3	4	5	6
实际完成工程价款金额（万元）	800	1000	1000	1200	1200	800

A．776.0　　　　　　　　　B．824.5

C．826.0　　　　　　　　　D．850.0

50．某工程总承包项目采用可调总价合同形式，已签约合同价中包含预备费。当发包人按照合同约定支付后，如预备费有余额，则余额应（　　　）。

A．归监理人所有　　　　　　B．归承包人所有

C．归发包人所有　　　　　　D．归项目使用者所有

51．根据《建设项目工程总承包计价规范》T/CCEAS 001—2022，除工程特别复杂或抢险救灾工程外，工程总承包最适宜采用的合同方式为（　　　）。

A．单价合同　　　　　　　　B．总价合同

C．单价与包干混合式合同　　D．成本加酬金合同

52．国际工程投标报价时，在工程所在国当地采购的材料设备，其预算价格应包括材料设备市场价、运输费和（　　　）。

A．港口费　　　　　　　　　B．样品费

C．海关税　　　　　　　　　D．采购保管损耗费

53．国际工程中，业主规定了暂定工程量的分项内容和暂定总价款，并规定所有投标人都必须在总报价中加入这笔固定金额，但由于分项工程量不很准确，允许将来按投标人所报单价和实际完成的工程量付款，则投标人的下列做法中，正确的是（　　　）。

A．投标时对暂定工程量的单价适当提高

B．按招标文件要求将规定的暂定款列入总报价

C．投标时对暂定工程量的单价适当降低

D．这笔金额的用途由业主决定，在投标时不考虑

54．大数据的一般处理流程为（　　　）。

A．数据抽取与集成→数据分析→数据解释

B．数据解释→数据分析→数据抽取与集成

C．数据分析→数据解释→数据抽取与集成

D．数据抽取与集成→数据解释→数据分析

55．除专用合同条款另有约定外，承包人应提交最终结清申请单及证明材料的最迟时间为（　　　）。

A．竣工验收合格后 7 天

B．签发竣工付款证书后 14 天

C．缺陷责任期终止证书颁发后 7 天

D．工程竣工验收合格后 28 天

56. 某施工企业拟租赁一台设备，该设备价格为 100 万元，寿命期和租期均为 6 年，每年年末支付租金，折现率为 6%，附加率为 3%，则按附加率法计算每年租金为（　　）万元。

　　A. 18
　　B. 22.67
　　C. 25.67
　　D. 36.00

57. 某施工机械购置费用为 120 万元，折旧年限为 6 年，年平均工作 250 个台班，预计净残值率为 3%，按工作台班法提取折旧，该机械台班折旧费为（　　）元。

　　A. 548
　　B. 638
　　C. 776
　　D. 800

58. 关于设备融资租赁的说法，正确的是（　　）。

　　A. 租赁期的设备租金总额低于直接购置设备的费用
　　B. 设备融资租赁的租期通常较长
　　C. 融资租赁容易导致承租人资产负债状况恶化
　　D. 租赁期间承租人可以将租用设备用于抵押贷款

59. 某拟建单位工程初步设计深度不够，不能准确地计算工程量，但工程设计采用的技术比较成熟而又有类似工程概算指标可以利用时，编制该单位工程概算宜采用的方法是（　　）。

　　A. 概算定额法
　　B. 概算指标法
　　C. 预算单价法
　　D. 类似工程预算法

60. 施工企业向银行结售汇时发生的汇兑损失应计入企业的（　　）。

　　A. 生产费用
　　B. 财务费用
　　C. 管理费用
　　D. 间接费用

二、多项选择题（共 20 题，每题 2 分。每题的备选项中，有 2 个或 2 个以上符合题意，至少有 1 个错项。错选，本题不得分；少选，所选的每个选项得 0.5 分）

61. 对经营性方案进行财务评价时，应主要分析拟定方案的（　　）。

　　A. 盈利能力
　　B. 偿债能力
　　C. 财务生存能力
　　D. 财务上的可行性
　　E. 宏观经济上的合理性

62. 关于静态投资回收期特点的说法，正确的有（　　）。

　　A. 静态投资回收期无法准确衡量整个计算期内的经济效果
　　B. 静态投资回收期在一定程度上能反映资本的周转速度
　　C. 静态投资回收期越长，说明资本的周转速度越快
　　D. 静态投资回收期可以单独用来评价方案是否可行

E．静态投资回收期大于基准投资回收期，表明该方案可以接受

63．销售商品或提供劳务取得的收入，对相关会计要素产生的影响可能有（　　）。

A．资产增加　　　　　　　　　B．所有者权益减少，负债增加

C．资产减少，负债增加　　　　D．负债减少

E．所有者权益增加

64．企业现金流量表中，属于经营活动产生的现金流量有（　　）。

A．收回投资收到的现金　　　　B．吸收投资收到的现金

C．收到的税费返还　　　　　　D．购买商品支付的现金

E．偿还债务支付的现金

65．下列导致现有设备贬值的情形中，属于设备无形磨损的有（　　）。

A．设备连续使用导致零部件磨损

B．同类设备的再生产价值降低

C．性能更好耗费更低的替代设备出现

D．设备长期闲置导致金属件锈蚀

E．设备使用期限过长引起橡胶件老化

66．某施工企业投标一个单独招标的分部分项工程项目，招标清单工程量为 3000m³。经测算，该分部分项工程直接消耗人、料、机费用（不含增值税进项税额）为 300 万元，管理费为 45 万元，利润为 40 万元，风险费用为 3 万元，措施费（不含增值税进项税额）为 60 万元（其中：安全文明施工费为 15 万元），规费为 30 万元，税金为 10 万元。不考虑其他因素，根据《建设工程工程量清单计价规范》GB 50500—2013，关于该工程投标报价的说法，正确的有（　　）。

A．综合单价为 1293.33 元 /m³

B．为了中标，可将综合单价确定为 990.00 元 /m³

C．若竞争激烈，标书可将各项费用下调 10%

D．安全文明施工费应按国家或省级、行业主管部门的规定计算确定

E．投标总价为 488.00 万元

67．在相对固定的周期内，企业应收账款周转率越高，说明企业应收账款管理的状况有（　　）。

A．应收账款周转天数短　　　　B．企业信用状况差

C．应收账款的变现速度快　　　　D．企业不易发生坏账损失

E．企业销售收入中赊销比例大

68．下列措施项目费，适合采用综合单价法计算的有（　　）。

A．混凝土模板及支架费　　　　B．安全文明施工费

C. 脚手架工程费　　　　　　　　D. 已完工程及设备保护费

E. 冬雨季施工费

69. 根据《中华人民共和国标准施工招标文件》（2007 年版），下列导致承包人工期延误且费用增加的情形中，承包人可以同时索赔工期、费用和利润的情形有（　　　）。

A. 基准日后法律变化引起的价格调整

B. 不可抗力

C. 发包人提供的材料和设备不符合合同要求

D. 发包人延期提供施工场地

E. 承包人原因引起的暂停施工

70. 采用成本分析模式确定企业现金持有量时，需考虑的成本有（　　　）。

A. 机会成本　　　　　　　　　　B. 沉没成本

C. 短缺成本　　　　　　　　　　D. 管理成本

E. 外部成本

71. 根据《建设工程工程量清单计价规范》GB 50500—2013，应计入规费项目清单的费用有（　　　）。

A. 安全文明施工费　　　　　　　B. 医疗保险费

C. 工程定位复测费　　　　　　　D. 工伤保险费

E. 增值税销项税额

72. 某常规技术方案当折现率为 10% 时，财务净现值为 −360 万元；当折现率为 8% 时，财务净现值为 30 万元，则关于该方案经济效果评价的说法，正确的有（　　　）。

A. 内部收益率在 8%～9%

B. 当行业基准收益率为 8% 时，方案可行

C. 当行业基准收益率为 9% 时，方案不可行

D. 当折现率为 9% 时，财务净现值一定大于 0

E. 当行业基准收益率为 10% 时，内部收益率小于行业基准收益率

73. 关于联合试运转费的说法，正确的有（　　　）。

A. 联合试运转费包括在试运转中暴露出来的因施工原因发生的处理费用

B. 不发生试运转或试运转收入大于费用支出的工程，不列联合试运转费

C. 当联合试运转收入小于试运转支出时，联合试运转费＝联合试运转费用支出−联合试运转收入

D. 联合试运转费包括单台设备的调试费用

E. 联合试运转支出包括施工单位参加试运转的人工费

74. 关于建设工程项目设计概算的内容与作用的说法，正确的有（　　　）。

A．设计概算是项目实施全过程造价控制管理的依据

B．设计概算是考核设计方案的经济合理性和控制施工图预算的依据

C．项目总概算是反映项目从设计至竣工交付使用所需全部费用的文件

D．政府投资项目经主管部门审批的总概算是总造价的最高限额，不得任意突破

E．单位工程概算中应包括工程建设其他费用概算

75．分部分项工程项目清单中项目特征描述通常包括（　　）。

A．项目的管理模式 　　　　　　B．项目的材质、规格

C．项目的组织方式 　　　　　　D．项目的工艺特征

E．可能对项目施工方法产生影响的特征

76．根据《建设工程施工合同（示范文本）》GF—2017—0201 通用合同条款，合同履行过程中发生以下情形，应按规定进行变更的有（　　）。

A．因土方开挖时遇到古迹被迫改变工程的位置

B．连续下雨导致某些分部工程的施工时间被迫改变

C．甲供材料不及时导致承包商改变原有的施工顺序

D．承包商使用了不合格材料导致返工的工程量

E．业主方取消了合同中原有的一个分部工程

77．根据现行规定，关于政府和社会资本合作的建设实施管理的说法，正确的有（　　）。

A．严格审核特许经营方案

B．项目实施机构选择特许经营者不宜采用公开招标的方式

C．项目实施机构应牵头编制特许经营方案

D．特许经营者应严格按照有关规定优化工程建设方案

E．项目实施机构与特许经营者应在权利义务对等的基础上签订特许经营协议

78．根据《企业会计准则第 21 号——租赁》，下列情形中，通常可认定为融资租赁的有（　　）。

A．在租赁期届满时，租赁资产的所有权转移给承租人

B．承租人有购买租赁资产的选择权，所订立的购买价款与预计行使选择权时租赁资产的公允价值相比足够低，因而在租赁开始日就可以合理确定承租人将行使该选择权

C．资产的所有权虽然不转移，但租赁期占租赁资产使用寿命的大部分（通常解释为≥50%）

D．在租赁开始日，租赁收款额的现值几乎相当于租赁资产的公允价值（通常解释为≥70%）

E．租赁资产性质特殊，如果不作较大改造，只有承租人才能使用

79. 下列完成符合完工交付要求的工程量清单必要的施工任务产生的费用中，应计入相应工程量清单的综合单价中的有（ ）。

    A．施工测量放线   B．工程用水加压

    C．施工材料堆放场地的整理   D．完工清场后的垃圾外运

    E．脚手架工程

80. 根据《建设项目工程总承包合同（示范文本）》GF—2020—0216，关于工程总承包项目进度款结算和支付的说法，正确的有（ ）。

    A．工程总承包合同必须采用里程碑付款的方式进行进度款支付

    B．与按月支付方式相比，里程碑付款的方式回收款项的时间不固定

    C．发包人应按照合同价款支付分解表支付进度款，进度款支付比例不应低于80%

    D．发承包双方对进度款支付不能达成一致时，发包人在争议解决前无需支付进度款

    E．复核已签发的进度款支付证书时发现错误的，发包人和承包人均有权提出修正申请

【答案】

一、单项选择题

1. C; 2. B; 3. A; 4. A; 5. A; 6. C; 7. D; 8. C;
9. B; 10. A; 11. A; 12. B; 13. B; 14. B; 15. D; 16. A;
17. C; 18. A; 19. C; 20. B; 21. C; 22. A; 23. B; 24. B;
25. D; 26. D; 27. B; 28. B; 29. C; 30. B; 31. C; 32. C;
33. C; 34. B; 35. A; 36. A; 37. A; 38. C; 39. C; 40. C;
41. A; 42. C; 43. C; 44. C; 45. B; 46. C; 47. A; 48. B;
49. C; 50. B; 51. B; 52. D; 53. A; 54. A; 55. C; 56. C;
57. C; 58. B; 59. B; 60. B

二、多项选择题

61. A、B、C、D; 62. A、B; 63. A、D、E; 64. C、D;
65. B、C; 66. A、D; 67. A、C、D; 68. A、C;
69. C、D; 70. A、C、D; 71. B、D; 72. A、B、C、E;
73. B、C、E; 74. A、B、D; 75. B、D、E; 76. A、C、E;
77. A、C、D、E; 78. A、B、E; 79. A、B、C、D; 80. B、C、E

网上增值服务说明

　　为了给一级建造师考试人员提供更优质、持续的服务，我社为购买正版考试图书的读者免费提供网上增值服务。**增值服务包括**在线答疑、在线视频课程、在线测试等内容。

　　网上免费增值服务使用方法如下：

1. 计算机用户

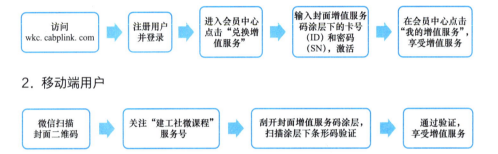

2. 移动端用户

　　注：增值服务从本书发行之日起开始提供，至次年新版图书上市时结束，提供形式为在线阅读、观看。如果输入卡号和密码或扫码后无法通过验证，请及时与我社联系。

　　客服电话：010-68865457，4008-188-688（周一至周五9：00—17：00）

　　Email：jzs@cabp.com.cn

　　防盗版举报电话：010-58337026，举报查实重奖。

　　网上增值服务如有不完善之处，敬请广大读者谅解。欢迎提出宝贵意见和建议，谢谢！